W0189508

Abendmahl
Fest der Hoffnung

Grundlagen – Liturgien – Texte

Herausgegeben
im Auftrag des Deutschen Evangelischen Kirchentages
von Christiane Begerau, Rainer Schomburg
und Martin von Essen

Gütersloher Verlagshaus

Die Deutsche Bibliothek – CIP-Einheitsaufnahme

Abendmahl – Fest der Hoffnung : Grundlagen – Liturgien – Texte /
hrsg. im Auftr. des Deutschen Evangelischen Kirchentages
von Christiane Bergerau ... –
Gütersloh : Gütersloher Verl.-Haus, 2000
ISBN 3-579-03196-1

Umwelthinweis:
Dieses Buch wurde auf chlorfrei gebleichtem und alterungsbeständigem Papier ge-
druckt. Die vor Verschmutzung schützende Einschrumpffolie ist aus umweltschonender
und recyclingfähiger PE-Folie.

ISBN 3-579-03196-1
© Gütersloher Verlagshaus, Gütersloh 2000

Umschlag: Linda Opgen-Rhein, Dortmund
Satz: Weserdruckerei Rolf Oesselmann GmbH, Stolzenau
Druck und Bindung: Těšínská Tiskárna AG, Český Těšín
Printed in Czech Republic

Wir danken allen Autorinnen und Autoren
für ihre Beiträge vom Stuttgarter Kirchentag 1999

Inhalt

Vorwort

An das Abendmahl ist viel Hoffnung geknüpft – in einem doppelten Sinn. Zum einen sind da die Hoffnungen, die im Abendmahl selbst begründet liegen und von ihm *ausgehen*: die Hoffnung auf einen Neuanfang, auf Vergebung, auf die Gemeinschaft der Feiernden und auf eine gerechte Zukunft im Reich Gottes. All das sind Verheißungen des Abendmahls. Zum anderen aber ist das Abendmahl auch *Gegenstand* unserer Hoffnungen: Der Wunsch nach mehr Sinnlichkeit und leiblicher Speise, die Hoffnung auf eine gemeinsame Feier mit den Christen anderer Konfessionen oder die Sehnsucht nach einer frauengerechten Feier verbinden sich mit dem Abendmahl. Aus gutem Grunde und in einem doppelten Sinn ist das Abendmahl ein Fest der Hoffnung. Vielleicht ist es daher kein Zufall, daß auf dem 28. Deutschen Evangelischen Kirchentag 1999 in Stuttgart, der ja selbst als ein Fest der Hoffnung bezeichnet wird, das Abendmahl ein zentrales Thema war. In 38 Bibelarbeiten zu dem biblischen Abendmahlstext 1 Kor 11,17-34, in einer thematischen Großveranstaltung (»Liturgischer Tag Abendmahl«), in der feministisch-theologischen Basisfakultät und auf dem Forum Kunst fragten Laien und TheologInnen gleichermaßen nach Form und Inhalt des Abendmahls. Zudem wurde in der Mitte des Kirchentages am Freitagabend Abendmahl in den Gemeinden und in den Messehallen auf vielfältigste Weise gefeiert.

Dabei sind wichtige Anregungen und Liturgien entstanden, die wir in diesem Arbeitsbuch an Interessierte weitergeben. In den Gemeinden wollen wir damit die Diskussion um das Abendmahl anregen und Sie ermutigen, neue Formen des Feierns auszuprobieren, um das Abendmahl als ein *Fest der Hoffnung* zu entdecken.

In den *Grundlegungen des Abendmahls* ist allem voran jener Bibeltext samt einer eigenen Übersetzung und Auslegung abgedruckt, der die Grundlage für die zitierten Bibelarbeiten bildete.
Anschließend geht es um die aktuellen kontroversen Themen des Abendmahls: Wie zwingend ist die Sühnopfervorstellung für das Abendmahl? Müßte das Abendmahl nicht besser als ein Festessen gefeiert werden? Gibt es Konsequenzen für die, die daran teilnehmen? Wann können Menschen verschiedener Konfessionen endlich zusammen feiern? Und schließlich: Ist das Abendmahl »nur« ein Symbol oder geschieht etwas beim Essen und Trinken? Die unterschiedlichen Beiträge der Autorin-

nen und Autoren sind erst nachträglich zu diesen Themengruppen zusammengestellt worden. Auf diese Weise treten die verschiedenen Meinungen in einen inneren Dialog zueinander.

Die einzelnen Beiträge sind Auszüge aus Bibelarbeiten und Vorträgen (die vollständigen Texte sind beim Deutschen Evangelischen Kirchentag in Fulda erhältlich).

Der Schwerpunkt dieses Buches liegt auf der praktischen Verwendbarkeit. Darum ist der umfangreichere zweite Teil der *Praxis des Abendmahls* gewidmet. Hier finden sie zunächst eine Einführung in das Feierabendmahl, das zu einem »Markenzeichen« des Kirchentages geworden ist.

Dem folgen fünf Liturgien, wie sie in Stuttgart als Feierabendmahl gefeiert wurden. Die Grundlage dieser Liturgien bildet der Bibeltext aus Micha 4,1-7, der vom Präsidium für die Feierabendmahle in Stuttgart vorgegeben wurde.

Alle Liturgien sind als exemplarische Umsetzungen für die im ersten Teil erarbeiteten Fragestellungen zu verstehen. Sie können so oder abgewandelt für die eigene Feier übernommen werden.

Der zweite Abschnitt des Praxisteils enthält einzelne Texte, die Sie in Ihre Abendmahlsfeiern einfügen können. Die gewählte Gliederung schreibt keinen unmittelbaren Gottesdienstablauf vor. Unter der Überschrift »Symbole und Rituale« finden Sie weitere Ideen zur Gestaltung.

Allen, die an der Erstellung dieses Buches mitgewirkt haben, sei dafür herzlich gedankt, besonders Simone Hein, die alle Texte erfaßte und bearbeitete.

Möge dieses Buch dazu dienen, die Menschenfreundlichkeit Gottes im Abendmahl (wieder-) zu entdecken und es zu einem Fest der Hoffnung werden zu lassen.

Fulda/Frankfurt am Main, im Februar 2000

Christiane Begerau   Rainer Schomburg   Martin von Essen

Grundlegungen
des Abendmahls

Das Abendmahl nach 1 Kor 11,17-34

Kirchentagsübersetzung

Folgendes habe ich euch zu sagen: Ich kann es nicht loben, daß ihr zum Schaden, nicht zum Nutzen zusammenkommt.

Erstens nämlich – so höre ich – gibt es Spaltungen unter euch, wenn ihr in der Gemeindeversammlung zusammenkommt, und zum Teil glaube ich es.

Denn es muß ja wohl unter euch unterschiedliche Verhaltensweisen geben, damit sich herausstellt, wer sich unter euch bewährt.

Wenn ihr also als Gemeinschaft zusammenkommt, dann nicht, um das Christusmahl zu essen.

Denn alle nehmen beim Essen ihre eigene Mahlzeit ein, so daß manche hungern und andere betrunken sind.

Habt ihr denn keine Häuser, um zu essen und zu trinken? Oder verachtet ihr die Gemeinde Gottes und beschämt die Besitzlosen? Was soll ich sagen? Soll ich euch loben? In dieser Sache kann ich nicht loben!

Denn ich habe von Christus empfangen, was ich auch euch weitergegeben habe, nämlich: In der Nacht, in der er übergeben wurde, nahm Jesus Christus Brot.

Er sprach den Segen, brach es und sagte: Das ist mein Leib für euch; das tut zur Erinnerung an mich.

Ebenso auch den Becher, nachdem die Mahlzeit beendet war, mit den Worten: Dieser Becher ist der neue Bund durch mein Blut. Das tut, sooft ihr trinkt, zur Erinnerung an mich.

Denn: Immer wenn ihr dieses Brot eßt und den Becher trinkt, verkündet ihr den Tod Christi, bis er selbst kommt.

Daraus folgt: Wer auf unsolidarische Weise das Brot ißt oder den Becher Christi trinkt, wird am Leib und am Blut Christi schuldig.

Jede Frau und jeder Mann soll sich in dieser Hinsicht bewähren und so vom Brot essen und aus dem Becher trinken. Alle, die beim Essen und Trinken dem Leib Christi nicht gerecht werden, die ziehen sich durch ihr Essen und Trinken das Gericht Gottes zu. Deshalb sind bei euch viele schwach und krank und manche schon gestorben. Wenn wir uns danach richteten, würden wir nicht gerichtet. Wenn Adonaj uns richtet, werden wir erzogen, damit wir nicht mit der Welt endgültig gerichtet werden. Deshalb, meine Geschwister, wenn ihr euch versammelt, um gemeinsam zu essen, nehmt einander an. Wer hungrig ist, soll zu Hause essen, damit ihr nicht zum Gericht zusammenkommt. Das weitere werde ich darlegen, wenn ich komme.

Der Mahlbericht des Paulus und das letzte Mahl Jesu

Eine Exegetische Skizze
Luise Schottroff

Der Mahlbericht im 1. Brief des Paulus an die korinthische Gemeinde und das letzte Mahl Jesu liegen zeitlich sehr nah beieinander. Jesu Todesjahr kann ca. 33 n. Chr. angenommen werden, der Paulusbrief ist auf ca. 55 n. Chr. anzusetzen. Da Paulus sagt, er habe den Mahlbericht »empfangen« (11,23), ist durchaus vermutbar, daß er ihn schon bei seinen ersten positiven Kontakten zu christlichen Gruppen (zur Zeit seiner sogenannten Bekehrung) erhielt. Mit dem Mahlbericht des Paulus sind wir also so dicht am Leben des historischen Jesus wie sonst kaum in anderen Traditionen des Neuen Testaments. Daraus ist nicht zu folgern, daß dem Wortlaut bei Paulus mehr Autorität zukommt als den Mahlberichten der Evangelien (Mt 26,26-29; Mk 14,22-25; Lk 22,15-20). Vielmehr zeigt die Variationsbreite der Überlieferung, daß mündliche und schriftliche Überlieferungen auch noch gegen Ende des 1. Jahrhunderts in lebendigem Fluß waren. Die Version des Paulus bietet eine sehr alte Momentaufnahme mündlicher Tradition der ersten Generation von Anhängern und Anhängerinnen Jesu. Das bedeutet jedoch theologisch, daß das Abendmahl schon unmittelbar nach Jesu Tod der identitätsstiftende Akt der neu entstehenden Gruppen seiner Nachfolgegemeinschaft war und somit auch der Heimatort des Auferstehungsglaubens. Um die Lebendigkeit der Mahlüberlieferung zu verdeutlichen, gebe ich im Anhang den Mahlbericht der Didache wieder, einer Art Gemeindeordnung aus der Zeit ca. 110 – 120 n. Chr. Durch diesen Text wird auch deutlich, daß der Mahlbericht des Paulus oder auch der Evangelien in frühchristlicher Zeit nicht Bestandteil der Mahlfeier selbst war – als »Einsetzungsworte« eines Ritus. Vielmehr ist der Ritus des Abendmahls im wesentlichen identisch mit dem Ritus jüdischer Gemeinschaftsmahle.

Die kurze Erwähnung des Brotsegens bei Paulus in 11,24 und noch kürzer des Bechersegens in 11,25 (»ebenso« umfaßt auch das Segenswort über den Becher) zeigt, daß auch Paulus für sich und die korinthische Gemeinde ganz selbstverständlich die jüdische Mahlpraxis und ihre Gebete voraussetzt und in seinem Mahlbericht vor allem den Bezug auf Jesus Christus wörtlich zitiert, der mit den Segensgebeten der jüdischen Tradition verbunden wurde.

Das Segenswort über das Brot und damit über alle Nahrungsmittel der Mahlzeit hat nach der jüdischen Tradition häufig folgenden Wortlaut: »Gepriesen seist du, Ewiger, unser Gott, König der Welt, der hervorbringt Brot aus der Erde«[1]. Nach der Mahlzeit folgt ein Dankgebet über dem Becher des Segens, das von Paulus ebenfalls als bekannt vorausgesetzt wird. Er berichtet nur über den auf Christus bezogenen Teil dieses Gebetes. Beide Segensgebete sind in der jüdischen Tradition mit rituellen Handlungen verbunden: Das Brot wird von dem Gastgeber oder der Gastgeberin in die Hände genommen und nach dem Segen an die Tischgemeinschaft verteilt. Der Segensbecher wird in die Hände genommen und während des Gebetes ein Stück über dem Tisch hochgehalten; so jedenfalls sieht eine in der rabbinischen Literatur diskutierte Sitte aus.

Der Konflikt in Korinth

Paulus zitiert den Mahlbericht, um der Mahlpraxis einer Gruppe von Christinnen und Christen in Korinth zu widersprechen. Es geht dabei nicht um einen Konflikt zwischen Paulus und »den Korinthern«, sondern um einen Konflikt zwischen Gruppen innerhalb der korinthischen

---

1. Übersetzung Hirsch, dort auch weitere Information zur jüdischen Mahlpraxis, die nicht als immer und überall einheitlich vorzustellen ist; vgl. auch in der Mischna den Traktat Berachot Abschnitt VI-VIII und Strack-Billerbeck

Gemeinde (11,18.19), in dem Paulus mit seinem Brief Partei für eine Seite ergreift. Das Bild des Apostels und seiner »Gegner« hat zwar die Auslegungsgeschichte der paulinischen Briefe geprägt, ist aber ekklesiogen: Es geht von der selbstverständlichen Annahme der Kontinuität einer »richtigen« paulinischen Kirche aus, die in die gegenwärtige Kirche mündet, und »Gegnern«, »Sektierern« und »Spaltern« auf der anderen Seite – damals wie heute. Diese dualistische Gegenüberstellung wird der Vielfalt der gemeindlichen Praxis im frühen Christentum nicht gerecht und schreibt zudem dem Paulus eine absolute Autorität zu, die er damals nicht hatte und auch gar nicht beanspruchte. Er war ein Lehrer und Apostel unter vielen Frauen und Männern, die miteinander das Evangelium lebten und über die rechte Auslegung der Tora in ihrer Situation diskutierten und stritten.

Der innerchristliche Konflikt in Korinth wird in der exegetischen Diskussion (wenn auch meistens als Konflikt zwischen Paulus und seinen »Gegnern«) inhaltlich recht einheitlich gedeutet: Nach hellenistisch-römischer Sitte wird das Mahl aus mitgebrachten Speisen bestritten. Nun gibt es größere soziale Unterschiede in der Gemeinde (vgl. 1 Kor 1,26). Die Wohlhabenden haben bessere Speisen und andere Mahlgewohnheiten als die Lohnarbeiterinnen und Lohnarbeiter und die Sklavinnen und Sklaven. Sie verstehen sich als Teil der christlichen Gemeinde und kommen zur Gemeindeversammlung, essen aber ihr Mitgebrachtes im wesentlichen getrennt von den anderen als Privatmahlzeit (11,21.33). Sie nehmen keine Rücksicht auf die Ärmeren, die nur wenig mitbringen können und deren Lebensmittel auch von schlechterer Qualität sind. So entsteht die Ungleichheit, daß einige hungern und andere betrunken sind (11,21.22). Die Reichen begründen ihr Verhalten mit ihren Hungergefühlen (11,34.22).

Diese Praxis wird von anderen Gemeindegliedern und Paulus als Verachtung der Gemeinde und der Armen empfunden (11,22) und als Verletzung der Heiligkeit des Leibes Christi (11,29).

Heiligkeit und Gerechtigkeit

In 11,30 sagt Paulus, daß die von ihm und anderen kritisierte Mahlpraxis bereits zu Krankheit und Tod in der Gemeinde geführt habe. Diese Vorstellung, daß ein Fehlverhalten in der Gemeinde und vor Gott gefährlich, ja sogar tödlich sein kann, ist heutigem Denken fremd geworden. Doch ist es für das Verständnis des frühchristlichen Mahles

entscheidend, die Bedeutung der Heiligkeit für das Gemeinschaftsgeschehen nachzuvollziehen.
1. Korinther 11,17-34 setzt ein Besitzrecht voraus, das wir auch aus der
Apostelgeschichte 2,42-45; 4,32-5,11 kennen. Die Gemeinde ist eine
von Gott geheiligte Gemeinschaft mit gottgeweihtem Gemeineigentum
(koina Apg 2,44; 4,32). Der begriffliche Gegensatz zum Gemeineigentum ist »Privat«besitz (idion Apg 4,32; 1 Kor 11,21). Es bestehen beide
Rechtsformen nebeneinander. Wer z.b. einen Acker besitzt und Mitglied
der Gemeinde wird, ist weiter Eigentümer des Ackers, ist aber grundsätzlich bereit, den Acker zugunsten des Gemeinbesitzes zu verkaufen, wenn
die Gemeinde das beschließt. Die Gemeinde hat das Ziel, wirtschaftliche
Not einzelner Glieder zu verhindern und wirtschaftliche Ungleichheit
auszugleichen. Die Gemeinde soll eine Gemeinschaft in Heiligkeit sein.
Zu der Heiligkeit gehört essentiell die Gerechtigkeit. Das gemeinsame
Mahl hat nach der Apostelgeschichte ebenso wie nach 1 Korinther 11
diese Heiligkeit und Gerechtigkeit zur Grundlage. Die Wohlhabenden in
Korinth haben genau das getan, was auch Ananias und Saphira taten:
Sie haben gottgeweihtes Gemeineigentum als Privatbesitz behandelt,
genauer: zu einem Zeitpunkt als ihren Privatbesitz behandelt, zu dem es
bereits gottgeweihtes Gemeineigentum war. Sie haben Gottgeweihtes »un-
terschlagen« (Apg 5,2)[2] und damit Krankheit und Tod riskiert. Sie hätten
die Möglichkeit gehabt, ihren Privatbesitz weiter als Privatbesitz zu be-
halten (Apg 5,4), indem sie zu Hause gegessen hätten (1 Kor 11,22.33),
damit aber hätten sie sich aus der Gemeinde und ihrer Heiligkeit zurück-
gezogen. Die Beteiligung am Mahl bedeutet Teilnahme an der Gerechtigkeit, der Heiligkeit und der Gemeinschaft (koinonia) untereinander und
mit Christus. »Die Integrität einer Gemeinschaft anzutasten setzt einen
Bruch des Menschen mit dem Göttlichen voraus.«[3]
Für heutiges Verständnis ist der Tod von Ananias und Saphira ebenso
wie 1 Kor 11,30 anstößig. Jedoch ist es auch heute nachvollziehbar,
daß Menschen ihr Leben wegwerfen oder aufs Spiel setzen, wenn sie
die gerechte Beziehung zu anderen Menschen und zu Gott zerstören.
Der Paulustext sagt nichts über die Beteiligung der Frauen. Ihre Beteiligung als ebenbürtige, handelnde Subjekte kann vorausgesetzt werden.
Es gab in der (hellenistisch-römischen ebenso wie in der jüdischen) Gesellschaft konservative Ideale, nach denen Frauen nicht an einem Mahl

2. vgl. dazu Richter Reimer
3. Richter Reimer 39, bezogen auf Apg 5,1-11

teilzunehmen hätten. Die Wirklichkeit sah jedoch durchweg anders aus als diese konservativen Vorgaben. Entsprechend ist auch bei Paulus davon auszugehen, daß seine frauenunterdrückende Theologie, nach der nur der Mann Ebenbild Gottes ist (1 Kor 11,7), neben einer Praxis existiert, die ganz anders aussieht. Während wir also die Teilnahme am Mahl für Frauen als selbstverständlich ansehen können, ist zu fragen, in welcher Rolle sie teilnehmen: bedienend und zuständig für die Hausarbeit oder als Gleichgestellte? Bei Paulus gibt es darüber keine Informationen. Doch in dieser Frage ist das Manifest Jesu (Mk 10,42-45 par), das von allen, und das bedeutet in besonderer Weise von freien Männern, die Beteiligung an Haus- und Versorgungsarbeit (diakonein) verlangt, im frühen Christentum hoch gehalten worden, auch wenn es deshalb Konflikte gab (Lk 10,38-42; Apg 6,1-6). Es ist also durchaus davon auszugehen, daß sich in Korinth auch freie Männer am Kochen und an der sonstigen Vorbereitung der Mahlzeit beteiligt haben und daß die Gemeinde auch gegenüber Frauen und Sklaven eine gerechte Arbeitsteilung kannte.[4]

Die Mahlordnung, die dem Hausherrn/Hausvater die zentrale Aufgabe des Betens und Brotverteilens zuweist, enthält durch ihre patriarchale Struktur eine hierarchische Problematik: Der Hausvater erscheint als der Geber des Brotes. Die Arbeit von Frauen für das Brot als Rohstoff des Lebens wird enteignet und unsichtbar. Für dieses Brot haben Frauen auf dem Feld gearbeitet, sie haben die Mühle gedreht, das Brot gebacken (Mt 24,41 par und Mt 13,33 par). Deshalb ist auch die Rolle Jesu als Hausvater in der Mahltradition kritisch zu befragen. Eine Betonung der Rolle Jesu als Hausvater widerspricht dem antihierarchischen Manifest Jesu (Mk 10,42-45 par). Hinzukommt, daß sowohl in der jüdischen Tradition wie im frühen Christentum auch Frauen die Rolle der Leitung des Mahles übernommen haben, siehe dazu z.B. die bildliche Darstellung einer Mahlszene der Priscillakatakombe.[5]

Essen und Sakrament

Sowohl die sakramentale Praxis christlicher Kirchen heute als auch die Trennung von Gemeindemahlzeit und kultischem Mahl in der Alten Kirche bewirken, daß die gängige Vorstellung von Abendmahl im frühen

---

4. vgl. dazu Schottroff
5. leicht zugänglich über das Heft der Ev. Frauenarbeit in Württemberg

Christentum sakramentales Essen vom »Sättigungsmahl« – dieses Wort dient in der exegetischen Tradition dieser Unterscheidung – trennt. Nun wird heute immer mehr gesehen, daß das Abendmahl als kultischer Ritus mit einem Sättigungsmahl verbunden war, wie ja Paulus auch deutlich voraussetzt (11,25 »nach dem Essen«). Dennoch wird meist immer noch zwischen einer normalen Abendmahlzeit und dem Mahlritus getrennt, z.B. mit der Vorstellung, man habe nur Brot und Wein zu sich genommen beim Gemeinschaftsmahl, das zugleich Eucharistie war. Der Brotsegen umfaßt aber in der jüdischen Tradition alle Lebensmittel, die auf den Tischen stehen. Vor allem jedoch ist die Kontinuität des christlichen Gemeindemahles und der jüdischen Gemeinschaftsmahltradition zu berücksichtigen. Je mehr im Christentum Sättigungsmahl und Eucharistie voneinander getrennt werden, desto mehr geht das Bewußtsein für die jüdischen Wurzeln des Abendmahles verloren. Die dualistische Trennung von Essen und Heiligkeit, von Alltag und Kult ist für das frühe Christentum nicht adäquat. Die Verwandlung der Körper in Tempel des heiligen Geistes (1 Kor 6,19) bedeutet, daß gerade der Alltag, die leiblichen Beziehungen der Menschen, ihre Arbeit und ihre Mahlzeiten in die Heiligung einbezogen sind. Es war die Stärke der frühchristlichen Gemeinden, ein solches Gemeinschaftsgeschehen im Alltag miteinander zu teilen: Essen und Beten, Vereinigung mit Jesus Christus, Heiligung der Gemeinschaft durch Gott, Erfahrung der Gerechtigkeit in den Beziehungen untereinander – alles dieses fließt im Gemeinschaftsmahl der Gemeinden zusammen. Wenn Kor 11,17-34 mit Apg 2,42-45; 4,32-5,11 zusammen gelesen wird, wird die zentrale Bedeutung des Abendmahles in diesem Sinne für die Entstehung der christlichen Gemeinden deutlich. Auch für eine heutige Neugestaltung des Abendmahles können von hier entscheidende Impulse ausgehen, vor allem aber für eine neue rituelle Praxis des alltäglichen Essens in Gemeinschaft mit Gebeten, die den Schöpfer loben und die Erinnerung an die Auferstehung wachhalten.

Das ist mein Leib

Paulus zitiert den Abendmahlsbericht, um die Heiligkeit des Gemeinschaftsmahles gegen eine entheiligende Praxis einiger Menschen in Korinth deutlich zu machen. Er setzt die jüdische Mahlpraxis voraus und zitiert vor allem die auf Jesus Christus bezogene neue Ergänzung der jüdischen Segensgebete. Die Gemeinde ißt das Brot und erhält damit Anteil am Leib Jesu Christi und sie ist Leib Jesu Christi (1 Kor 12,12).

Die Worte des Brotsegens werden von der Handlung des Brotbrechens und des Brotverteilens an die ganze Tischgemeinschaft begleitet. Die Segens-Worte werden dabei ergänzt: »das ist mein Leib für euch, das tut zu meinem Gedächtnis«. Der Wortlaut der Deuteworte ist zu dieser Zeit nicht festgelegt, sondern wird immer wieder neu gestaltet, wie die Lebendigkeit der Überlieferung zeigt. Hier soll es also weder um die sehr hypothetische Rekonstruktion einer ältesten Gestalt von Mahlworten gehen noch um Hypothesen darüber, wie Paulus in den ihm überlieferten Wortlaut eingegriffen haben könnte. Vielmehr soll die Vielfalt der Deutungsebenen in der in 1 Korinther 11,23-26 vorliegenden Gestalt deutlich werden. Christus ist der auferstandene Kyrios (im Sinne von 1 Kor 15,3-5; Phil 2,6-11), der durch seinen Märtyrertod dem Volk Israel und allen Menschen einen Weg aus der Gewalt eröffnet hat. Das deutsche Wort »Herr« gibt den Sinn des Wortes Kyrios nicht wieder. Kyrios, bezogen auf Jesus Christus, bedeutet, über Jesus Christus mit der Ehrfurcht vor seiner Nähe zu Gott und der Begeisterung über die Veränderung des eigenen Lebens durch den Glauben zu reden.

Sein Tod als Märtyrertod »für euch« ist politisch und theologisch im Sinne der jüdischen Märtyrertradition zu verstehen: Durch den Tod der Märtyrer und Märtyrerinnen wird die Sünde des Volkes, die Gewalt nach innen, gesühnt. Die Gewalt von außen, die fremde politische Herren über das Volk bringen, wird dadurch kraftlos. Sie haben keine Macht mehr. Es gibt einen jüdisch-hellenistischen Text aus dieser Zeit (zwischen Pompejus und Vespasian), der mir sehr geholfen hat, die neutestamentliche Deutung des Todes Jesu als Befreiung des Volkes von den Sünden Gott gegenüber zu verstehen. Dort heißt es über Märtyrerinnen und Märtyrer: Diese um Gottes willen Geheiligten sind nun geehrt, nicht nur mit dieser [himmlischen] Ehre, sondern auch dadurch, daß um ihretwillen die Feinde über unser Volk keine Macht mehr hatten, der Tyrann bestraft und das Vaterland geläutert wurde; sie sind doch gleichsam ein Ersatz geworden für [die durch] die Sünde [befleckte] Seele des Volkes. Durch das Blut jener Frommen und ihren zur Sühne dienenden Tod hat die göttliche Vorsehung das vorher schlimm bedrängte Israel gerettet (4 Makk 17,20ff.).

Die Märtyrerinnen und Märtyrer reinigen und heiligen die durch die Sünde befleckte Seele des Volkes durch ihren Tod. Hier werden alte Opfer-Vorstellungen, nach denen das Blut der Opfertiere die Reinigung des Volkes bewirkt, sekundär verwendet und mit ihrer Hilfe die Realität gedeutet: So ist Gott wieder mit seinem Volk vereint und die

Feinde haben keine Macht mehr über das Volk, denn es ist nicht stumm geblieben.

Das Gedenken an den Märtyrertod richtet den Blick auf den zurückliegenden Tod und den Widerstandsakt, den er bedeutet hat, und zugleich nach vorn auf den Weg in die Zukunft, den Gott dem Volk eröffnet. Die Erinnerung an Jesu Tod bedeutet im Kontext des Römischen Reiches einen deutlichen Akt des politischen Widerstandes und der Solidarität und zugleich die Bereitschaft, diesen Weg wie Jesus zu gehen. Um diese Kreuzesnachfolge wurde im frühen Christentum gestritten, weil manche Menschen nicht einsahen, warum Gott sie retten und heilen will und ihnen daraus Todesangst und möglicherweise der Märtyrertod erwachsen sollte. Mit dieser historischen und theologischen Erklärung der Opfer- und Sühnetodchristologie aus der Martyriumsgeschichte des jüdischen Volkes wird die feministische Kritik an solcher Christologie nicht gegenstandslos. Der dogmatische und kontextlose Gebrauch von Opfer- und Sühnetodaussagen ist vielmehr wegen seiner entmündigenden Wirkung auf Frauen und andere unterdrückte Menschen heute nicht mehr zu verantworten. Deshalb sind aus der feministischen Kritik[6] Konsequenzen für heute zu ziehen: Die Berechtigung dieser Kritik muß sichtbar werden und die Vergegenwärtigung des gequälten und auferstandenen Leibes Christi muß auch die Leiber von Frauen und Männern in ihren Gewalt- und Heilungserfahrungen vor Augen bringen[7].

Die Befreiung des Volkes und der Menschheit wird eschatologisch verstanden: »der neue Bund durch mein Blut«. Der eschatologische Mythos, der in den Andeutungen der Abendmahlsworte zu erkennen ist, ist der des Neuen Testaments und des frühen Christentums insgesamt: Gott wird die Erde neu erstehen lassen, Gott allein wird König sein. Gott ist nahe, sein Gericht über die Welt steht bevor. Christus der Menschensohnrichter wird kommen. Dieses Kommen zum Gericht wird ersehnt, nicht gefürchtet. Die Gemeinde wird das Mahl feiern in Sehnsucht und fester Hoffnung, »bis er kommt« (11,26). Vorstellungen einer erneuerten Schöpfung und eines Endes politischer Gewalt von Menschen über Menschen verschmelzen in diesem Hoffnungsmythos ineinander. Der »neue Bund« hat begonnen, als der Messias Jesus als Märtyrer starb, als seine Auferstehung den Beginn des neuen Lebens für

6. s. besonders das von der Evangelischen Frauenarbeit in Württemberg herausgegebene Heft »Wir Frauen und das Herrenmahl«
7. s. dazu auch Valtink/Jost

die Menschen hervorbrachte. Jedes gemeinsame heilige Mahl der Anhängerschaft Jesu Christi läßt den neuen Bund neu vor den Augen der Gemeinschaft erscheinen. Sie leben von dieser Hoffnung und arbeiten für diese Hoffnung. Die ekklesiologische Deutungsebene des Abendmahles sollte von der eschatologischen Vorstellung her erschlossen werden. Wird das eschatologische Bild nämlich der Ekklesiologie untergeordnet, wie es oft geschieht, dann ergibt sich die Vorstellung von einer Kirche, die schon der neue Bund Gottes ist. Diese Ekklesiologie, die das Reich Gottes in die Hand der Menschen legt, ist blasphemisch. Sie bewahrt nicht die Distanz zu Gott. Zudem produziert sie den Antijudaismus: neuer Bund mit der Kirche versus alter Bund mit dem Volk Israel.

Die Ekklesiologie der Abendmahlsworte ist präsent in der Anredeform. Die das Mahl essende Gemeinde ist angeredet. Sie verkündet mit ihrem Erinnerungsmahl den Tod Christi – als Beginn des neuen Bundes Gottes; sie wiederholt das Mahl in ihrem Alltag und konstituiert immer wieder neu die Gemeinschaft der Heiligen, die die Gerechtigkeit schon jetzt praktiziert. Die so sperrige und unvollständig berichtete Rahmensituation des Mahles in Korinth bewahrt heutige Interpretinnen und Interpreten davor, das Mahl als Ritual von der Lebenspraxis der Gemeinde zu trennen. Die Gemeinde in ihrer gemeinschaftlichen Heiligkeit und Gerechtigkeit ißt den Leib des Auferstandenen. Die Vorstellung, Fleisch zu essen und Blut zu trinken, ist hier nicht assoziiert. Es ist vielmehr die Vorstellung einer Verbindung der Leiber der Glaubenden mit dem Leib Christi, wie sie auch 1. Korinther 6,15 vorliegt: eure Leiber sind Glieder Christi; diese leibliche Gemeinschaft ist nicht nur metaphorisch gemeint. Die Verbindung der Leiber der Glaubenden in ihrer Gemeinschaft hat zur Folge, daß sie als Gemeinschaft Leib Christi sind (vgl. auch 1 Kor 10,16f.).

Anhang

Die Mahlgebete der Didache

Betreffs der Eucharistie: Sagt folgendermaßen Dank:
Zuerst betreffs des Bechers:
Wir danken dir, unser Vater,
für den heiligen Weinstock Davids, deines Knechtes,
den du uns offenbart hast durch Jesus, deinen Knecht.

Dir die Herrlichkeit in Ewigkeit.
Betreffs des Brotes:
Wir danken dir, unser Vater,
für das Leben,
das du uns offenbart hast durch Jesus, deinen Knecht.
Dir die Herrlichkeit in Ewigkeit.
Wie dies auf den Bergen zerstreut war
und zusammengebracht ein Brot geworden ist,
so soll deine Kirche zusammengebracht werden
von den Enden der Erde in dein Reich!
Denn dein ist die Herrlichkeit und die Kraft in Ewigkeit. ...

Nach der Sättigung sagt folgendermaßen Dank:
Wir danken dir, heiliger Vater,
für deinen heiligen Namen,
den du in unseren Herzen hast Wohnung nehmen lassen,
und für die Erkenntnis, Glaube und Unsterblichkeit,
die du offenbart hast durch Jesus, deinen Knecht.
Dir die Herrlichkeit in Ewigkeit.

Du, Herrscher, Allmächtiger,
hast alles geschaffen um deines Namens willen,
Speise und Trank den Menschen zum Genuß gegeben;
uns aber hast du geistliche Speise und Trank geschenkt und
ewiges Leben durch Jesus, deinen Knecht.
Für alles danken wir dir,
weil du mächtig bist.
Dir die Herrlichkeit in Ewigkeit.
Gedenke, Herr, deiner Kirche,
daß du sie bewahrst vor allem Bösen
und sie vollendest in deiner Liebe;
und führe sie zusammen von den vier Winden
in dein Reich, das du ihr bereitet hast!
Denn dein ist die Kraft und die Herrlichkeit in Ewigkeit.
Es komme Gnade, und es vergehe diese Welt!
Hosianna dem Gotte Davids!
Wenn jemand heilig ist, komme er;
wenn er es nicht ist, tue er Buße! Maranatha.
Amen.
Übersetzung Klaus Wengst

Marginaltexte

Entscheidend für den rituellen Charakter sind die Segensgebete über Brot und Wein, in deren Zusammenhang nun der Bezug auf Jesus Christus ausgedrückt wird.
Die Beteiligung am Mahl bedeutet Teilnahme an der Gerechtigkeit.
Der Ritus des Brotteilens soll die Teilhabe aller Männer, Frauen und Kinder der Mahlgemeinschaft am Leib Christi ausdrücken, also eine nichthierarchische Struktur der Tischgemeinschaft.
Die Deutung des Mahles enthält im frühen Christentum eine große Vielfalt, die in den verschiedenen Versionen auch fast immer wiederzuerkennen ist.
Das Gericht Gottes wird Gerechtigkeit auf der Erde herstellen und den Frieden und die Fülle des Lebens auf die Erde und in den Himmel bringen.
aus: Exegetische Skizzen »Ihr seid das Salz der Erde«, 28. Deutscher Evangelischer Kirchentag Stuttgart 1999

Christi Blut für dich

Abendmahl und Opfer

Gott braucht kein Sühnopfer,
um sich mit uns zu versöhnen   Elisabeth Moltmann-Wendel

Die Vorstellung, Jesu Tod als Sühnopfer für unsere Sünden zu verstehen, ist für viele Christen das Zentrum ihres christlichen Glaubens. Darin drückt sich für sie aus, daß sie als hoffnungslos von Gott getrennte Sünder sich verstehen und daß dieser Graben nur durch den Sühnopfertod Christi geschlossen werden kann und sie auf diese Weise wieder Zugang zu Gott finden. Dieser Gedanke beherrscht das Abendmahl, prägt Theologien und hat unsere Kirchenkultur geformt und verformt.

Für viele Frauen ist jedoch die Vorstellung, daß Gott ein Sühnopfer braucht, um sich mit uns zu versöhnen, eine Absurdität angesichts von Gottes bedingungsloser Liebe, Zuwendung und Nähe. Zudem ist ihnen aus eigener Erfahrung der Sinn von Opfer und Opferhaltung suspekt, durch die Abhängigkeit entsteht und kein selbstbestimmtes Leben aus Leidenschaft und eigener Hingabe. Frauen suchen deshalb neue Deutungen des Todes Jesu, die Bedeutung für ihr eigenes Leben haben können.

Die Vorstellung vom Sühnopfertod Jesu ist zudem auch nur eine späte neutestamentliche Interpretation im Hebräerbrief. Ein anderes Bild, das uns heute stärker anspricht, ist die Vorstellung vom Tode des Freundes für seine Freunde: Niemand hat größere Liebe denn die, daß er sein Leben läßt für seine Freunde (Joh 15,13). Freundschaft zwischen Gott und Mensch, in dem nicht Distanz, sondern Nähe sich ausdrückt. In Jesu Leben, in seinem Essen und Trinken mit seinen Freunden und Freundinnen, den Zöllnern, Sünderinnen und allen Ausgegrenzten der Gesellschaft wurde diese Gottesfreundschaft gefeiert, die ihm schließlich den Tod brachte. Im Abendmahl könnte diese Gottesfreundschaft und unsere eigene Fähigkeit zu Hingabe, Freundschaft, zu selbstbestimmtem und selbstvergessenem Leben neu erinnert und leibhaft erfahren werden.

aus einem Tischgespräch der Feministisch-theologischen Basisfakultät

Lebensmittel statt Opfergabe   Ute Grümbel

Vor zwanzig Jahren beim Nürnberger Kirchentag 1979 begann, was viele – ich auch –, als Abendmahls*bewegung* in Erinnerung haben. Die Entdeckung des Feierabendmahls löste die kirchliche Abendmahlspraxis aus so manchen Erstarrungen. Gemeinsam um einen Tisch Abendmahl *feiern*! Heute ist von diesen Aufbrüchen kaum noch etwas zu bemerken. Im Gegenteil, es wachsen die Anfragen an Abendmahlsverständnis und Abendmahlspraxis, besonders unter Frauen und von Seiten feministischer Theologie. Die Äußerung einer jungen Frau:»Der Opfergedanke ist für mich unerträglich, Blut kann doch nicht befreien! Ich kann aus diesem Grund die herkömmlichen Abendmahlsfeiern kaum noch aushalten«, war für mich Anstoß, Frauen und Männer nach ihren Abendmahlserfahrungen und Ansichten zu befragen. Tenor bei vielen Frauen war die Ambivalenz: *So nicht* und *doch* Abendmahl feiern zu wollen!, bei den Männern: Im Grunde spricht nichts dagegen, Abendmahl zu feiern wie bisher. Die Auseinandersetzung mit ihren Aussagen, die unterschiedlichen Akzentsetzungen von Frauen und Männern, die Infragestellung der Opfer- und Sühnevorstellung von seiten der meisten Frauen und ihre fraglose Akzeptanz von seiten der meisten Männer haben mich sensibilisiert für Einseitigkeiten und Defizite in kirchlicher Abendmahlslehre und Abendmahlspraxis und mich die Weite und den Reichtum biblischer Abendmahlstradition neu entdecken lassen. Auf diesem Hintergrund und in diesem Sinn in folgenden neun Thesen zu Abendmahl als *Lebens*mittel, nicht *Opfer*gabe.

1. Die biblische Abendmahlsüberlieferung (Mt 22,26ff.; Mk 14,22ff.; Lk 22,19f.; 1 Kor 11,23 ff.) stellt keinen erratischen Block dar. Sie beinhaltet traditionsgeschichtliche Vielschichtigkeit, übereinstimmende und unterschiedliche Akzentsetzungen. Ihre vielfältigen Sinn- und Bedeutungsaspekte (Dank, gemeinsames Essen/Leiblichkeit, Vergewisserung, Erinnerung, Verrat, Vergebung (nur bei Mt!), Zukunft, Gemeinschaft

mit Christus/Gott und untereinander, Solidarität u.a.) lassen sich nicht alle gleichzeitig und gleichermaßen aufnehmen. Es gilt auszuwählen, was in der Gegenwart verstehbar, aufschlußreich, von Bedeutung sein könnte. Das aber setzt voraus, daß neben biblisch-theologischen Sachkriterien auch die gegenwärtige Lebenswelt und die Erfahrungen und Ansichten der heute zum Abendmahl Eingeladenen zu berücksichtigen sind.

2. Angesichts gesellschaftlicher Phänomene und Entwicklungen, die davon bestimmt sind, Opfer wie selbstverständlich in Kauf zu nehmen, um menschliches Dasein beleben, rechtfertigen und retten zu wollen (Verkehrsopfer, Opfer wirtschaftlicher Entwicklung, Opfer von Vertreibung und Bombardierung), verführt eine Deutung des Abendmahls im Sinne der Sühnopfertheologie dazu, Gott auf der Seite der Täter zu sehen und die Rede vom »ein für allemal gültigen Opfer Jesu« im Sinne von »der Zweck heiligt die Mittel« notorisch mißzuverstehen und blutig zu mißbrauchen. »Gott steht auf Blut«, dieser Satz, von Uta Ranke-Heinemann Ende 1988 formuliert, scheint mir trotz aller Überspitzung als Zeitansage eine notwendige und heilsame Provokation, weil sie schonungslos mit der Wirkungsgeschichte der Sühnopfertheologie konfrontiert: Gott Subjekt der Opferung Jesu, Jesus ganz und gar Objekt und sein gewaltsamer Tod Bedingung für die Versöhnung Gottes mit den Menschen. *So* läßt sich Abendmahl wahrlich *nicht* feiern!

3. Hellhörig macht, daß viele Männer – trotz punktueller Anfragen und inhaltlicher Akzentverschiebungen – an der Sühnopfervorstellung festhalten, das Opfer ›annehmen‹, während viele Frauen mit Widerstand und Ablehnung reagieren. Sie wollen das Opfer nicht, weil es ihnen nahegeht, weil sie sich mit dem Opfer identifizieren. Im Unterschied zu den Frauen sehen die meisten der von mir interviewten Männer den Tod Jesu nicht aus der Perspektive des Opfers und fragen sehr viel weniger danach, *daß* und *warum* Jesus sterben mußte. Von Bedeutung ist für sie weit mehr, wie sein Tod zu verstehen ist, was sein Tod bewirkt hat.

4. Anders als die meisten Männer haben die meisten Frauen eine ureigene Geschichte mit Opfer- und Opferhaltung. Ihre Perspektive nicht nur wahrzunehmen, sondern für die Deutung des Todes Jesu miteinzubeziehen, ist notwendig, will man anders als bisher des Opfers Jesu angesichtig werden und damit auch der Bedeutung des Lebens Jesu im Zusammenhang der Fragen nach der Heilsbedeutung seines Todes.

5. Im Horizont des *Lebens*, der *Passion* und der *Auferstehung* Jesu läßt sich *das »für die vielen/für euch«* im Abendmahl jenseits kultischer Sühnopfervorstellung als Anteilgabe an Jesu *freiwilliger Selbsthingabe* allen zugute deuten. Selbsthingabe so verstanden, daß Jesus in letzter Konsequenz sich selbst, dem, was sein Leben ausmacht, treu bleibt; und das heißt, Gott treu bleibt und so auch den Menschen. Daß er mit seinem Leben, mit sich selbst dafür einsteht, daß sein Zeugnis von Gott und Gottes Reich wahr ist, verläßlich heilvoll, auch im Tod und über den Tod hinaus. Daß Jesus freiwillig den Tod auf sich nimmt, um mit seinem *Leben* dafür einzustehen, daß Gottes Reich nicht mit Gewalt zu beseitigen und nicht mit Gewalt zu verteidigen ist, daß auf Gottes *bedingungslose* Liebe, Zuwendung und Vergebung Verlaß ist, trotz Sünde, Schuld und Tod.

6. Im Horizont des Kreuzestodes Jesu konfrontiert Abendmahl damit bleibend, aber auch mit dem, was nicht gefällt und nicht ›schmeckt‹, mit dem was *nicht aufgeht,* weder an Gottesvorstellung noch Menschenbild. So konfrontiert Abendmahl auch mit der *verborgenen* Seite Gottes, damit, daß Gottes Lebensmacht und Liebeswille nicht am Tod vorbeiführt und die Fragen nach dem Warum nicht erübrigt. Und im Blick auf uns selbst deckt Abendmahl auf, daß wir Christus, daß wir Gottes bedürfen, um leben zu können und loszuwerden, was uns vom Leben trennt, von Gott, von uns selbst und voneinander.

7. Nicht, daß Frauen meinen, auf Vergebung und Neuanfang verzichten zu können, das wollen sie auch nicht beim Abendmahl. Es ist die Verknüpfung von *Vergebung* und *Tod,* von *Gewalttat* und *Sühne,* und darin vor allem die Verknüpfung von *Gott-Vater* und *Opfer des Sohnes,* gegen die sie sich wehren.

8. Wird Abendmahl aber im Horizont der *Menschwerdung Gottes* in Jesus von Nazareth und der Geistesgegenwart Gottes mitten unter uns verstanden, bringt Abendmahl leibhaftig nahe, daß Gott nicht jenseits, apathisch bei sich selbst bleibt, sondern hautnah kommt, Anteil nimmt und Anteil gibt an sich selbst; daß Gott in unserer Haut steckt, mit Passion bis zum Tod unser menschliches Los teilt und in Leben verwandelt durch *Lebens*-Hingabe, *Selbst*-Hingabe, die im Leben, Sterben und Auferstehen Jesu von Nazareth Gestalt angenommen hat.

9. Abendmahl ist *Lebens*mittel in umfassendem Sinn, gibt zu schmekken und zu hören, was stärkt und zum Leben befreit, einzeln und gemeinsam, privat wie gesellschaftlich. Das Brot des Lebens und der Kelch des Heils sind Gottes Gaben, die *allen* gelten und mit *allen* geteilt wer-

den wollen, auf Zukunft hin. Opfersprache und Opfersymbolik taugen dazu nicht, weil sie zu oft explizit mit Gewalt und Tod paktiert haben und paktieren. Eine Sprache zu sprechen, Symbole zu wählen, Inhalte zu wagen, die es um Gottes Willen und den Menschen zugute mit dem *Leben* halten, ist heute mehr denn je gefragt.

aus dem Liturgischen Tag Abendmahl

Das Abendmahl als Opfer: befreiende Gabe, nicht heilige Gewalt
Hans-Martin Gutmann

Lange Zeit war mir das Opfer-Thema völlig fremd, vor allem beim Abendmahl. Ich fand es als Jugendlicher in den sechziger Jahren befreiend, daß der neue Pastor in der Dorfgemeinde, in der ich groß geworden bin, das Abendmahl als fröhliches Gemeinschaftsmahl eingeführt hat, bei dem richtiges Weißbrot und Weintrauben durch die Reihen gereicht wurden und mit dem Nachbarn, der Nachbarin Friedenswünsche getauscht wurden. Heute ist mir das Thema Opfer wichtig.

Was hat sich verändert? Wenn ich über meine persönliche, theologische und politische Lerngeschichte nachdenke, sind manche Orientierungen bestimmend geblieben und haben sich auf dem eingeschlagenen Weg vertieft. Dazu gehört seit meiner Zeit bei den »Christen für den Sozialismus« in den siebziger Jahren die Überzeugung, daß Glauben und Politik, Theologie und Lebenspraxis zusammengehören und daß Christenmenschen beispielsweise eine Entwicklung wie den Krieg im Kosovo nicht mit einer theologischen Konstruktion (z.B. »Reich zur Linken«) den PolitikerInnen und Militärs überlassen können, die es schon richten werden.

Andere Überzeugungen haben sich verändert. Ich finde es heute nicht mehr richtig, den symbolischen Reichtum der jüdisch-christlichen Tradition zu entwerten oder auszudünnen, wenn einzelne Elemente mit dem aktuellen Lebensgefühl nicht übereinstimmen. Das gilt für das Lesen in der Bibel, für die Gestalt des Gottesdienstes, für Bekenntnisse, Rituale und Symbole der Kirche. Der Gedanke ist mir wichtig geworden, daß wir Christen nicht in irgendeiner, sondern in einer verpflichtenden Erzähltradition stehen.

Ich habe eine Entdeckung gemacht, die mich seitdem nicht mehr losgelassen hat. Die Forderung, auf der Seite der Opfer zu stehen, die politisch, wirtschaftlich und sozial um ihre Lebensrechte gebracht werden, hat für mich Bedeutung, seitdem ich politisch denken gelernt habe. Überraschend war die Entdeckung für mich, daß in der Bibel und im christlichen Gottesdienst vom »Opfer« keineswegs nur ablehnend und kritisch geredet wird, sondern manchmal ausdrücklich mit der Perspektive der Befreiung und Rettung. Zentral wichtig ist für mich der Satz geworden, daß das Opfer Jesu Christi am Kreuz ein für allemal gilt: weitere Opfer sind unnötig und dürfen nicht mehr sein. Die Verheißung, daß das Opfer Jesu Christi ein für allemal gilt, wirkt nicht »automatisch« als Verhinderung weiterer Opfer; weder in der Kirche noch im weiteren gesellschaftlichen Lebenszusammenhang. Die Verheißung wirkt als Wort und als Sakrament, sie soll gehört und geglaubt, begangen und gefeiert werden. Dazu gehört notwendig die Anstrengung zu verstehen, wie Menschen im gesellschaftlichen Lebenszusammenhang zu Opfern gemacht werden und inwiefern die biblische Rede vom Opfer und die Feier des Abendmahls dagegen einsteht: in Verheißung, Feier und widerständiger Lebenspraxis.

Thesen

1. Das Opfer wird in der gegenwärtigen gesellschaftlichen Wirklichkeit auf lebenszerstörende Weise wirksam, indem einzelne oder gesellschaftliche Gruppen zum Objekt des Gewaltmechanismus gemacht werden oder dauerhaft gezwungen sind, mehr zu geben als zu nehmen. Es ist Aufgabe von Christen, dagegen anzugehen.
Die Verheißung, daß Jesu Tod am Kreuz das ein für allemal gültige Opfer ist (es müssen keine Opfer mehr sein und es darf keine mehr geben), stellt Christenmenschen vor die Aufgabe, an der Entmächtigung von gesellschaftlichen Opferkonstellationen mitzuarbeiten, und diese Verheißung gibt ihnen auch die Kompetenz, Opfermechanismen aufzuspüren und an der Seite der Opfer zu stehen.
2. Es ist immer dann theologische Kritik nötig, wenn Jesu Lebenspraxis und Tod als Vorbild für eine Opfer-Haltung in zwischenmenschlichen Beziehungen und gesellschaftlichen Konflikten mißbraucht wird.
Die biblische Rede vom Opfer genauso wie die Feier der Liturgie des Abendmahls stellen eine fundamental andere, befreiende Wirklichkeit dar. Sie demaskieren auch den Gebrauch von religiösen Opfervorstellungen zur Legitimierung gesellschaftlicher Gewaltverhältnisse.

3. Im Alten ebenso wie im Neuen Testament geht es beim Opfer – in der Beziehung zwischen Gott und Gottesvolk genauso wie zwischen den Menschen – nicht um Gewalt, sondern um Gottes Gabe und die Gegengabe von Menschen. Jesu Leben und Sterben befreit Menschen von der Verpflichtung, dieses Geschenk »wiedergutzumachen«. Wenn die Gemeinde das Verheißungswort hört und daran glaubt und wenn sie die Gegenwart Jesu Christi beim Abendmahl im gemeinsamen Essen und Trinken von Brot und Wein feiert, wird sie in eine intime Gemeinschaft aufgenommen: hier reden neutestamentliche Texte beispielsweise vom »Leib Christi«. (Ein römisch-katholischer Theologe hat gesagt: »Man soll sich das Verhältnis von Verheißungswort und Sakrament wie das von Liebeserklärungen und Kuß denken.«) Die Körperlichkeit des Essens und Trinkens macht deutlich, daß das Verheißungswort mir gilt und hier und jetzt wirksam ist. Die Gemeinschaft des Leibes Christi ist aber kein Friede-Freude-Eierkuchen-Verein und schließt deshalb unbedingt ein, die dunkle Seite der Ambivalenz des Lebens wahrzunehmen: es geht nicht um freundliches Miteinander, sondern um Sündenvergebung und Entmächtigung des Bösen. Nachdrücklich trete ich dafür ein, in der Feier dieser Verheißung nicht die rituellen und symbolischen Elemente zu verbannen, die über viele Jahrhunderte hin die liturgische Gestalt des christlichen Gottesdienstes geprägt haben, die die Verheißung körperlich präsent machen, aber auch immer wieder mißachtet und mißverstanden worden sind. Die Rede vom Kreuz Christi als Opfer wird immer dann skandalös, wenn die Realität von Leid und Tod auf diesem Weg harmonisiert und die Gewalt verleugnet wird. Der Tod am Kreuz bleibt ein Skandal, auch wenn er in neutestamentlichen und reformatorischen Texten so verstanden wird, daß er die intime Beziehung zwischen Vater und Sohn nicht zerstört und aus der Gabenkommunikation zwischen Gott und Gottesvolk nicht ausgeschlossen ist, sondern als die einzige Gabe verstanden wird, die die Menschen gegenüber Gott vom weiteren Geben-Müssen befreit. Die Umdeutung des Gewalt-Todes Jesu als Gabe steht genauso wie die Umkehrung des Todes in der Auferweckung dafür ein, daß Gott am Ort des Schreckens und der Klage da ist und neues Leben eröffnet.

aus dem Liturgischen Tag Abendmahl

Der Verzicht auf eine Deutung der Gewalt
beseitigt nicht die Gewalt selbst

Jürgen Ebach

Es gibt eine Deutung des Abendmahls auf einer anderen Ebene, nämlich das Verständnis des Abendmahls als Opfer. Verbinden sich die eben genannten Aspekte mit der Auferstehung und mit Ostern, so hält diese die Wirklichkeit des Karfreitags wach. Opfer und Sühne sind aber auch im Blick auf das Kreuz Jesu Deutungskategorien, die nicht unumstritten sind.

Mindestens ein Teil der Probleme hängt damit zusammen, daß im Deutschen das Wort »Opfer« sehr unterschiedliche Bedeutungen hat. Ich nenne drei Sätze, die je auf ihre Weise Jesu Tod als Opfer deuten:

Gott versöhnte die Welt mit sich, indem er seinen eigenen Sohn zum *Opfer* gab.

Jesus wurde das *Opfer* römischer Gewalt.

Jesus gab sich zum *Opfer*, indem er im Leben und im Tode nicht *seinen* Willen geschehen ließ, sondern den Willen des Vaters.

Sühneopfer, Gewaltopfer und Hingabe – so könnte man den dreifachen Sprachgebrauch präzisieren. Es handelt sich nicht um völlig Getrenntes und doch um je Unterschiedliches. Wenn man ein Opfer, das in einer rituellen Handlung etwa auf einem Altar der Gottheit dargebracht wird, einerseits, das Opfer eines Verbrechens oder ein sogenanntes »Verkehrsopfer« andererseits und schließlich drittens das Opfer, das jemand bringt, wenn sie oder er das eigene Wollen um anderer willen hintanstellt, nicht *auch* unterscheidet, kommt es zu heillosen Verwirrungen. Was besagt es z.B., wenn Christen der Opfer von Gewalt gedenken und das in einer Erziehung tun, die sie gelehrt hat, daß es *gut* und *heilsam* sei, Opfer zu bringen? In nationalreligiöser Sprache formuliert ist ein Satz, den man in Serbien hören kann. Er lautet: Serbien ist eine Kirche, und der Kosovo ist der Altar. Kann es wundern, daß auf dem *Altar* geopfert wird?

Aber auch diese Frage stellt sich: Wenn Jesus sowohl von Gott geopfert als auch Opfer der römischen Gewalt wurde, sind dann Gott und die römische Macht dasselbe? Und wenn die Opferbereitschaft eine christliche Tugend ist, was bedeutet das für Frauen, denen man das Bedürfnis nach Autonomie und Selbstverwirklichung dann als »Sünde« vorhält.

In diesen Bemerkungen wird erkennbar, warum Theologinnen mit dem Abendmahl als Opfer sich nicht befreunden wollen. Ist diese Opfertheologie nicht, so fragen sie, letztlich eine Legitimation von Gewalt einerseits und ein Instrument gegen die Autonomie von Frauen andererseits? Diese Kritik hat großes Recht und allemal gute Gründe. Aber es gibt gegen diese Fragen Gegenfragen, und auch sie haben ihr Recht und ihre guten Gründe. So notwendig es ist, jede theologische Legitimation von Gewalt zu kritisieren, so bleibt doch die Aufgabe der Deutung der *Realität* von Gewalt. Das Gedenken der Märtyrerinnen und Märtyrer *erzeugt* nicht die Gewalt, sondern läßt ihr nicht das letzte Wort. Die Herren der Welt mögen die Macht haben, Menschen zu töten; sie haben nicht die Macht, ihnen das ewige Leben und die Teilhabe am Reich Gottes zu nehmen. Dieses trotzige Bekenntnis gegen die Gewalt (besonders eindrucksvoll in 2 Makk 7) steht am Beginn der jüdischen Erwartung eines Lebens nach dem Tode und eines Gerichts, dem die nicht entgehen, die die Macht über Leben und Tod zu haben vorgeben. Es gibt eine Geschichte des Mißbrauchs der Märtyrerinnen und Märtyrer – bis in die Gegenwart. Es gibt eine Geschichte der Todesverherrlichung, einen nekrophilen Zug im Christentum, gerade auch im Zusammenhang des Abendmahls. Aber dagegen ist daran festzuhalten, daß es um die Verwandlung von Tod in Leben geht, d.h. für das Abendmahl die Verwandlung von Fleisch und Blut in Brot und Wein, von Leid in Freude und von Tod in Leben. Ich möchte das (in Aufnahme eines schönen Artikels von *Günter Reese* in der Zeitschrift »Junge Kirche« [11/1998]) ganz stark machen. Aber all das macht die Realität von Gewalt und Tod nicht unwirklich. Sie soll weder verharmlost noch verdrängt werden, und der Verzicht auf eine theologische Deutung der Gewalt beseitigt nicht die Gewalt selbst.

Die zweite feministische Hauptkritik an der Opfertheologie bedarf, wenn ich recht sehe, einer Hinzufügung. Es ist kaum zu bestreiten, daß diese Deutung und die damit vor allem Frauen abverlangte Opfer- und Hingabebereitschaft zu einem Domestikationsinstrument gegen Autonomieansprüche von Frauen geraten konnte. Dagegen wäre nun aber nicht die Selbstverwirklichung als höchstes Ziel zu vertreten. Aus vielen Gründen und in vieler Hinsicht wird das Überleben der Menschheit davon abhängig sein, daß Menschen darauf verzichten, zu machen, was machbar ist. Aber nun kommt alles darauf an, *was wie zu wem* gesagt ist. Solange es Freie und Unfreie, Reiche und Arme gibt, ist es zynisch, den Unfreien und Armen Verzicht abzuverlangen. Die einzige Möglichkeit, Autonomie und Verzicht zu versöhnen wäre, *aus Freiheit*

auf Möglichkeiten zu verzichten. Erst wenn das nicht allein und nicht in besonderer Zuspitzung Frauen gesagt wird, kann es, dann muß es aber auch gesagt werden.
Auszug aus einer Bibelarbeit

Drei Fragen zum Sühnopfer Jesu   Peter Bukowski

Liebe Schwestern und Brüder, mir ist bewußt, daß meine Auslegung der Abendmahlsworte längst nicht alle Fragen beantwortet hat. Einige möchte ich nun aufgreifen. Vor allem deshalb weil ich es wichtig finde, sie mit ins eigene Nachdenken, mit in die Gespräche des heutigen Tages, auch mit in die Abendmahlsfeiern des heutigen Abends zu nehmen. Fertige Antworten habe ich nicht parat, aber ich möchte doch die Richtung skizzieren, in der ich zur Zeit nach Antworten suche.

1. Frage: Warum muß ein unschuldiger Mensch dafür sterben, daß Gott uns unsere Sünden vergibt und seinen Bund mit uns erneuert? Oder kürzer: Braucht Gott Opfer?
Ich glaube: Nein. Gott braucht keine Opfer. Aber wir brauchen es, daß Gott uns und unsere Welt, die noch und noch Opfer produziert, nicht aufgibt. Wir brauchen es, daß Gott mit seiner vergebenden und heilenden Kraft seiner Schöpfung und seinen Geschöpfen gnädig zugewandt bleibt. Wie die Erwählung Israels so ist die Sendung Jesu die Geschichte dieser gnädigen Zuwendung Gottes. In ihm mischt Gott sich in unsere Verhältnisse ein, tut uns seinen Willen kund, wirbt um uns und versichert uns seiner Nähe. Und wenn uns im »für euch« des Abendmahls nun versprochen wird, daß Gott uns die Hingabe dieses leidenden Gerechten zurechnet, dann besagt das nicht: ein böser, despotischer Gott wurde durch dieses Opfer gnädig gestimmt, sondern im Gegenteil: der gnädige Gott läßt es mit dem Tod dieses Einen für alle gut sein. Zum Zeichen dafür hat er ihm neues unvergängliches Leben gegeben. »Für euch« bedeutet: Gott sieht euch an wie ihn. Ihr seid mit Gott im Bunde. Ihr, die ihr doch sündige Menschen seid, seid Gott recht. Jesu Tod ist euer Leben, Jesu Auferweckung eure Zukunft.

2. Frage: Ist die Rede vom Sühnopfer Jesu dann aber nicht sehr mißverständlich?

Antwort: Das stimmt, und zwar gleich in mehrfacher Hinsicht. Eine klang gerade schon an. Darüber hinaus haben feministische Theologinnen zurecht auf die unheilvolle Wirkungsgeschichte der Rede vom Sühnopfer hingewiesen. Eine falsche Opfertheologie hat vor allem Frauen genötigt, die ihnen auferlegte Opferrolle anzunehmen, sich darein zu schikken, sie womöglich religiös zu verklären. Unglücklicherweise unterstützt unsere deutsche Sprache diesen Irrtum zusätzlich dadurch, daß sie keinen Unterschied zwischen sacrifice und victim macht. Und es ist bedrükkend, für uns Männer ist es wirklich zum Schämen, zu erfahren, wie entsprechende theologische Sätze in der Seelsorge eingesetzt wurden, um etwa Mißbrauchsopfer ruhig zu stellen, zu besänftigen, womöglich zum Tragen ihres Jochs anzuhalten. Deshalb ist Margarete Frettlöh nur zuzustimmen, wenn sie schreibt: »Auf das Opfer Jesu darf sich keiner berufen, der immer noch Opfer im Namen Gottes fordert, macht er damit doch die Auferweckung des Gekreuzigten zunichte. Und zugleich: Auf das Opfer Jesu darf sich jede berufen, die nach Gottes Eintreten für das Recht derer schreit, die ... in die Opferrolle geraten sind ... In der Auferweckung gibt Gott Jesus Recht. Und er setzt die ins Recht, die wie Jesus ihr Leben riskieren, damit niemand mehr zum Opfer wird.«

3. Frage: Auch wenn man das Sühnopfer einmal beiseite läßt, wird die Sache kaum einfacher. Jesu Leib für uns, einer für die anderen – wie soll man sich das denn vorstellen?

In gewisser Weise kennen wir den Sachverhalt, um den es hier geht, alle. Nur ist er uns so vertraut, daß wir ihn kaum noch wahrnehmen. Komplexe Formen von Leben sind nur möglich, weil ständig Akte von Stellvertretung stattfinden. Das gilt für das Zusammenspiel unserer (und aller Lebewesen) Organe, das gilt für die Lebewesen in ihrem Zusammenleben: Nur weil nicht jeder alles machen muß, kann sich überhaupt Vielfalt entwickeln. Die Arbeit des einen schafft dem anderen Entlastung und Raum für eigene Entfaltung. Auch Paulus' Bild vom Leib mit den vielen Gliedern beschreibt das An-seinem-Ort-für-andere-Einstehen als eine Grundbedingung für gelingende Gemeinschaft. Nun erklärt das organismische Bild noch nicht alles. Daß Jesu Tod dem Barrabas zugute kommt, leuchtet ein, da gibt es eine direkte Verbindung. Aber wie soll sein Tod Menschen betreffen, die über Räume und Zeiten von ihm getrennt sind. Was heißt da: »Für euch«?

Mir hat sich das »Für euch« in einem zugegebenermaßen reichlich banalen Zusammenhang erschlossen. Ich fuhr im Zug am Tag, nachdem Schalke Europameister geworden war. (Ich hätte mir ein Beispiel aus diesem Jahr gewünscht, aber aus bekannten Gründen kam es nicht dazu). Ich war umgeben von glücklichen, ja von im Freudentaumel feiernden Menschen, die z.T. von Süddeutschland her anreisten, um, wie sie sich ausdrückten, an »unserer Siegesfeier« teilzunehmen. Der Sieg auf Schalke war wirklich und wahrhaftig für sie errungen. Und da sage keiner, das sei nur ideell, ohne Auswirkungen in der Realität. Von der philosophischen Problematik, die sich hinter dem »Nur-ideell« meldet, einmal abgesehen, stimmt der Einwand faktisch nicht. Vereinswechsel: Als Neapel in den 80ern erstmalig italienischer Meister wurde (Madonna und Maradonna sei Dank), da vermeldete die Polizeistatistik über Wochen einen gewaltigen Rückgang der Kriminaldelikte. Mann, Frau, alle feierten »ihren« Sieg des verachteten Südens über den stolzen Norden. Auf der Innenseite einer Friedhofsmauer hat jemand am Tag nach dem Spiel den Toten die Parole hingesprüht: »Ihr wißt nicht, was ihr verpaßt habt.«
Ich wähle noch ein völlig anderes Beispiel aus einem sehr ernsten Zusammenhang: Als Willy Brandt vor dem Mahnmal des Warschauer Ghettos auf die Knie sank und Buße tat, da tat er das für uns. Seine Tat kam unserem Volk zugute und war ein nachhaltig wirkender Meilenstein auf den Weg der Aussöhnung zwischen dem polnischen und dem deutschen Volk.
Stellvertretung über Räume und Zeiten hinweg – auch dieser Gedanke ist uns also nicht fremd. Denkbar ist er. Ob das »Für uns« Jesu allerdings glaubhaft ist, hängt freilich daran, ob wir ihn als einen von uns anerkennen und annehmen können. Die biblische Bezeichnung Menschensohn soll uns dabei helfen. Weil in ihm Gott uns als wahrer und wirklicher Mensch begegnet, als einer von uns eben, haben wir Anteil an seinem Geschick, kommen sein Tod und seine Auferstehung uns zugute. Durch die Zeiten hindurch haben Menschen darin ihren Halt und Trost gefunden. Ihre gesprochenen und gesungenen Glaubenszeugnisse führen oft weiter als dogmatische Setzungen. So faßt etwa Paul Gerhardt in düsteren Zeiten seine Glaubensgewißheit in das Bild von der Geburt:

Ich hang und bleib auch hangen
an Christus als ein Glied;
wo mein Haupt durch ist gangen,
da nimmt er mich auch mit.
Er reißet durch den Tod,
durch Welt, durch Sünd, durch Not,
er reißet durch die Höll,
ich bin stets sein Gesell. (EG 112,6)
Auszug aus einer Bibelarbeit

Das Abendmahl hat nichts zu tun mit Sünde und Tod

Klaus Berger

»Dies ist mein Leib« oder »... für euch« bedeutet nicht: Dies bin ich, der Gekreuzigte, der Tote, dies ist mein Leichnam, dies ist mein Tod. Sondern es bedeutet: Ich bin für euch das Leben, so wie Brot Zeichen des Lebens ist. Und nirgends Zeichen des Todes. Und ähnlich beim Becher: Nicht das Blut steht im Vordergrund, sondern der Bund. der Wein steht für den Bund, Wein ist nirgends Zeichen des Todes. Der Bund wird mit Wein begossen. Daß dieser Bund am Kreuz gestiftet worden ist, soll nicht vergessen sein. Doch vor einer direkten Identifikation von Wein und Blut sei gewarnt. Selbst das Mittelalter hat das nicht gemeint, sondern lehrt, daß unter beiderlei Gestalt der ganze Christ gegenwärtig ist.
Konsequenzen: Das Abendmahl hat nicht zuerst etwas zu tun mit Sünde und Tod, sondern es ist zuerst das Mahl des Lebens und der Freude. Statt »Christi Blut für dich vergossen«, sollte man beim Austeilen des Kelches sagen: »Der Neue Bund, mit uns geschlossen.«
Auszug aus der Bibelarbeit

Kommt und schmeckt, wie freundlich Gott ist

Abendmahl als gemeinschaftliches Sättigungsmahl

Ursprünge des Abendmahls als Sättigungsmahl und jüdisches Mahl

Jürgen Ebach

Wichtige Hinweise für das Verständnis des Abendmahles stecken in Formulierungen des griechischen Textes, die man leicht übersehen kann und die nicht in allen Bibelübersetzungen deutlich genug werden. »Ebenso auch den Becher, *nachdem die Mahlzeit beendet war* ...«, heißt es. Paulus erinnert daran, daß das Mahl, um dessen vergegenwärtigende Erinnerung es geht, ein Sättigungsmahl war und (warum sollte er es sonst so deutlich in Erinnerung bringen?) eben dies bleiben soll. Wer das Abendmahl auf die spirituelle, die symbolische Seite beschränkt, erinnert sich falsch. Und wer in der vergegenwärtigenden Erinnerung im Gottesdienst nur diese Seite wiederholt, wiederholt, läßt Wichtiges weg. Es geht nicht zuletzt um eine Gemeinschaft, in der alle Menschen satt werden. Wenn in Korinth oder anderswo »*manche hungern und andere betrunken sind*«, dann stimmt etwas Entscheidendes an der Gemeinschaft nicht. Nicht nur der Hunger nach Wahrheit und anderen »höheren Werten« soll gestillt werden, sondern auch der reale Hunger. Auf die Frage nach dem Ziel der emanzipierten Gesellschaft notiert *Adorno*: »Zart wäre einzig das Gröbste: daß keiner mehr hungern soll.« (Minima Moralia, Nr. 100 [*Sur l'eau*], GS IV, 177f.) Der Satz Jesu »Niemand lebt vom Brot allein.« steht gerade nicht bei der »Speisung der 5000«! Denn wo der an sich richtige Satz, daß noch andere als die materiellen Dinge zum Leben gehören, dazu dient, Ungerechtigkeit zu befestigen und Menschen die Erfüllung des materiell Notwendigen vorzuenthalten, da wird der richtige Satz zum falschen, da wird Wahrheit zur Lüge und Glaube zur Ideologie.

Es gibt einen weiteren wichtigen Hinweis auf den Charakter der letzten Mahlzeit Jesu in der Erinnerung des Paulus. Wir kennen aus der gebräuchlichen Abendmahlsliturgie die Worte: »... nahm er das Brot, dankte, brach es und gab seinen Jüngern davon.« Das Wort »dankte« geht in dieser Reihe leicht unter. Im griechischen Text steht hier das Wort euxaristhsaj (eucharistäsas), wovon »Eucharistie«, die in der Katholischen Kirche übliche Bezeichnung für das Abendmahl stammt. Was tat Jesus, wenn er »dankte«? Er sprach als Jude in jüdischer Mahlgemeinschaft den Segen ([bracha]) über das Brot – und damit über das gesamte Essen –, wie es zu Beginn der jüdischen Mahlzeit geschieht. Von rabbinischer Zeit bis heute sind es die Worte: »Gesegnet DU, Ewiger, unser Gott, König der Welt, der hervorbringt Brot aus der Erde.« Und wenn es dann abgekürzt heißt (Paulus setzt voraus, daß seine Adressatinnen und Adressaten wissen, wovon die Rede ist): »Ebenso auch den Becher, nachdem die Mahlzeit beendet war«, so steckt in diesem »ebenso«, daß er auch über den Becher den Segen sprach, wie es bei einer jüdischen Mahlzeit geschieht.

Das Mahl ist ein *Sättigungsmahl*, das Mahl ist ein *jüdisches* Mahl. Beides gehört zu dem, was auch heute einzuschärfen und zu bewahren ist. Wer denkt denn bei Oblate und symbolischem Schluck Wein oder Saft noch daran, daß es um Sättigung und Freude geht? Und wer hört in dem in unserer Liturgie so verknappten Wort »*dankte*« noch mit, daß hier ein jüdisches Mahl erinnernd vergegenwärtigt wird und daß zu diesem Mahl der Segen gehört.
Gesegnet wird *Gott* selbst. Menschen geben im Segen etwas von dem, das sie von Gott empfangen haben, an den Geber aller Gaben zurück. Der Segen bedeutet aber auch, daß nun die Essenden und Trinkenden in Freiheit über die Gabe verfügen dürfen; es ist ihre Speise und ihr Trank geworden. Die Erinnerung an den Geber gehört zu jedem Essen; er macht die Mahlzeit nicht zu einem besonderen spirituellen, symbolischen Mahl. Heute sind das christliche Abendmahl und die von allem Religiösen getrennte Mittags- oder Abendmahlzeit meist gänzlich auseinander getreten. Von dem einen wird man nicht mehr satt, und das andere bedarf scheinbar des Segens nicht. Heute wird ja sogar für immer mehr Menschen das *gemeinsame* Essen selbst zu einer altertümlich-fremden Sitte. In die Worte hinein, die das Mahl Jesu mit seinen Jüngern als ein ebenso jüdisches wie wirkliches, sättigendes Abendessen erkennbar machen, spricht Jesus nach der Überlieferung, die Paulus weitergibt, seine beson-

deren Worte: Nach dem Segen über das Brot sagt er: »*Das ist mein Leib für euch; das tut zur Erinnerung an mich.*« Nach dem Segen über den Becher (nicht den *Wein*) sagt er: »*Dieser Becher ist der neue Bund durch mein Blut. Das tut, sooft ihr trinkt, zur Erinnerung an mich.*« Diese besondere Beziehung auf Christus ist das besondere »Christliche« des Abendmahls, das es von einer jüdischen Mahlzeit unterscheidet. Christinnen und Christen, Menschen aus den nichtjüdischen Völkern, bedürfen Jesu Christi, um hinzu und hinein zu kommen in den Bund Gottes mit seinem Volk. Für *uns* ist der Christus Jesus, wie es in der Barmer Theologischen Erklärung heißt, das *eine* Wort Gottes. Der neue Bund ist der neue Zugang zu dem einen Bund, aber er ersetzt nicht den alten, wie das Neue Testament das Alte weder ersetzt noch übertrifft noch erst erfüllt, sondern für Menschen aus den Völkern erschließt. Es ist die Treue Jesu zu seinem Volk und zum Gott Israels, die Treue in seinem ganzen Leben bis zum Tod am Kreuz, die uns als Christinnen und Christen diesen Zugang eröffnet. Diese Treue bis zum Tod, bis zum Tod, der nicht das letzte Wort behielt, ist das *Zeugnis* (das griechische Wort dafür ist »Martyrium«), das im Abendmahl erinnert, wiederholt, vergegenwärtigt wird. Für diese Treue steht die Rede vom *neuen Bund* durch Jesu *Blut*.

Das Wort über das Brot hat in unserem Text eine andere Zielrichtung, und es hat in der gegebenen Situation das Hauptgewicht. »*Das ist mein Leib für euch; das tut zur Erinnerung an mich.*« Das Wort hat mehr als nur *eine* Bedeutung. Denn das griechische Wort (soma) »Leib« meint wie das lateinische »corpus« sowohl den Körper als auch die Körperschaft. Der Leib Christi ist also sowohl sein Leib als auch die in seinem Namen und in der Erinnerung an ihn versammelte Gemeinde. Von der Gemeinde als »Leib Christi« spricht Paulus auch im vorangehenden und im folgenden Kapitel. »Weil ein Brot ist, darum sind wir – die vielen – ein Leib ...«, heißt es in 1 Kor 10,17, und in 1 Kor 12 steht das Bild von dem einen Leib und den vielen Gliedern im Zentrum. Nicht die Substanz der Hostie, der Oblate verkörpert also den Leib Christi, sondern die Substanz der Gemeinschaft, die sein Abendmahl erinnernd und vergegenwärtigend wiederholt. Darauf liegt in der Erinnerung des Paulus alles Gewicht. Deshalb muß eine Mahlfeier, die sich allein auf das Spirituelle beschränkt und die Gemeinschaft selbst zerstört (wenn manche zu viel zu sich genommen haben und andere hungern), als Verfehlung des Kerns des Erinnerungsmahls gelten – in Korinth und anderswo, damals *und* heute.

Auszug aus einer Bibelarbeit

Gegen die Vergeistigung und
Entleiblichung des Abendmahls

Helge Adolphsen

Wir Protestanten haben das Abendmahlsverständnis eingesperrt in einen übertriebenen Individualismus. Es ist unangemessen und unsolidarisch, das Abendmahl einseitig als persönliches Vergebungsmahl zu verstehen. Ich kann nicht allein mit meinem eigenen spirituellen Hunger an den Altar treten, sondern nur in Gemeinschaft mit anderen, an die ich gewiesen bin. Mit ihnen bin ich verbunden durch Christus selbst. Es geht im Abendmahl nicht nur darum, daß Christus mir vergibt, sondern daß ich dem anderen vergebe, weil Christus ihm vergibt. Der sich mir hingibt in Brot und Wein will, daß ich anderen weitergebe, was ich empfangen habe. Ich kann nicht Versöhnung und den Frieden Gottes mit mir feiern und gleichgültig oder beziehungslos mit anderen leben.

Nehmt ein - an - der   an,   wie   Chris - tus   euch   an - nimmt!

In der protestantischen Tradition ist das Abendmahl zu lange vergeistigt und entleiblicht worden. Da ist immer noch zu viel private Gottesbeziehung und zu wenig gelebte Zuwendung zum Nächsten; zu viel Ich und zu wenig Wir. Zum »Ich vor Gott« gehört untrennbar das »Wir vor Gott« und das »Wir miteinander«. Heiligkeit und Gerechtigkeit gehören unauflöslich zusammen. Heiligkeit ist nicht auf das Christusmahl und auf den Gottesdienst in Kirchen zu beschränken. Die Heiligkeit des Gottesdienstes setzt sich fort im Alltag der Welt. Religion ist keine Privatangelegenheit, sie will zur Religion im Alltag werden. Sie will sich erstrecken auf gestörte Beziehungen, auf den Ausgleich der Gegensätze von Arm und Reich, auf die Überwindung von geistlichem und kreatürlichem Hunger.
So wie unser Alltag geistlicher werden muß, muß unsere Abendmahlspraxis leiblicher werden. Die Konflikte der Welt und die Probleme zwischen Menschen dürfen aus dem Christusmahl nicht herausgehalten werden. Die Kirche, die konfessionsverschiedenen Ehepartnern das gemeinsame Mahl am Tisch des Herrn verwehrt, macht sich schuldig am Leib und Blut Christi. Ebenso eine Gemeinde, die die schönen und

festlichen Gottesdienste des Herrn feiert, aber keine Diakonie treibt. Heiligkeit und Gerechtigkeit dürfen nicht getrennt werden. Wir sollten Sakramentsfeiern wieder mehr mit Mahlzeiten verbinden. Das kann in Kirchen geschehen, in Gemeindehäusern, aber auch in Privatwohnungen. Wir müssen offener werden für Distanzierte und Suchende. Sie hungern nach Gemeinschaft, sehnen sich nach Geborgenheit. Wir müssen uns gegenseitig stärken, uns unsere spirituellen und alltäglichen Erfahrungen mitteilen. Wir müssen unsere festen Kreise öffnen und unsere angestammten Sitzplätze verlassen, unseren Glauben und unser Brot mehr miteinander teilen. Geschlossene Gesellschaften weisen die ab, die nach Brot und Liebe hungern. Unsere Abendmahlspraxis muß leiblicher werden. Wenn wir das ernst nehmen, müssen wir umdenken und kreativ sein. In jedem Gottesdienst im Hamburger Michel steht unter der Kanzel ein Gabenkorb für unsere Tagesaufenthaltsstätte für Nichtseßhafte. Er wird meist schlecht gefüllt. Das ist unsere Schuld. Mir ist über dem Bedenken unseres Textes klar geworden, daß wir den Gabenkorb zusammen mit Brot, Wein und der angesammelten Kollekte zum Altar bringen müssen. Ein alter Gedanke muß neu belebt werden: Dankopfer und Diakonie gehören untrennbar zusammen.

Ihr seid das Salz der Er___-___de.

Nie werde ich das wöchentliche Mittwochsfestmahl in St. Peter in New York vergessen. 20 Mitarbeiterinnen und Mitarbeiter bereiteten ein festliches Abendessen für über 200 Aidskranke vor. Sie saßen an einer großen Tafel, liebevoll gedeckt mit weißen Tischtüchern und Blumen. Vor Beginn des Essens die Erinnerung an Jesu Mahlgemeinschaft und die Freude derer, bei denen er einkehrte. Das »Für euch« prägte die Atmosphäre in Gebeten, beim Essen und in den Gesprächen. Unsere Abendmahlsfeiern müssen leiblicher werden.
Wenn wir das Abendmahl feiern und zusammen essen, dann wird durch das Abendmahl immer wieder neu die Gemeinschaft der Heiligen gebildet, die die Gerechtigkeit schon jetzt praktiziert. Das Abendmahl darf nicht von der Lebenspraxis der Gemeinde getrennt werden. Einen Dualismus von Essen und Heiligkeit, von Alltag und Kult darf es nicht

geben. Denn wir werden immer wieder neu leiblich verbunden mit dem Leib Christi und werden so als Gemeinschaft selbst Leib Christi. Andererseits gilt auch: Unser tägliches Essen muß spiritueller werden. Wir essen heute vielfach im Schnellverfahren und im Vorübergehen, stehend, ohne Muße und Besinnung, gedankenlos, lieblos, oft allein. Geknechtet von Tagesplänen, vermeintlichen Zwängen und dem Beruf. Die Kinder mit der Mutter ohne den Vater. Speisen wird zum Abspeisen. Aber Essen ohne Danken, ohne Tischgebete und Rituale führt zur Achtlosigkeit gegen die Gaben des Schöpfers. Beim gemeinsamen Essen und Sprechen können wir das alltägliche Essen als Gottesdienst praktizieren. Dabei erleben wir, daß Körper und Geist miteinander kommunizieren. Nicht der kulinarische Standard ist der Sinn und der Maßstab, sondern das Miteinander-Teilen. Ein gemeinsam gesungener Kanon ist wichtiger als ein Fünf-Gänge-Menü.

Es geht darum, unsere Kultur spirituell zu durchdringen, unser Miteinander religiös zu prägen, Sakrales und Profanes zusammenzubringen. Kultur ist, wie wir miteinander sprechen, essen, feiern, wie wir das Leben mit Sinn füllen und der Besinnung Raum geben. Kultur ist das Gegenteil von Gebrauchen und Verbrauchen, Konsumieren, Funktionieren und Separieren.

In jeder gelungenen Mahlgemeinschaft kann etwas vom Geheimnis der Eucharistie gegenwärtig werden. Wo wir uns nicht nur abspeisen lassen, sondern gemeinsam satt werden, kann das Brot des Lebens sinnlich erfahren werden. Da können »wir die noch ausstehende Versöhnung von Mensch und Natur, von Mensch und Mensch, von Mensch und Gott zeitlich, täglich, sinnlich erfahren und am eigenen Leib erleben«. Da ist Christus mitten unter uns.

Kanon als »Tischgebet«: »Friede sei mit dir.«

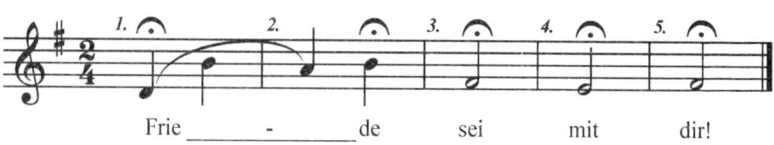

Eine solche Mahlgemeinschaft, die Heiligkeit und Gerechtigkeit, Spirituelles und Alltägliches verbindet, ist ein Abbild der himmlischen Gemeinschaft. Verbunden miteinander, dankend und teilend, singend und feiernd nehmen wir vorweg, worauf wir zugehen und was wir erwarten: das eschatologische Freudenmahl. Das Urbild der irdischen Mahlgemeinschaft Jesu und das Abbild des himmlischen Freudenmahls verbinden sich zur Vision: Uns ist verheißen, daß eines Tages alle Menschen einander begegnen werden mit Zuwendung und Freundlichkeit. Alle werden eins sein in Christus. Heiligkeit und Gerechtigkeit werden einander küssen.

Auszug aus einer musikalischen Bibelarbeit von Helge und Irmgard Adolphsen und Hermann und Annemarie Rauhe, Kanons von Hermann Rauhe

Lachen und Essen – Das christliche Abendmahl
Luise Schottroff

Man hat in der Geschichte der Kirche Sättigungsmahl und Eucharistie voneinander getrennt. Noch in einer der neuesten wissenschaftlichen Exegesen habe ich gelesen:»beim Abendmahl ißt man sich nicht satt«. Doch das Abendmahl in Korinth und das frühchristliche Abendmahl war eine fröhliche gemeinsame Mahlzeit; da gab es Brot und Gerstebrei, Eier und Gemüse, Wein und Wasser. Das Essen wurde geteilt, es wurde sichtbar, daß bei Gott das Unrecht der Herrschaftsstrukturen nicht gilt; die Grenzen zwischen oben und unten, reich und arm – auch die Geschlechterhierarchie, nach der Frauen den Männern nicht ebenbürtig sind – sind ein Unrecht, das in der Gemeinde und von der Gemeinde bekämpft wird.

Das christliche Abendmahl ist aus dem jüdischen Gemeinschaftsmahl entstanden. Auch hier gab es eine Mahlgemeinschaft, oft auf der Basis der Familien, aber nicht auf die Familienangehörigen beschränkt. Dieses Mahl war begleitet von Gebeten. Diese Gebete setzt Paulus in 1 Korinther 11 voraus. In Vers 24 erwähnt er den Brotsegen zu Beginn der Mahlzeit: Er lautete:»Gepriesen seist du, Ewiger, unser Gott, König der Welt, der hervorbringt Brot aus der Erde.« Dann wird das Brot gebrochen und in der Runde geteilt. Dieser Brotsegen wurde durch Jesus bei seinem letzten Abendessen erweitert, sagt Paulus. Er sprach den Brotsegen und fuhr dann fort:»Das ist mein Leib für euch; das tut zur Erinnerung an mich.« Das geteilte Brot wird zum Zeichen der solidarischen Gemeinschaft, zum Zeichen des Leibes Christi. Die Erinnerung an Jesus war das Band der Einigung, aus der die Gemeinschaft entstand. Der gestorbene Jesus war in der Gemeinschaft als Auferstandener gegenwärtig. Auf geheimnisvolle Weise fühlen sich die Essenden von Christus berührt. Sie verwandeln sich. Alle Angst ist vorbei.

Christi Tod sollte nicht ungeschehen gemacht werden, aber die Erinnerung ermöglichte einen neuen Anfang. Das Mahl wurde mit dem Bechersegen zum Wein abgeschlossen. Wein zu trinken bedeutet fröhlich zu sein. Die Erinnerung an Jesu Tod ermöglichte einen neuen Anfang in Fröhlichkeit und gemeinsamer Freude. Der jüdische Bechersegen wird von Paulus ebenfalls vorausgesetzt (in dem Wort »ebenso« V 25). »Gepriesen seist du, Ewiger, unser Gott, König der Welt, der den Wein aus der Erde hervorbringt.« »Dieser Becher«, hat Jesus gesagt, »ist der neue Bund durch mein Blut. Trinkt ihn zur Erinnerung an mich.« Die Gebete des frühchristlichen Abendmahls sind die Gebete der jüdischen Mahlgemeinschaften, die nun um die Erinnerung an Jesus und die Vergegenwärtigung seiner Auferstehung ergänzt werden. Die Gebete waren nicht starr festgelegt, jede Gemeinde gestaltete sie neu. Das frühchristliche Abendmahl enthält Elemente eines heute fast vergessenen Erbes, die eine Herausforderung bedeuten: Das Abendmahl ist nicht ein symbolischer Ritus, sondern ein Ritus des gemeinsamen Essens und der Freude. Und: Die Gemeinschaft ist durch Gott begründet und duldet keine Störung durch gesellschaftliche Unterschiede.« Das Teilen des Brotes fordert die Preisgabe der Privilegien. Wie wir in diesem Text hören ist die Gerechtigkeit der Beziehungen in der Gemeinschaft nicht Sache der Einzelnen. Und: Sie erlaubt tatsächlich keine Kompromisse.

Mehr Essen beim Abendmahl: Ich gehe doch zum Abendmahl, weil ich aus der Einsamkeit herauswill. Ich will Teil einer Gemeinschaft sein, die für Gerechtigkeit arbeitet und das Fest des Lebens feiert. Ich suche nach dieser Gemeinschaft, immer wieder. Der normale Alltag, mein Alltag, hat eigentlich gar keine Lücke für Gemeinschaft. Der Terminkalender, die Verpflichtungen, schnell noch einkaufen, die Post ist nicht erledigt. Und am Sonntagnachmittag überfällt mich die große Öde, weil ich, wenn auch nicht aufgrund eigener Wahl, als Single lebe. Und dann stehen wir um den Abendmahlstisch und sind gehemmt und doch wieder einsam. Aber ich spüre: ganz dünn ist die Wand zwischen uns, wir haben eine gemeinsame Vision. Wir trauen uns nur nicht, das Abendmahl mit ein bißchen Picknick zu verbinden; dann könnten wir uns erreichen: Träumst du auch immer von der Heilung der Welt? Träumst du auch davon, daß alle Völker am Tisch Gottes zusammen sind und niemand mehr Menschen mit Bomben oder ethnischer Säuberung vernichtet? Träumst du auch davon, daß der menschengemachte Tod ein Ende hat? Ich sehne mich danach, daß die Schönheit der Bäume stärker ist als die Ökonomie, der wirtschaftliche Egoismus, der die Menschen zu habgierigen Funktionären macht. Ich sehne mich nach Gott. Darum gehe ich zum Abendmahl. Und ich spüre dort Menschen neben mir, die meine Sehnsucht teilen. Einmal wird es sein, daß die Wüste blüht, daß die Tränen getrocknet sind und daß ein Lachen auf unseren Lippen ist, das nicht mehr erstirbt. Einmal wird es sein. Beweisen kann ich das nicht, aber ich weiß mit meiner ganzen Existenz, daß Geld und Gewalt nicht die ganze Wahrheit sind. Einmal wird es sein. Ich habe es schon erlebt.

Im frühen Christentum bedeutete, sich an Christi Tod zu erinnern, seine Auferstehung zu feiern und gemeinsam Gott zu loben. Gotteslob und Lachen gehören zusammen, Gemeinschaft in Freude und Abendmahl gehören zusammen. Ich habe mir überlegt, wodurch damals und heute eigentlich die Gemeinschaft des Essens und der Freude entsteht. Sie ist nicht beliebig konstruierbar; weil ich in die Kirche gehe, erfahre ich noch nicht Gemeinschaft. Es ist meine Erfahrung, es ist unser beider Erfahrung, daß die Mahlgemeinschaft aus der gemeinsamen Arbeit für Gerechtigkeit entsteht. In der traditionellen Mahlfeier wird in der Regel das religiöse Ritual von der Welt draußen ferngehalten. Wir wissen, daß wir in einer Welt der Gewalt leben, aber wir sprechen beim Abendmahl nicht davon. Darum sind wir so einsam in dieser Gemeinschaft. Erst wenn wir uns der Wirklichkeit stellen, an irgendeinem Punkt beginnen, gemeinsam für Gerechtigkeit zu arbeiten, dann wächst die Hoffnung. Sie ist das geheime Band, das die Gemeinschaft in den erneuerten Mahlfeiern zusammenbringt. Die Hoffnung entsteht, wenn wir uns gemeinsam an die Arbeit machen, die heute getan werden muß.

Auszug aus einer Bibelarbeit

Häusliche Gottesdienste   Ophelia Ortega

Die frühen christlichen Gemeinden haben sich gewöhnlich im Haus einiger neubekehrter Christen und Christinnen zusammengefunden. Darin steckt eine theologische Wahrheit. Um Gottesdienst zu feiern, braucht man keinen »heiligen Platz«. Seit der Vorhang im Tempel entzwei gerissen ist, von oben bis unten, als Jesus starb (Mk 15,38, Mt 27,51), ist der Zugang zu Gott offen zu jeder Zeit und für jeden Menschen (Joh 4,21,23). Im heutigen Lateinamerika hat diese Wahrheit einen neuen Ausdruck gefunden in den evangelischen Bewegungen, aber ebenso in den Basisgemeinden.

Gemeinsame Essen waren allgemeine Praxis sowohl in Korinth als auch in anderen Städten der gräco-romanischen Welt. Kulturelle und freundschaftliche Feste wurden gefeiert und waren ein wichtiger Zusammenhalt für die Gruppe.

Paulus kritisiert aufs strengste die Feier des Abendmahls, die die Bedürfnisse der geringsten Brüder und Schwestern überhaupt nicht in Betracht zieht. In einem solchen Fall kann man überhaupt nicht vom »Mahl des Herrn« sprechen (11,21), denn dieser Begriff besagt, daß es Jesus selbst ist, der einlädt, und seine Einladung gilt für alle in gleicher Weise. Das kritische Urteil des Paulus hat Vorläufer in der Geschichte des Volkes Gottes – die Propheten pflegten mit ähnlich harten Worten jede gottesdienstliche Feier zu verurteilen, die nicht mit praktischer Gerechtigkeit einherging, besonders nicht mit dem Schutz der Bedürftigen (Jes 1,14-17; 58,1-14; Jer 7,1-7; Am 4,10; 5,24; Mi 6,5-8). Die Worte des Paulus greifen auch Jesu eigene Praxis auf, als er zornig die Händler vertrieb, die den Tempel mißachtet hatten, indem sie die Orte, die für die Teilnahme der am meisten ausgegrenzten Gruppen gedacht waren, nämlich das Atrium für die *Heiden* und für die *Frauen*, für *ihr eigenes Geschäft* benutzten (Mk 11,15-19; Mt 21,12-17; Lk 19,45-48). Der Ausdruck »Mahl des Herrn« erscheint nur ein einziges Mal im Neuen Testament, obwohl es vorausgesetzt wird als eine allgemeine Praxis der frühen christlichen Kirche.

Was kann dieses Mahl des Herrn *ungültig* machen? Unter den Antworten, die durch die Jahrhunderte hindurch gegeben worden sind, wird ein wichtiger Punkt, den die Heilige Schrift deutlich ausspricht, *übergangen*. Nach Vers 20 macht die *Ausübung von sozialer Ungleichheit* das Mahl des Herrn ungültig, weil dieses Mahl ein elementarer Ausdruck unseres Glaubens an Jesus Christus sein will.

Im Unterschied zu unseren Abendmahlsfeiern wurde in Korinth ein volles Mahl gefeiert, vielleicht am Abend. Der Hausbesitzer oder die Hausbesitzerin, eine Person mit vermutlich höherem ökonomischen Status, und die Gäste aus ähnlichen sozialen Verhältnissen haben das Mahl für alle anderen bereitgestellt. Das war ein Zeichen ihrer Geschwisterlichkeit. So haben sie tatsächlich auch die Schwestern und Brüder unterstützt, die weniger Mittel für ihren Lebensunterhalt hatten.

In der damaligen Welt gab es keine freien Tage wie heute. Die einzige Zeit, die man für den Gottesdienst hatte, war der Abend – nach einem

langen Arbeitstag. Die Sklaven, die Freigelassenen und die einfachen Leute mußten jeden Tag angestrengt arbeiten. Das hieß, sie kamen zu spät zu diesen Treffen, jedenfalls später als die Schwestern und Brüder, die einen höheren sozialen Status hatten. (Wenn nur ein kleiner Teil der Gemeinde in den Speisesaal hineinpaßte, dann haben der Gastgeber oder die Gastgeberin die Freunde und Freundinnen ihres eigenen Standes in den Speisesaal gebeten, um dort miteinander zu essen. Sie saßen dann auf ihren schönen Stühlen und hatten all den Komfort, den sie gewohnt waren.)
Die neue christliche Gemeinde von Korinth mußte also eine Wahl treffen. Auf der einen Seite konnte sie die Klassenunterschiede in ihrer Mitte bekräftigen, oder sie konnte sie zurückweisen und etwas Neues schaffen. Das sollte ursprünglich auch geschehen, als sie dieses gemeinsame Mahl einführten, das sie das »Mahl des Herrn« nannten. (Einige griechische Moralisten, die fortschrittlichere soziale Ansichten vertraten, haben die sozialen Unterschiede bei diesen Mählern beklagt. Zum Beispiel in der Mitte des 2. Jahrhunderts schreibt Alcyphron: »Als ich nach Korinth kam, habe ich sofort den schamlosen Reichtum der Reichen hier bemerkt und das Elend der armen Leute.« Paulus ist selbst voller Scham, als er die schmerzliche Gleichgültigkeit der reichen Christen den ärmeren Geschwistern gegenüber sieht. Für Paulus ist es klar: Wer nicht in Solidarität mit den Armen lebt, kann den Tod Jesu nicht wirklich feiern [11,20].)
Im letzten Jahr habe ich einen ganzen Monat im Krankenhaus in meinem Land (Kuba) verbracht. Ich war sehr krank und brauchte Tag für Tag die Hilfe und die Freundschaft der Putzfrauen, der Ärzte/innen, der Krankenschwestern, von denen, die die Fenster in meinem Zimmer reparierten, die kochten und die mir jeden Tag das Essen brachten. Es war eine wunderbare Erfahrung zu sehen, welch große Mühe sie sich alle gaben, um die Ressourcen und die Medikamente zu finden (die in Kuba nicht immer verfügbar sind wegen der Blockade der USA), die mich wieder gesund machen würden.
Bevor ich das Krankenhaus verließ, habe ich beschlossen, daß wir ein gemeinsames Essen einnehmen sollten. Es war fast wie ein Fest. Ich habe Kuchen und Erfrischungen mitgebracht. Wir haben uns im Speisesaal getroffen. Sie waren alle sehr glücklich und alle kamen. Wir waren da zusammen, die Putzfrauen, die Ärzte und Ärztinnen, Krankenschwestern, die einfachen Arbeiter und Arbeiterinnen von der Küche. Es war wirklich eine Art Kommunion, die wir da miteinander ge-

feiert haben, um die Heilung und das Leben miteinander zu feiern, ohne daß es Trennungen in Rasse, Klasse oder nach Geschlechtern gab, und ich habe gespürt, als wir das Essen, die Erfrischungen miteinander geteilt hatten, daß Gott uns alle gesegnet hat auf eine ganz besondere Art und Weise.

Auszug aus einer Bibelarbeit von Bärbel Wartenberg-Potter und Ophelia Ortega

Wer das Abendmahl unwürdig ißt, ißt es zum Gericht

Abendmahl und solidarisches Handeln

Irritierende Angst beim Abendmahl

Ophelia Ortega/Bärbel Wartenberg-Potter

An einen Satz aus der früheren Abendmahlsliturgie (die anders klingt als die Kirchentagsübersetzung), erinnere ich mich seit meiner Kindheit: »Wer unwürdig ißt und trinkt, der ißt und trinkt sich selbst zum Gericht.« Dieser Satz hat eine irritierende Angst in mir ausgelöst: »Bin ich denn würdig?« Ich habe die Strümpfe geradegezogen, das schwarze Kleid glattgestrichen, die Augen gesenkt und mich brav in die Reihe gestellt. Aber die Frage, ob ich mir nicht doch das ewige Gericht zuziehen könnte, blieb. Vielen Leuten ging es ebenso. *Wollen* wir die Strenge des Paulus und seinen Zorn, der vielen ProtestantInnen das Abendmahl so gründlich verleitet hat, überhaupt verstehen? Vielleicht müssen wir diesen Text *mit anderen Augen lesen* und einmal für eine Weile vergessen, was er uns angetan hat.

Unwürdige Teilnahme am Abendmahl

Paulus beschuldigt die Korinther, unwürdig am Abendmahl teilzunehmen. Mit dem Wort »unwürdig« meint Paulus die *praktische* Art und Weise, wie sie das Abendmahl feiern, und *nicht eine innere spirituelle Befindlichkeit* der Teilnehmenden. Vers 29 macht klar, daß »unwürdig« dasselbe ist, wie den »Leib Christi nicht achten«. Mit diesem Begriff (»Mißachtung«) faßt Paulus zusammen, was er über die Art und Weise der Korinther denkt, ihr Abendmahl zu essen und zu trinken, das doch die ganze Gemeinschaft einschließen sollte.

Wenn die Christen/innen, die wohlhabender sind, ihre armen Schwestern und Brüder *demütigen*, dann verachten sie die Kirche Gottes

(11,22). Sie können einfach nicht erkennen, daß der Leib Christi auch aus diesen »Geringen« besteht. Dieser Mangel an spiritueller Empfindsamkeit veranlaßte Paulus, die reichen Korinther zu verurteilen, nicht nur wegen der sozialen Diskriminierung. Vielmehr: auf diese Art und Weise töten sie Jesus noch einmal. Wer so handelt, ist schuldig am Leid und Tod unseres Herrn (11,27).

Diese enge Verbindung zwischen den schwächeren Schwestern und Brüdern und der Person Christi ist schon im Kapitel 8,11-17 angedeutet. Diejenigen, die die Schwachen noch mehr schwächen, sündigen gegen Christus. Paulus geht so weit zu sagen: »Wer die Armen verachtet, ist verantwortlich für die Kreuzigung Christi.«

»Idiot«-isch essen?

In Vers 20 benutzt Paulus das griechische Wort »idios« – »selbst«. Es heißt: »Jeder (griech. Singular) ißt nur *für sich selbst.*« An diesem Tisch aber wird gerade an einen erinnert, der *nicht nur* »*für sich selbst*« lebte, sondern der sein ganzes Leben lang anderen Mut machte zu einem mitfühlenden Leben in Verbundenheit mit allen Geschöpfen und mit Gott. Dieses »für-sich-Essen«, bei dem andere hungern, höhlt die innere Bedeutung dieses Abendmahls total aus, macht zunichte, was kommuniziert werden soll, nämlich: »Alle bekommen etwas. Niemand bekommt nichts.« (D. Sölle) Von dem Wort »idios« kommt das Wort »Idiot«. In der Tat verhalten sich die Korinther wie »Idioten«, die *nichts vom Abendmahl* verstanden haben. Mit solchen Mählern wird doch vor der heidnischen Gesellschaft eine »Visitenkarte« der Gemeinde abgegeben. Was die Korinther da abgaben, war geradezu *die Verneinung Jesu.*

Paulus ist zornig. Als Jude steht ihm immer die *Gerechtigkeit, nämlich die richtigen, gerechten Beziehungen zueinander und zu Gott* vor Augen. Wer dieses *Füreinander* schon im Abendmahl nicht mit vollziehen kann, wer nur »sein eigenes Heil« sucht, wem die Tischnachbarn bei diesem Geschehen zweitrangig sind oder wen sie gar stören; wem der eigene Hunger, die eigene Andacht, die eigene Nähe zu Gott wichtiger sind als die Gemeinschaft, wer den TischgenossInnen nicht einmal einen Friedensgruß entbieten will, verleugnet den, der mit diesem Mahl eigentlich gefeiert wird.

Auszug aus einer Bibelarbeit

Persönliche Würdigkeit und solidarisches Miteinander

Klaus Wengst

Worum es nach Paulus beim Abendmahl geht und worum nicht: nicht um persönliche Würdigkeit, sondern um solidarisches Miteinander

Ich setze wieder ein bei einem auffälligen Übersetzungsunterschied. In der Lutherbibel heißt es in Vers 27: »Wer nun *unwürdig* von dem Brot ißt oder aus dem Kelch des Herrn trinkt, der wird schuldig sein am Leib und Blut des Herrn.« Wie diese Aussage von der Unwürdigkeit in der Geschichte des Abendmahls verstanden wurde, hat schlimme Auswirkungen gehabt. Sie hat zu selbstquälerischer Gewissenserforschung und zu Gewissensängsten geführt, zu Angst vor dem Abendmahl – und so Abendmahlsfeiern zu äußerst unfrohen Veranstaltungen gemacht.

In der Übersetzung für den Kirchentag lautet der Anfang von Vers 27 völlig anders: »Daraus folgt: Wer *auf unsolidarische Weise* das Brot ißt oder den Becher Christi trinkt, …« »Unwürdig« dort, »auf unsolidarische Weise« hier. Im griechischen Text steht dafür nur ein Wort. Das kann in der Tat mit »unwürdig« wiedergegeben werden. Von daher ist klar, daß die Übersetzung für den Kirchentag eine zugleich interpretierende ist. Sie will bewußt die eben genannte Interpretationslinie abschneiden, als ginge es um persönliche Würdigkeit. Sie will es nicht nur deshalb, weil dieses Verständnis sich schlimm ausgewirkt hat; es ist auch, gemessen am paulinischen Text, schlicht falsch. Zunächst ist darauf hinzuweisen, daß das Griechische in der Form zwischen Adjektiv und Adverb unterscheidet. Hier steht das Adverb. Das heißt: Es geht nicht um eine persönliche Eigenschaft, die jemand haben soll (»würdig«), sondern um die Art und Weise der Teilnahme am Abendmahl. Man müßte also, bliebe man bei einer Form von »würdig«, der Klarheit halber das griechische Wort im Deutschen zumindest so wiedergeben: »auf unwürdige Weise«. Hinter der Grundform des griechischen Wortes steht das Bild der Waage und also der Gedanke der gleichgewichtigen Entsprechung. Das hier in der negativen Fassung gebrauchte Adverb hätte dann die formale Bedeutung: »auf nicht entsprechende bzw. auf unangemessene Weise«. Was aber ist die dem Abendmahl nicht entsprechende, die ihm unangemessene und unwürdige Weise, die Paulus hier im Blick hat? Das kann sich nur aus der Situation ergeben, auf die hin er spricht. Wie aber sieht und beurteilt Paulus die Situation der in Korinth geübten Abendmahlspraxis? Die korinthischen Gemeindeglieder, an die Paulus schrieb, kannten natürlich ihre Situation. Wenn Paulus darauf anspielt oder darauf bezogen Anordnungen gibt, wußten sie, um was es ging. Wir müssen das erst aus seinen Angaben hypothetisch erschließen. Da ist nicht immer Eindeutigkeit erreichbar. Aber die entscheidenden Punkte sind klar. In Vers 21b stellt Paulus fest:»Manche hungern, und andere sind betrunken« – ich hatte das schon zitiert. Vielleicht überspitzt und übertreibt er ja etwas. Aber aus der Luft gegriffen wird das nicht sein. Wie kann es zu so etwas doch ziemlich Skandalösem kommen, daß in der Gemeindeversammlung welche betrunken oder zumindest angeheitert sind? Ein schlechtes Gewissen hatten diejenigen, deren Kopf nicht mehr ganz klar war, ja offenbar nicht.

Wenn die einen prassen können und die anderen Kohldampf schieben, muß das sozial und ökonomisch begründet sein. Um das nachvollziehen zu können, müssen wir uns einige schlichte Fakten klarmachen. Aus 1 Kor 1,26-28 wissen wir, daß es in der korinthischen Gemeinde nur wenige Bessergestellte gab und das Gros aus der Unterschicht stammte. Als Versammlungsort gab es natürlich noch kein eigenes Gemeindezentrum. Dafür diente ein Privathaus. Das mußte groß genug sein. Sein Besitzer war also ein Bessergestellter. Der Speisesaal eines solchen guten Hauses bot Platz für neun bis zwölf Personen. Im Atrium konnten sich 30 bis höchstens 50 Personen versammeln. Das wird die Größenordnung der korinthischen Gemeinde zur Zeit des Paulus gewesen sein, da sie sich noch an einem Ort im Haus versammeln konnte. Die Bezeichnung »Abendmahl« weist auf den Abend als Versammlungszeit. Für uns ist das Wort »Abendmahl« so sehr zu einem religiösen Begriff geworden, daß wir gar nicht mehr seine zeitliche Dimension wahrnehmen und es ja auch in der Regel am Morgen halten. Das dahinter stehende griechische Wort *deipnon* bezeichnet einfach die Hauptmahlzeit, die am späten Nachmittag bis frühen Abend eingenommen wurde. Abhängig Beschäftigte, also Sklaven und Lohnarbeitende, konnten erst nach Sonnenuntergang eintreffen. Denn so lange erstreckte sich für sie der Arbeitstag. Er wurde durch das natürliche Sonnenlicht begrenzt. Der ganze helle Tag galt also als natürliche Arbeitszeit. (Nebenbei: Das Natürliche ist nicht immer menschenfreundlich.) Die abhängig beschäftigten Mitglieder der christlichen Gemeinde hasteten nach Beendigung ihrer Arbeitszeit zur Gemeindeversammlung und kamen dort hungrig an. Diejenigen, die über ihre Zeit verfügen konnten, die wenigen Bessergestellten also, werden schon früher eingetroffen sein, wie es bei Gastmählern in ihren Kreisen üblich war. Was soll der Hausherr mit ihnen machen? Nun, er wird sich als ein guter Gastgeber erweisen, sich nicht lumpen lassen und sie in den Speisesaal mit reichgedecktem Tisch und hinreichend bereitgestelltem Wein bitten. Und so kann es geschehen, daß – bis die anderen hungrig ankommen – der eine oder andere schon angesäuselt ist. Für die im Atrium Versammelten gibt es dann die Reste von der Tafel der Herren und vor allem wohl genug Brot.

Das ist die eine Möglichkeit, wie man sich die Situation vorstellen kann – in meinen Augen die wahrscheinlichere. Die andere Möglichkeit ist die, daß der Gastgeber nur den Raum zur Verfügung stellte und alle anderen jeweils ihre Verpflegung mitbrachten. Die wurde nicht geteilt, sondern jede und jeder verzehrte das eigene, die einen ihre Delikatessen, die anderen Brot und etwa ein paar Zwiebeln.

Dieses Verhalten der Bessergestellten – in der einen oder anderen Form – greift Paulus scharf an. Sie allein hat er im Blick, wenn er am Anfang von Vers 22 schreibt:»Habt ihr denn keine Häuser, um zu essen und zu trinken?« Wenn es die Reichen nicht lassen können, sich den Gewohnheiten ihres Standes gemäß zu verhalten, sollen sie das jedenfalls nicht in der Gemeindeversammlung tun, sondern unter ihresgleichen zu Hause. In dieser Weise ist auch Vers 34 zu verstehen:»Wer hungrig ist, soll zu Hause essen«, d.h. wer es von den Reichen nicht abwarten kann bis zu dem gemeinsamen Mahl in der Gemeindeversammlung, weil für ihn das abendliche Dinner gewöhnlich schon früher beginnt. Gegenüber den Armen wäre die Aufforderung des Paulus ein Zynismus, der ihm nicht zuzutrauen ist. Sie haben keine »Häuser«, und sie können auch nicht vor Beginn der Gemeindeversammlung in ihrer Arbeitszeit essen.

Paulus fährt in Vers 22 in seiner Anrede an die Bessergestellten fort: »Oder verachtet ihr die Gemeinde Gottes und beschämt die Besitzlosen?« Die in der korinthischen Abendmahlspraxis erfolgende Beschämung der Besitzlosen wird hier also als Verachtung der Gemeinde Gottes charakterisiert. Das aber heißt: Paulus definiert Gemeinde von unten her. Ohne wirkliche Integration ihrer schwächsten Glieder kann von Gemeinde und Gemeinschaft keine Rede sein.

Was also verhindert hier Solidarität? Daß die Bessergestellten auch in der Gemeindeversammlung, im Zusammenleben mit den Besitzlosen, die

Gewohnheiten ihres Standes hemmungslos ausleben. Das Bleiben auf dem eigenen hohen *level* macht Solidarität unmöglich. Dieses unsolidarische Verhalten hat Paulus im Blick, wenn er in Vers 27 von der unwürdigen Weise der Abendmahlsfeier in Korinth spricht. Deshalb formuliert die Übersetzung für den Kirchentag: »Wer auf unsolidarische Weise das Brot ißt usw.« Und so fordert Paulus in Vers 28 nicht zur Selbstprüfung im Blick auf die Würdigkeit der eigenen Person auf, sondern zur Bewährung der Solidarität in der Gemeinde: »Jeder Mann und jede Frau soll sich in dieser Hinsicht bewähren und so vom Brot essen und aus dem Becher trinken.« Dementsprechend geht es bei Vers 29 nicht um eine Unterscheidung der »Abendmahlselemente« von »profaner« Speise, sondern darum, sich in der Gemeinde als dem Leib Christi angemessen zu verhalten. Daher heißt es in der Übersetzung für den Kirchentag: »Alle, die beim Essen und Trinken dem Leib Christi nicht gerecht werden, die ziehen sich durch ihr Essen und Trinken das Gericht zu.«
Auszug aus einer Bibelarbeit

Abendmahl als Spiegel der Gemeinde   Erhard Eppler

Nur wenige Stellen in der Bibel haben soviel Kirchengeschichte gemacht wie diese. Und nur wenige haben solche Spuren im Leben von Christen hinterlassen wie diese. Auch in meinem.
Ich wurde 1941 konfirmiert. Der Pfarrer, der uns vorbereitet hatte – übrigens zwei Jahre jede Woche zweimal eine Stunde – war zur Wehrmacht eingezogen worden, so daß uns nun der Dekan, der als junger Mann im Ersten Weltkrieg war, einsegnete und auf das Abendmahl eine Woche später einstimmte. Er war ein tapferer Mann des aufrechten Ganges, der den Parteigrößen zu demonstrieren pflegte, daß er, dekorierter Offizier des ersten Krieges, keinen Nachhilfeunterricht in Patriotismus nötig habe. Im übrigen bestand er darauf, daß der Herr der Kirche Jesus Christus hieße und nicht Adolf Hitler.
Ich weiß nicht, warum uns dieser Dekan solche Angst vor dem unwürdigen Essen und Trinken eingeflößt hat. Vielleicht fand er, der Berneuchner, dem die Liturgie wichtig war, er müsse uns, den Pimpfen aus dem Jungvolk, erst einmal den richtigen Respekt vor dem Sakrament des Abendmahls beibringen. Aber er flößte manchen von uns, auch mir, Angst ein vor dem Herrenmahl, genauer davor, unwürdig zu essen und zu trinken. Ich hatte natürlich keine klare Vorstellung von dem Gericht, das der Un-

würdige auf sich ziehen mußte, aber das Ganze war mir doch unheimlich. Was bedeutete das denn, des Mahles würdig und nicht unwürdig zu sein. Woher sollte ich wissen, ob ich würdig war? Da gab es keinen Ausweg, seltsamerweise nicht einmal die unbefangene Frage an den Vertreter kirchlicher Obrigkeit, wie sie heute mit Sicherheit käme ... Dazu kam, daß damals, zumindest im Schwäbischen, das Abendmahl eine tieftraurige Feier war. Es gehörte irgendwie zum Karfreitag oder Gründonnerstag, und auch das läßt sich ja aus unserem Text herleiten.« Denn sooft ihr dieses Brot esset ... verkündet ihr den Tod des Herrn, bis daß er kommt.«

Alles beim Abendmahl war unendlich steif und ernst, der dunkle Anzug, oft sogar die schwarze Krawatte. Das leiseste Lächeln wäre als Sakrileg empfunden worden. Man benahm sich wie auf einer Beerdigung, nur noch etwas unsicherer.

So wurde mein erstes Abendmahl für etwa sechs Jahre auch mein letztes. Viele von den Älteren, die ähnliches zu erzählen hätten, fragen sich mit mir: Waren unsere Leiden am Abendmahl nötig, waren sie biblisch begründet, oder hatten sie zu tun mit einer Auslegung der Schrift, die mehr über die Ausleger aussagte als über das, was Paulus der Gemeinde in Korinth in ihr ziemlich neues und dünnes Stammbuch meinte schreiben zu müssen?

Dieser erste Korintherbrief ist einer der ältesten, frühesten Texte des Neuen Testaments. Paulus soll ihn im Jahr 55 geschrieben haben. Auf das Jahr 33 setzen die Kirchenhistoriker die Kreuzigung Jesu an. Der Text ist also vom Tod Jesu nicht weiter entfernt als wir heute, 1999, vom Berliner Kirchentag 1977. Und an den erinnern sich manche, die zwischen vierzig und fünfzig sind. Daher spricht Paulus im 15. Kapitel des Briefes von 500 Zeugen, die dem Auferstandenen begegnet seien, von denen die meisten noch am Leben seien.

Wenn dieser frühe Brief Unsitten beim Abendmahl rügt, so beweist dies auch, daß das gemeinsame Herrenmahl schon bald nach Jesu Tod seine Jüngerinnen und Jünger zusammenführte. Vielleicht waren die Christen für Außenstehende einfach die Leute, die immer wieder zum Erinnerungsmahl an den gekreuzigten Jesus zusammenkamen. Das Abendmahl hat also Gemeinde konstituiert. Es ist viel älter als unsere Formen des Gottesdienstes, älter als die katholische Messe und viel älter als der evangelische Predigtgottesdienst. Das Mahl war das Erkennungszeichen der Christengemeinden, das, was sie zur Gemeinde machte. Wenn also Paulus nicht loben konnte, wie in Korinth das Mahl gehalten wurde, dann ging es nicht nur um liturgische Details, bei denen man es so oder auch anders halten konnte. Wo nicht einmal das Herrenmahl die Gemeinde zusammenführte, mußte es Spaltungen geben, ob diese nun die Ursache oder die Auswirkung des mißglückten und mißbrauchten Mahles waren. So beginnt Paulus schon im 1. Kapitel mit einer Warnung vor Spaltungen, und auch unser Text aus dem 11. Kapitel enthält gleich zu Beginn einen Hinweis darauf. Dabei fällt mir auf, daß Paulus erst tadelt, wie die Korinther zum Erinnerungsmahl zusammenkommen, daß er dann Berichte über Spaltungen erwähnt, wobei er offen läßt, was davon stimmt, und anschließend auf das Mahl zurückkommt. Beides gehört offenbar zusammen, die Spaltungen und die skandalöse Art, das Mahl zu begehen. In einer Gemeinde, die im Herrenmahl Gemeinschaft erfährt, gibt es Meinungsverschiedenheiten, sicher auch Streit, aber keine Spaltungen. In Korinth hat offenbar eine gespaltene Gemeinde ein gespaltenes Mahl gehalten, auch wenn die Trennungslinien beim Mahl wohl anders verliefen als in der Theologie.

Paulus tadelt nicht das, was die Korinther beim Mahl denken oder fühlen oder auch nicht denken und nicht fühlen, er tadelt, wie sie sich verhalten, genauer: wie sie sich zueinander verhalten. Er tadelt nicht, daß sie für das Mahl, wie das in den hellenisierten Teilen des Römischen Reiches üblich war, die Speisen und Getränke mitbrachten, daß sie also nicht vor Ort in einer Küche bereitet wurden. Das war so üblich, und das war auch später, nach dem Einspruch des Apostels, nicht anders. Paulus stößt sich daran, daß jeder und jede das aufaß und austrank, was er oder sie mitgebracht hatte, und das möglicherweise nicht einmal zur gleichen Zeit, weil die Hafenarbeiter oft erst später kommen konnten als die Kaufleute. Paulus sagt nicht ausdrücklich, was er für richtig hielte, das versteht sich für die Getadelten offenbar von selbst: daß nämlich die mitgebrachten Speisen und Getränke auf einem Tisch deponiert und dann, einigermaßen gleichmäßig, unter die Abendmahlsgäste verteilt werden. So geschah es später, nach der Schelte des Apostels.

Jetzt aber durften die Armen hungrig zusehen, wie die Reichen ihre Leckerbissen genüßlich verzehrten und sich anschließend so viel des süßen Weines zuführten, daß sie noch heiterer wurden, als dies damals beim Abendmahl üblich und angemessen war. Die einen waren noch hungrig, die anderen schon betrunken, stellt Paulus trocken fest.

Natürlich war das ungerecht. Und das war schlimm. Aber was hier geschah, war schlimmer. Es war demütigend, verletzend, beschämend. Die Reichen beschämten, erniedrigten die Arbeiter aus dem Hafen, die oft erst kommen konnten, wenn die Besserverdienenden schon satt und lustig waren. Eine Gruppe von Menschen läßt sich – das weiß ich noch aus der Zeit des Hungers – durch nichts tiefer trennen, spalten und verbittern als dadurch, daß die einen hungrig zusehen müssen, wie die anderen sich das Fett vom Mund abwischen. Wenn der feine Herr im Sport-Mercedes den ihm bekannten Radfahrer überholt, dann kann der Radfahrer dem Herrn im Mercedes fröhlich zuwinken: Soll der doch in seiner Nobelkutsche davonbrausen, mir ist es auf dem Fahrrad wohler, und gesünder ist es allemal. Dieser Unterschied muß die beiden also nicht trennen, nicht bitter machen. Aber wo Hunger und Völlerei aufeinandertreffen, hört der Spaß auf. Daß in einer Armee die Offiziere gewisse Privilegien haben, nehmen Soldaten und Unteroffiziere hin. Aber wenn es im Offizierskasino regelmäßig anderes, besseres Essen gibt, werden sie böse.

Es geht bei den Unarten der Korinther nicht nur um einen Verstoß gegen Gleichheit und Gerechtigkeit, es geht um Verletzung und Demütigung von Menschen. Das rächt sich immer, auch bei Heiden. Für einen Haufen von Christen ist es ein Beweis dafür, daß sie keine Gemeinde sind. Und das ist ihrer und ihres Herrn unwürdig. Das griechische Wort, das Luther mit »unwürdig« übersetzt, ist kein Adjektiv, sondern ein Adverb. Nicht die ziehen das Gericht auf sich, die als Unwürdige essen und trinken, sondern alle, die auf unwürdige Weise essen und trinken, also auf die Weise, die in Korinth zur Sitte oder Unsitte geworden ist. Nicht ob der Essende oder die Trinkende würdig sind, interessiert den Paulus, sondern ob die Weise des gemeinsamen Essens und Trinkens des Herrn würdig ist, der das Mahl eingesetzt hat. Nicht, was ein würdiger Christ beim Abendmahl denken, fühlen und beten soll, ist das Thema des Paulus, sondern was eine christliche Gemeinde ist und was nicht, wie Christen miteinander umgehen müssen, wenn sie eine Gemeinde sein wollen. Das gemeinsame Mahl verbindet, nicht nur Christen, und das Abendmahl soll zusammenführen, die Christen einander näher bringen. Sie sollen sich als Leib Christi erfahren, als verschiedene Glieder eines Leibes, wie Paulus im nächsten Kapitel dieses Briefes ausführlich darlegt. Was die Korinther sich angewöhnt haben, bewirkt das genaue Gegenteil, es trennt, es spaltet, es schafft Fronten.

Wir, die wir in einer Zeit der Individualisierungsschübe leben, haben Mühe zu begreifen: Dem Apostel geht es hier zuerst einmal um die Gemeinde und dann erst um die Seele des einzelnen.

Noch einmal. Nicht, was ein richtiger Christ wäre, ist hier sein Thema, sondern was eine richtige Gemeinde ist. Oder anders: Ein richtiger

Christ ist zuerst einmal ein lebendiges Glied der Gemeinde, ein Glied, das, wie wir im 12. Kapitel des Korintherbriefes lesen, leidet, wenn eines der anderen Glieder leiden muß. Vielleicht ist auch heute unsere Scheu vor dem Abendmahl ein Zeichen dafür, daß Gemeinde sich nicht von selbst versteht.

Die Losung unseres Kirchentags lautet ja auch nicht: »Du bist das Salz der Erde«, sondern »Ihr seid das Salz der Erde«. Mit einem einzigen Salzkörnchen läßt sich schwer salzen. Vielleicht überfordern, übernehmen und entmutigen wir uns, wenn jeder und jede einzelne Salz der Erde sein will. Zuerst einmal soll die Gemeinde Salz sein im Teig der Gesellschaft. Nur wenn sie es ist, können es manchmal auch einzelne sein.

In der Übersetzung für den Kirchentag lautet der Vers 29: »Alle, die beim Essen und Trinken dem Leib Christi nicht gerecht werden, ziehen sich durch ihr Essen und Trinken das Gericht Gottes zu.« Das kann meinen, daß wir dem Leib Christi nicht gerecht werden, weil wir seine Gegenwart beim Mahl nicht wahrnehmen und nicht ernstnehmen. Es kann aber auch bedeuten, daß wir das Abendmahl so halten können – und das haben die Korinther getan –, daß die Abendmahlsgäste eben nicht Leib Christi und damit wirkliche Gemeinde sein können. Natürlich schließen diese Deutungen einander nicht aus, im Gegenteil, sie ergänzen sich. Der Christ ist nicht entweder Gemeindeglied oder Individuum, er ist als Gemeindeglied Individuum.

Das war nun ein sehr subjektives Bekenntnis. Wer in anderen Bildern zuhause ist, darf und soll es bleiben. In unseres Vaters Hause sind viele Wohnungen. Und wir sind es ja oft nicht selbst, jedenfalls nicht allein, die diese Wohnungen möbliert und tapeziert haben. Wichtig ist, daß wir uns dort zuhause fühlen. Aber wenn ich schon eine Bibelarbeit wage, muß ich auch andeuten, wie es in der Wohnung aussieht, in der ich mich zuhause fühle.

Auszug aus einer Bibelarbeit

»... alle an einen Tisch« Gisela Matthiae

»Sie waren täglich einmütig beieinander im Tempel und brachen das Brot hier und dort in den Häusern, hielten die Mahlzeiten mit Freude und lauterem Herzen und lobten Gott und fanden Wohlwollen beim ganzen Volk.« (Apg 2,46-47)

Ich lade ein zur Gemeinschaft der Vielen: Frauen und Männer, Väter und Mütter, Kinder und Alte, Schwule, Heteras, Lesben, Transsexuelle, Fröhliche und Bedrückte, Fromme und Zweifelnde, Protestanten und Katholiken, Orthodoxe und Mumanistinnen, Visionäre, Bodenständige, Hoffnungsvolle, Phantasielose, Flüchtlinge und Soldaten ... alle an einen Tisch! An einen Tisch? Ob das gut geht? Wir könnten für eine kurze Zeit Harmonie spielen und die heiklen Themen außen vor lassen. Wir könnten übers Wetter reden, und, na klar, übers Essen.

Oder wir könnten streiten, die Positionen beim Namen nennen, nichts beschönigen, nichts auslassen, keine Heimlichkeiten, keine Diplomatie. Man stelle sich vor, was für eine Kraft darin läge: Gegnerinnen und Gegner, voneinander üblicherweise abgeschottete Menschengruppen, setzen sich an einen Tisch und halten sich zumindest mal aus. Da entstehen womöglich ganz neue Koalitionen, Aufhebungen alter Grenzen, Verflüssigung bestehender Formen. Gängige Machtkonstellationen geraten ins Unkontrollierbare. Da funktioniert plötzlich die Tagespolitik nicht mehr. Ein tolles Spiel, ein subversives Spiel! Eigentlich ein Jesus-Spiel. Zöllner, Pharisäer, Sünder, Kranke, Aussätzige, Prostituierte – alle an einem Tisch, Menschen, die wenig Chancen hatten, in die Gesellschaft und die religiöse Gemeinschaft als gleichwertig integriert zu werden. Die Vision einer Gleichheit bei allen Differenzen wurde gelebt, bestehende Differenzen wurden aufgehoben oder verschoben. Dafür steht das Abendmahl, für die subversive Macht von Gemeinschaft, für Macht in Beziehungen. Essen und Trinken hält nicht nur Leib und Seele der je einzelnen Menschen zusammen, sondern die versammelten Menschen untereinander. (In manchen Kulturen wird zusätzlich noch ein Friedenspfeifchen geraucht!) Ich lade ein an einen Tisch, zur Gemeinschaft der vielen Verschiedenen.

Auszug aus einem Tischgespräch der feministisch-theologischen Basisfakultät

Die Gerechtigkeit ist das Brot Gottes   Friedrich Schorlemmer

Dieser erste Text vom Abendmahl in Korinth zeigt, daß es nicht um eine unterschiedliche Abendmahls*lehre* geht, sondern um ein strittiges Abendmahls*verhalten*. Es geht um die Interkommunion der ganz und gar Verschiedenen. Und »Exkommunikation« geschieht nicht aus Gründen der Lehre, sondern des Verhaltens.

Das Abendmahl wird gefeiert mit einer eschatologischen Perspektive: Im Grunde sind alle gleich und gleich gewürdigt. Dies soll Folgen haben für den Umgang der Schwestern und Brüder mit ihrem Reichtum und mit den Armen. Kulturelle und soziale Schranken und Grenzen werden überbrückt. Es sind alle Gleich-Gewürdigte, und sie sollen es auch so erleben. Die Würde jedes Menschen ist unantastbar. Diese Würde soll am Tisch des Herrn in feierlicher Weise sichtbar und in sozialer Weise erlebbar werden! Das Spirituelle und das Soziale lassen sich nicht voneinander lösen. *Wie aber bedingen sie sich?*

Ob es gelingen kann, ohne die Änderung der realen Unterschiede, also ohne das Schließen der sozialen Schere, zu wirklicher, zu gelingender Gemeinschaft zu kommen, ist und bleibt in der Christenheit eine strittige Frage, zwischen Lukas und Paulus, Luther und Müntzer, Ragaz und Dibelius, Boff und Woityla.

Diesen ersten Mahlkonflikt lesend, meine ich: Wo der leibliche Vorgang sich vom geistlichen trennt, geht auch der geistliche verloren. Geht es doch beim Brotessen und beim Weintrinken auch um die Geschöpflichkeit! Das gemeinsame Essen beginnt mit der Dankbarkeit über Empfangenes, die zur Teilungsbereitschaft wird. Und die Lust des Essens, die als Genuß empfundene Befriedigung von Hunger, die Heiligkeit des Essens und die Gemeinschaftlichkeit des Essens bilden einen inneren Zusammenhang.

Das Symbolische ist nicht zu erfahren ohne das Reale, so wie das Reale sich zum Symbolischen erhebt. Das Spirituelle ist nicht ohne das Soziale und das Soziale nicht ohne das Spirituelle erfahrbar, solange es sich um den Arme-Leute-König aus Nazareth und seine Reich-Gottes-Botschaft handelt.

Bertold Brecht hat die Gerechtigkeit das »Brot des Volkes« genannt. Könnte man nicht sagen, die *Gerechtigkeit* ist das *Brot Gottes?* Die Mahlgemeinschaft, das Brot-Brechen der Schwestern und Brüder füreinander, das Ver-Schenken des Weins an alle ist dankbare Erinnerung, Verpflichtung und Verheißung. Sie ist die Verschmelzung eines ernsten Zusammenhangs mit einem fröhlichen Vorgang: Menschen haben zu essen und sie haben einander. Sie entdecken mitten im Alltag die Heiligkeit des Alltäglichen. Es ist nicht jeder für sich allein, es ißt nicht jeder für sich allein, und es stirbt nicht jeder für sich allein. Es gibt etwas, was Menschen im Tiefsten miteinander verbindet: Die Heiligkeit des Brotes wird geschmeckt, die Heiligkeit des miteinander Gebrochenen wird erlebt. Das Brot schmeckt, bevor darin noch etwas »ganz anderes« geschmeckt wird. Die Heiligkeit und die Natürlichkeit hängen hier unauflöslich aneinander. Das Brot wird erhoben, der Weinbecher wird erhoben. Im Leiblichen wird das Geistige, im ganz Alltäglichen das ganz Besondere sichtbar gemacht und leiblich, emotional, geistig *erlebt*.

Wie steht es mit der Heiligkeit des Brotes und der Heiligkeit des Teilens in unserer Weltzeit?

○ Die sozialen Differenzen haben sich globalisiert und quantitativ und qualitativ dramatisiert. Herrschaft wird auch über das Brot, durch Subventionen und Restriktionen, ja durch Genbanken für Getreidesamen weltweit ausgeübt. Eucharistische Gemeinschaft zwischen den großen christlichen Denominationen gibt es nicht, nicht nur wegen der jahrhundertealten Lehrunterschiede und Ämter-»Spreizungen«, sondern auch durch Armut-Reichtum-Gefälle. »Brot für die Welt« und »Misereor« sind wenigstens Signale dafür, daß wir Christen aus den reichen Ländern begriffen haben, daß da etwas nicht stimmt mit dem Brot ...

○ Und die Heiligkeit des Brotes muß sich in der McDonald's-Welt behaupten, wo Brot zur Droge wird, das entleibte Brot, das wohl süchtig macht, aber nicht sättigt. McDonald's ist die globalisierte Ent-Heiligung des Brotes. McDonald's schafft eine weltweite »Gemeinschaft« der verführerischen Massenabfütterung unter cleanen Bedingungen. Utopie McDonald's – die Welt des Einfachen. Eine Welt – eine McDonald's-Welt von Schanghai bis San Francisco, von Oslo bis Kapstadt. Eine eucharistische McDonald's-Welt, bei der alle Klassen zusammen sind, alle Autoklassen vorfahren und sich abfüttern lassen mit etwas, das kein Brot ist, aber so aussieht und mit etwas, das nicht satt macht, sondern süchtig macht nach dem nächsten »Mac«.

○ Wie steht es um die Heiligkeit des Brotes in der Häppchen-Kultur? Tischgemeinschaften wandeln sich mehr und mehr zur Empfangskultur, zu einer Empfangskultur, in der die Reichen, die Einfluß-Reichen weitestgehend unter sich sind. Kein Taufschein – eine Einlaßkarte ist nötig, die VIPs an VIPs ausschicken. Dort wird nicht existentiell geteilt, sondern adrett verteilt. Es sind nicht Hostien, sondern Häppchen. Es ist nicht der eine Becher, der für alle da ist, sondern die Batterie der Sektflaschen, die das Sprudeln des Geistes vortäuschen. Eine Häppchenkultur ist durch nichts gestört, schon gar nicht durch Gespräche über Wesentliches. Da muß man nichts ernst nehmen, aber man muß sich wichtig nehmen und wichtig machen und einmal mit dem »noch Wichtigeren« anstoßen, weil der für Künftiges von Wichtigkeit sein könnte. »Man sieht sich«, sagt man, sich vom anderen abwendend – und sagt sich nichts und will sich auch nicht sehen, nur mal kurz gesehen werden, vielleicht auch noch dazugehören. Es ist die organisierte Höflichkeit des Nichtssagenden in gepflegter Atmosphäre. Abgeschirmt ist diese Empfangskultur von den 630-DM-Leuten. Dort sind Leute, die 630-DM-Leute brauchen können. Aber man soll es damit nicht so kompliziert machen; schon gar nicht über Weiterreichendes nachdenken. »Sozialstaat«? Eine ideologische Schimäre der Sozial-Mafia der Betonkopf-Sozis, die statt freier Entfaltung des einzelnen immer nur den Staat aufblähen. Wo Steuerabschreibungsfähige bei Häppchen zusammen sind, weiß man, daß keiner genug kriegen kann und daß es zuviel Sozialmißbrauch und Sozialneid gibt. Dann geht man nicht satt, aber beruhigt auseinander, weil man mit seinem Abwehrdenken – dem Denken von Habenden – nicht allein ist. Was wären wir ohne VIP-Gemeinschaften? Häppchenkultur, Häppchengedanken, Häppchenwelt. Das ist die Gegenwelt zum Empfang des Sakramentes: Empfänge der Welt, wo die sozialen Wirklichkeiten so nebeneinander existieren, als ob sie gar nicht existiert. Es sind die Empfänge, ungetrübt durch Ankränkelungen eines sozialen Gewissens. Solche Empfänge kennen kein »Empfangen«, sie kennen keine Widersprüche – sie *sind* ein Widerspruch, der mit sich im reinen ist ...

○ Wo wird die Heiligkeit des Brotes festgehalten? Wo das ganze Brot geteilt wird, in Bissen ge*teilt* wird; dort gibt es ganz andere »Häppchen«, die einander zugereicht werden. Es ist das »trocken Brot«, das süß wird durch das Kauen, durch bewußtes, dankbares Empfangen, durch die Atmosphäre, den kommunizierenden Zusammenhang: Jeder hat teil am Ganzen, indem er in der Gemeinschaft einen Teil zu sich nimmt. Das ist etwas anderes als Häppchenkultur; das ist das, was wir Mahlgemeinschaft nennen: Erinnerungsmahl, Gemeinschaftsmahl, Mahl-Zeit in Gemeinschaft von Dankenden, das Leben Genießenden und auf ein anderes Leben – auf ein geteiltes Leben – Hoffenden!

Die Spaltung unserer Welt in Starke und Schwache, Betitelte und Namenlose, Wohlhabende und Nichtshabende, Regierende und Regierte,

Kopfarbeiter und Handarbeiter, Vornehme und Einfache, Glückskinder und Pechvögel ... soll am Tisch des Herrn zu Ende sein, endlich einmal keine Rolle spielen. Wenigstens für die Zeit der Tischgemeinschaft nicht. Aber dann müssen auch alle die gleichen Gaben genießen können und alle sich einander ganz zuwenden. Das symbolische Teilen von Brot und Wein zielt auf das wirkliche Teilen. Auch wo das wirkliche Teilen noch nicht geschieht, darf, kann und soll symbolisches Teilen geschehen. Das Mitsein des Herrn, das Mitsein im Herrn erfüllt sich erst im *Miteinandersein* der Schwestern und Brüder, nämlich

○ im Warten aufeinander,
○ im Aufmerksamsein füreinander und
○ im Teilen miteinander.

Erst, wo das Teilen beginnt, hört der Hunger auf. Wo wir das Mahl feiern, *ohne* das »Brot für die Welt« zu teilen, setzen wir die Tischgemeinschaft aufs Spiel. Dagegen sind alle die Spaltungen, die die Theologen der Christengeschichte aufgedrängt haben und bis heute daran festhalten, geradezu lächerlich, auch wenn dies ein Skandalon bleibt, ein zusätzliches, ein künstlich produziertes, durch die Jahrhunderte mitgeschlepptes.

Auszug aus einer Bibelarbeit

Ein Brot ist es, darum sind wir viele ein Leib

Ökumenische Mahlgemeinschaft und konfessionelle Trennung

Gegen die Grenzen der Konfessionen   Jörg Zink

Wir feiern die Eucharistie. Das Abendmahl. Überall tun wir das. Auch auf diesem Kirchentag. Und wir werden es heute Abend an vielen Orten in dieser Stadt feiern. Dieses Mahl hat Jesus gestiftet als das Zeichen, das die Seinen miteinander verbinden sollte und das auf die Zukunft im Reich der Gerechtigkeit, des Friedens und der Gemeinschaft verweisen sollte.

Aber dieses Mahl darf ein Katholik nicht mit einem Protestanten zusammen feiern, ein Orthodoxer nicht mit einem Katholiken und an vielen Stellen ein Lutheraner nicht mit einem Reformierten. In den christlichen Hinterzimmern von heute stehen immer mehrere Tische. Und wer an einem Tisch sitzt, hat keine Tischgemeinschaft mit irgendeinem anderen an einem anderen Tisch. Es war gestiftet als Zeichen der Gemeinschaft, und ausgerechnet und genau dieses Mahl der Gemeinschaft wurde in den Jahrhunderten der Kirchengeschichte zum eklatantesten Zeichen der Trennung.

Ein evangelisch-katholischer Kirchentag wird von vielen Leuten noch heute nicht gewünscht, weil die Gefahr besteht, die Christen könnten nun gemeinsam feiern.

Wie lange soll der Unsinn währen? Und wann werden wir schlichten Leute an der Basis aufbegehren gegen diesen von oben verordneten Mißbrauch unseres zentralen Sakraments?

Wenn wir uns fragen, warum uns dieses Mahl so wichtig ist, werden wir fragen, wie es dazu kam, daß Jesus es gestiftet hat:

Erinnern wir uns: In den Evangelien lesen wir, wie Jesus eine Menschenmenge aufforderte, sich in Tischgemeinschaften auf dem Gras zu lagern, wie er dann ein paar Brote nahm, das Segenswort sprach, das Brot brach und die Stücke an die Menschen weitergab, die vor ihm saßen. Solche Mahlzeiten hat er oft auch mit Würdenträgern aus den Dörfern gefeiert, vor allem aber immer wieder mit denen, die man zu den Außenseitern rechnete. Er lud die Menschen ohne Unterschied ein. Er unterschied nicht zwischen den Würdigen und den Unwürdigen, zwischen den Gerechten und den Ungerechten, sondern sammelte in ihnen allen ein neues, geschwisterlich lebendes Gottesvolk. Die Mahlzeiten, die auf eine festliche Zukunft vorauswiesen, waren erfüllt von Geselligkeit und Fröhlichkeit, und das so sehr, daß sie mit ihrer Festfreude bei den Bedächtigeren und Strengeren in ihrer Umgebung Anstoß erregten. Sie zeichneten eine große, leuchtende Hoffnung in das oft so triste Leben der versammelten Menschen ein. Ein tröstliches Bild von der bedingungslosen Güte Gottes. Und so hat Jesus diese Versammlungen immer wieder mit einem Hochzeitsmahl verglichen, einer Hochzeit zwischen Gott und den Menschen.

Was aber mußte sich an den Eingeladenen vorher geändert haben? Nichts. Keiner mußte seine Sünden beichten. Keiner eine Bußgesinnung zeigen. Keinem mußten seine Sünden vergeben werden, so daß er würdig gewesen wäre teilzunehmen. Vielmehr wurde er einfach eingeladen. Mit dieser Einladung sagte Jesus schlicht und einfach: Du gehörst zu mir. Ich möchte mit dir feiern. Es ist alles gut. Komm!

Tischgemeinschaft bedeutete damals die Ehrung des Gastes. Man bot ihm Frieden an. Man schloß mit ihm Bruderschaft. Wenn Jesus die Menschen einlud, so war die Gottesbeziehung des Einladenden zugleich auch die Gottesbeziehung des Gastes. Wenn der Gastgeber mit Gott im reinen war, so war es auch der Gast.

Es ist immer dasselbe Bild: Jesus ging auf die Menschen zu, die im Abseits leben. Er tat es in unbegrenzter Liebe, und eben mit diesem Weg zu denen am Rand und mit seiner überlegenen Liebe störte er die anderen, die auf Ordnung sahen. Mit dieser Liebe weckte er ihren Argwohn, ihr Mißtrauen, ihre Gegnerschaft und endlich ihren Haß. Jesus gab also mit eben dieser Güte allen gegenüber sein persönliches Ansehen preis, seine Glaubwürdigkeit, seine Sicherheit und wußte dabei, daß all dies in eine Sackgasse führen würde, aus der es für ihn keinen Ausweg geben würde als die Hinnahme des Todes. Er lebte für diese Menschen, und es ist durchaus nichts Neues, wenn beim Abendmahl gesagt wird, sein Tod geschehe »für die vielen«. Dieser Tod ist die Konsequenz aus dem, was er gelebt hatte.

Diesen Hintergrund der Mahlzeiten in Galiläa können wir heute, wenn wir über den Sinn des Todes Jesu nachdenken, nicht mehr aussparen. Was Jesus im Tode tat, tat er schon während seines Lebens. Er gab sein Ansehen, seine Wirkungsmöglichkeiten, seine Sicherheit schon während seines Lebens hin, damit die Ärmsten und Verdorbensten als Kinder Gottes leben konnten, damit sie heil wurden an Leib und Seele, damit sie sich sammeln konnten zum heiligen Volk der Geschwister. Indem er sich für sie einsetzte, gab er sich an sie hin. Er nahm schon auf seinen Wegen durch die Dörfer seiner Heimat das Brot und teilte es. So wurde er selbst zum Brot des Lebens für Ungezählte. Und am Ende deutete er den Sinn seiner ganzen Lebensarbeit, indem er das Brot nahm und sagte: Das bin ich! Indem er die Seinen aufforderte, ihm zum Gedächtnis dasselbe zu tun, was er tat: Nämlich selbst zu Brot zu werden für die, die kein Brot haben, ohne ihn und ohne uns.

Und was haben wir daraus gemacht? Ein Ritual, das wie in Korinth damals an getrennten Tischen stattfindet. Und zwischen den Tischen stehen die Aufpasser, die dafür sorgen, daß nicht einer sich am falschen Tisch niederläßt. Die Aufpasser sind unsere Konfessionen. Ich bin aber, meine Freunde, der Überzeugung, daß die Zeit der Konfessionen in ihrer bisherigen festungsähnlichen Abgeschlossenheit zu Ende ist. Die Kirche ist ein Garten Gottes. Und in diesem Garten haben Bäume und Büsche, Blumen und Salat und Rettich ihren Ort und Raum, und alles zusammen macht die Schönheit und Fruchtbarkeit dieses Gartens aus. Was soll aber noch Garten an ihm sein, wenn zwischen jedem Krautkopf und dem nächsten ein Zaun steht oder gar eine Mauer? Wenn jeder Rettich den Anspruch erhebt, die einzig erlaubte Pflanze in diesem Garten zu sein. Wenn also jeder von uns überzeugt ist, in seiner Gruppierung habe die Wahrheit Gottes ihren besonders deutlichen oder vielleicht gar ihren einzigen Ort.

Wir dürfen nicht verkennen, daß dieses Kapitel über das Abendmahl, das wir heute miteinander lesen, eine Einleitung hat, die ihm vorhergeht. Das ist das Hohelied der Liebe in 1 Kor 13. Da heißt es:

Spräche ich in den Worten der Menschen,
ja, sänge ich mit den Stimmen der Engel
und liebte nicht,
ich wäre eine tönende Glocke
oder eine gellende Schelle.

Wüßte ich Gottes Gedanken,
schaute alle Geheimnisse,
hätte ich alle Einsicht,
hätte ich die Macht, Berge zu versetzen
mit der Macht meines Glaubens,
und liebte nicht,
so wäre ich nichts.

Und danach redet also Paulus über das Abendmahl der Leute in Korinth. Er sagt praktisch folgendes:
Wenn ihr eure Eucharistie mit himmlischen Stimmen durchsingt, mit der wunderbarsten Orgel- und Chormusik schmückt, und andere dabei ausgrenzt, dann ist das Ganze ein leeres Geklingel.
Oder er sagt:
Wenn ihr das Geheimnis des heiligen Mahls verehrt, ja wenn ihr genau wißt, was sich begibt, wo ihr Brot und Wein empfangt, wenn ihr die richtigste Theologie habt und den festesten Glauben und nicht liebt, dann lebt ihr am Entscheidenden, das in diesem Mahl mit uns geschehen soll, vorbei.
Wenn ihr die Menschen nach ihren Konfessionen sortiert, ehe ihr Tischgemeinschaft haltet, dann könnt ihr euch eure ganze Feierlichkeit schenken. Solange ihr an euren Spezialtischen eßt, könnt ihr euer ganzes Abendmahl einpacken. Solange ihr nicht liebt, das heißt ohne Bedingung mit jedermann zusammenlebt, könnt ihr über die Gegenwart des Christus stundenlang reden, er wird nicht bei euch sein.
Paulus sagt: Wenn ihr essen wollt, dann sorgt dafür, daß alle essen können, auch Menschen, die nicht zu eurem Spezialverein gehören. Anders bleibt euch zwar eure Rechthaberei und eure Selbstbestätigung, aber nicht die Liebe Christi.
Solange euch also eure Konfessionen wichtiger sind als die Kirche, dann wird auch für die heutige Zeit kein Trost von euch ausgehen, keine Befreiung und keine Hoffnung.
Ganz am Anfang dieses Briefes nach Korinth schreibt Paulus etwas, das uns eigentlich schockieren müßte. Er schreibt nämlich genau über unseren Konfessionsbetrieb:
»Ich ermahne euch: Seid einmütig. Duldet keine Spaltungen unter euch, seid eines Sinnes und einer Meinung. Es wurde mir nämlich berichtet, daß es Streit unter euch gibt. Ich meine damit: Jeder von euch sagt von sich etwas anderes. Der eine: Ich bin paulisch, der andere: Ich bin

apollisch, der dritte: Ich bin petrisch und der vierte: Ich bin christisch. Wie? Ist Christus denn nun zerteilt? Wurde Paulus für euch gekreuzigt? Oder seid ihr auf den Namen des Paulus getauft worden?« Wäre es nicht so absurd und zugleich so realistisch, so könnte man es vergnüglich finden, wie da unsere Konfessionen, die in mehr als tausend Jahren sich voneinander getrennt haben, schon dreißig Jahre nach dem Tod Jesu in aller Klarheit geschildert werden.

Da gibt es doch bis zum heutigen Tag eine Kirche, die sich »petrisch« nennt, also eine Konfession, die Petrus für sich in Anspruch nimmt, seinen Primat, seine Schlüssel- und Hirtengewalt.

Da gibt es eine Kirche, die protestantische, die sich »paulisch« nennt, die sich auf Paulus beruft, den großen Verkünder der Gnade Gottes, des Kreuzes des Christus, den Mann der sogenannten Rechtfertigungslehre.

Und da kann man in denen, die sich nach Apollos nennen, die östlichen, die orthodoxen Kirchen wiedererkennen, die die große Tradition des griechischen Geistes festhalten, und die das Evangelium tiefsinniger, bilderreicher und richtiger erklären, eben »orthodox«, rechtgläubig heißt das, rechter als alle anderen.

Und am Ende gibt es viele Gruppen und Freikirchen, die sich von allen Traditionen der Großkirchen gelöst haben und sich allein auf Christus als ihren Herrn und Meister berufen und ihr Leben nach ihm und seinem Vorbild und seinen Weisungen gestalten wollen.

Die Lage erschiene hoffnungslos, wenn nicht in den letzten Jahren und Jahrzehnten eine ganz andere, eine gegenläufige Bewegung in Gang gekommen wäre, über Schranken, Sperren und Grenzen hinweg und durch sie hindurch. Eine Bewegung auf das Gemeinsame zu. Nicht nur, daß in den letzten hundert Jahren weltweit eine lange Reihe von Konferenzen zwischen den Kirchen stattgefunden hat, die allesamt auf größere Gemeinsamkeit abzielten, und nicht nur, daß inzwischen feste, verbindende Einrichtungen entstanden sind, die sich zum gemeinsamen Handeln verpflichten oder auch zur Prüfung des gemeinsamen Glaubens, sondern vor allem auch, daß an der Basis der verschiedenen Kirchen eine breite Bewegung der Freundschaft und Geschwisterlichkeit entstanden ist, die heute selbstverständlich hin und her geht. Weltbünde und Weltkirchenrat, interkonfessionelle Arbeitsgruppen auf allen Ebenen sind heute ebenso selbstverständlich geworden wie gemeinsame Tagungen, gemeinsame öffentliche und diakonische Arbeit. Gemeinsame Gottesdienste, ja Eucharistiefeiern werden immer selbstverständlicher, auch wo es gegen allerlei zur Stunde noch geltende kirchliche Ordnungen geht. Ein evangelischer Pfarrer, der in einer katholischen Kirche predigt, darf sich des Einverständnisses, ja der zustimmenden Aufmerksamkeit der katholischen Gemeinde sicher sein. Und immer selbstverständlicher darf man davon ausgehen, daß auch eine rigorose Kirchenleitung dies stillschweigend zuläßt, als nähme sie es nicht wahr. Immer vollständiger werden die alten Feindbilder abgebaut. Immer weniger werden konfessionell gemischte Ehen als Unglück empfunden, sie gelten vielmehr immer selbstverständlicher als Schritte in die richtige Richtung. Völlig selbstverständlich lernen mittlerweile evangelische und katholische Gelehrte etwa der biblischen Wissenschaft voneinander. Immer selbstverständlicher gelten die Besonderheiten des Glaubens der einen oder der anderen Seite als gemeinsames Gut. Und immer williger tolerieren die Menschen an der Basis auch Besonderheiten des Glaubens der jeweils anderen, ohne sie verstehen oder gar übernehmen zu müssen. Immer energischer drängen Frauen in geistliche Verantwortung, und immer mehr Männer öffnen sich ohne Angst ihrem Wunsch. Und immer selbstverständlicher arbeiten Frauen und Männer der verschiedenen Kirchen zusammen im Sozial- oder Bildungsbereich, in Jugendarbeit, Altenbetreuung oder Lebensberatung, in der Friedensarbeit oder in der Arbeit für Gerechtigkeit in der Welt, in der Flüchtlings- und Asylantenarbeit und wo immer Christen gefordert sind. Immer mehr gewinnt die Kirche jenes Antlitz der Menschenfreundlichkeit, das ihr von Jesus Christus her wohl ansteht.

Es ist eine Bewegung in Gang gekommen, die auf die Dauer keine Kirchenordnung, kein theologischer Machtanspruch und keine Kirchenbehörde mehr aufhalten wird. Sie geht schon viel weiter, als man amtlicherseits heute schon zugestehen will, und zwar auf allen Seiten. Nicht immer ist es die bloße Ahnungslosigkeit, die einen Bürger der Bundesrepublik veranlaßt, aus der Evangelischen Kirche auszutreten, weil der Papst ihm mißfällt, es ist auch die wahrhaftig zutreffende Annahme, heute hafte eine Kirche nicht nur für die eigenen Äußerungen, es hafte vielmehr jede Kirche auch für das, was irgendeine andere auf dieser Erde sagt oder tut.

Nein, die Konfessionen, wie die letzten tausend und vor allem die letzten fünfhundert Jahre sie uns beschert haben, sind überlebt. Diese Kämpfe sind zu Ende.

Auszug aus einer Bibelarbeit

Abendmahl ist Ausdruck
erreichter Glaubensgemeinschaft

Viele Leute möchten gerne die nicht vorhandene Einheit der Kirchen wenigstens schon mal dadurch herstellen, daß sie unterschiedslos katholisches und evangelisches Abendmahl feiern. Das ist zwar romantisch, rührend und kühn, aber sachlich völlig daneben. Mich erinnert das an einen Fall. Da kam jemand zu mir und sagte: Ich möchte mit Ihnen ins Bett. Ob wir uns verstehen, mögen etc., klären wir später. So wie Sex die intimste Form des Zusammenseins von Mann und Frau ist, ist das Mahl die intimste Form des Zusammenseins von Christen. Gerade deshalb ist damit nichts anzufangen, sondern wenn man sich wirklich einig ist, die gegenseitigen Amtshandlungen und Autoritäten wirklich anerkennt, dann ist die Feier des gemeinsamen Mahles der höchst mögliche Ausdruck erreichter Gemeinschaft. Daher gehört das gemeinsame Mahl an den Schluß und nicht an den Anfang ökumenischer Bestrebungen.

Damit kein Zweifel entsteht: Die Gespaltenheit der Christen ist das größte denkbare Ärgernis. Sie zu überwinden ist eine Forderung, die sich direkt aus dem Gottesbild ergibt. Gerade deshalb ist es unumgänglich, die Einheit wirklich und gründlich zu wollen. Und wenn sie wirklich da ist, dann bin ich der erste Teilnehmer am gemeinsamen Abendmahl.

Also: Gerade weil das Mahl unüberbietbarer Ausdruck des gemeinsamen Heils ist, kann man nicht sonntags Mahl feiern und Montagmorgen mit getrenntem Religionsunterricht fortfahren. Mißachten wir das Mahl nicht, streben wir alle danach, daß es wirklich ehrlich als das eine Mahl gefeiert wird. Dazu kann jeder und jede einen Beitrag leisten, zum Beispiel durch Kennenlernen der anderen Konfession.

These aus einer Bibelarbeit

Brot und Stein
Das Sakrament der Einheit
in den entzweiten Kirchen

Teresa Berger

Der Titel deutet es schon an: Ich spreche über ein schwieriges Thema voller Ungereimtheiten, ein Thema, das für viele von uns gleichzeitig behaftet ist mit sehr schönen, aber auch mit zutiefst schmerzhaften Erfahrungen, das besetzt ist mit Erinnerungen – vielleicht an Gottesdienste unserer Kindheit – und mit Hoffnungen und Ängsten. Um der »Wahrheit« der Eucharistie als gleichzeitig »Brot des Lebens« und »Stein des Anstoßes« gerecht zu werden, möchte ich deshalb beginnen mit einem persönlichen Bekenntnis, einem Bekenntnis dazu, wie das Thema Eucharistie mich trifft und betrifft. Denn meine eigene Geschichte, meine eigenen Schwierigkeiten und Ungereimtheiten mit diesem Thema prägen das, was ich zu sagen habe, entscheidend mit.

Als erstes gilt es einfach anzuerkennen, daß ich römisch-katholische Christin (und Theologin) bin und mich zu den Grundanliegen der römisch-katholischen Eucharistielehre bekenne. Sehr verkürzt bedeutet dies für mich viererlei: erstens das Bekenntnis zu einem Gott, der sich in Brot und Wein leibhaftig selber schenkt, also nicht etwas, sondern sich selber gibt; zweitens das Bekenntnis zu einem Gott, der sich sichtbar und dauerhaft bindet an Brot und Wein (ich habe dafür theologische Gründe, bin dieser Wahrheit aber auch ganz gefühlsmäßig verbunden: Fronleichnam war für mich als Kind eigentlich das schönste Kirchenfest); drittens das Bekenntnis zur Eucharistie als einer Selbsthingabe Gottes, und viertens die Erfahrung der Eucharistie als grundlegende Erfahrung von Kirchesein, das heißt mein Christinsein ist eucharistisch geprägt.

Zweitens gilt es aber gleichzeitig anzuerkennen, daß ich spezifische Schwierigkeiten mit der eucharistischen Praxis meiner Kirche habe. Diese eucharistische Praxis hat zum Beispiel geschichtlich Frauen vielfach marginalisiert, sei es durch die Sitzordnung von Frauen in Entfernung vom Altar, sei es durch den Ausschluß von der Eucharistie nach einer Geburt oder durch verschiedene Menstruationstabus, vom Ausschluß von Frauen vom Weihesakrament gar nicht erst zu reden. Die eucharistische Praxis meiner Kirche war aber auch vielen anderen Mißständen unterworfen (wie wir nicht zuletzt durch die Reformation wissen), und sie ist eine Praxis, die ökumenisch wenig gastfreundlich erscheint.

Drittens befinde ich mich in dem innerlichen Zwiespalt, daß ich die beiden ökumenischen Grundpositionen zur eucharistischen Gastfreundschaft – obwohl sie sich gegenseitig ausschließen – nachempfinden kann und beide immer wieder gelebt habe. Das heißt, ich schwanke zwischen einer Position, die Eucharistie und Kirchengemeinschaft streng aufeinander bezieht und von daher eine gemeinsame Eucharistiefeier ausschließt, bevor nicht die Kirchengemeinschaft verwirklicht ist, und einer Position, die die gemeinsame Eucharistie als den besten Weg zur wachsenden Kirchengemeinschaft sieht.

Soweit mein eigenes Bekenntnis und mein eigenes Ringen mit diesem schwierigen und gleichzeitig schönen Thema Eucharistie. Deshalb auch mein Titel »Brot und Stein«, wobei ich im folgenden zunächst beim »Stein« bleiben möchte.

Die Eucharistie als katholischer Grundstein

Ich möchte hier keine Nachhilfestunden in katholischer Dogmatik anbieten, jedes Handbuch zur Sakramententheologie kann dies besser als ich (wobei die dogmatischen Spitzfindigkeiten der Messopfertheorien oder der Lehre von Transsubstantiation und Realpräsenz oftmals nur noch den Eingeweihten verständlich sind). Betonen möchte ich nur einen Punkt, der ökumenisch bedeutsam ist: Das Kernproblem der eucharistischen Gemeinschaft mit anderen Kirchen ist für die Römisch-Katholische Kirche eigentlich nicht mehr die Frage getrennter Kirchen, Riten und Lehren, sondern die Frage des kirchlichen Amtes (ich halte von daher den Weg der Angleichung der eucharistischen Feierpraxis zwischen den Kirchen zwar für ökumenisch wichtig, aber letztlich nicht entscheidend für die Position der Römisch-Katholischen Kirche zum protestantischen Abendmahl. Denn selbst wenn zum Beispiel eine evangelische Pfarrerin oder ein evangelischer Pfarrer die Texte der römisch-katholischen Messe für die Abendmahlsfeier benutzen würden, wäre dies dennoch für die Römisch-Katholische Kirche noch lange keine gültige Eucharistiefeier).

Nun ist die offizielle katholisch-dogmatische Position aber nur eine Erscheinungsform eucharistischen Denkens und Lebens innerhalb der Römisch-Katholischen Kirche (wenn auch ihre normative Erscheinungsform). Um der Wahrheit der Eucharistie willen dürfen jedoch die anderen Erscheinungsformen hier nicht unter den dogmatischen Tisch gekehrt werden. Die Römisch-Katholische Kirche hat inzwischen eine Milliarde Mitglieder – und damit auch eine unglaubliche Bandbreite liturgischen Lebens. Da sind zum Beispiel die Traditionalisten, die weiterhin im tridentinischen Ritus Eucharistie feiern; da sind die katholischen Ostkirchen mit verheirateten Priestern; da sind feministische Liturgiekreise mit ihren bunten Alternativen zur traditionellen Eucharistiefeier; da sind Ortsgemeinden, die stillschweigend eucharistische Gastfreundschaft praktizieren; da sind Gemeinden, die sehr selten Eucharistie feiern, weil kein Priester vorhanden ist (in einigen Regionen Lateinamerikas kommt auf 20 000 Gläubige ein Priester); und da sind die vielen katholischen Glaubenden, die ökumenisch ganz und gar nicht immer das praktizieren, was die normative römisch-katholische Position ihnen sagt. Es gibt also eine Bandbreite von eucharistischen Lebensformen auch innerhalb der Römisch-Katholischen Kirche, dies muß einfach anerkannt werden. Gleichzeitig eint etwas die meisten katholischen Glaubenden: Die Feier der Eucharistie gehört für uns mit ins Zentrum des Selbstverständnisses von »gut katholisch sein«.

Die Eucharistie als (nicht nur) ökumenischer Stolperstein

Bis jetzt ging es um die Bedeutung der Eucharistie für die Römisch-Katholische Kirche. Das intensive ökumenische Ringen um die »Wahrheit« der Eucharistie sagt aber auch etwas über die Bedeutung der Eucharistie für alle Kirchen und ihre Glaubenden. Wenn nun die Eucharistie wirklich ein Herzstück des Lebens der Kirchen ist, so sollte es andererseits nicht überraschen, daß gerade in dieser Eucharistie die Fehler und das Versagen der Kirchen besonders spürbar und deutlich sind. In der Eucharistie findet eben auch eine Selbstdarstellung der Fragmentierung der Kirche und der Kirchen statt. Das Sakrament der Einheit ist zwangsläufig immer auch Ausdruck von Trennungen, und dies selbst innerhalb nur einer einzigen Kirche. Ich bleibe nur einmal bei meiner eigenen, der Römisch-Katholischen Kirche. Drei Beispiele mögen verdeutlichen, worum es mir hier geht. Das erste Beispiel: Ich fühle mich ganz und gar nicht »eucharistisch geeint« mit Augusto Pinochet (der bekanntlich sehr regelmäßig und fromm die Messe besucht), selbst wenn wir in einem römisch-katholischen Gottesdienst beide nebeneinander zur Kommunion gehen könnten. Welche eucharistische Einheit darf es mit der Folter und ihren Komplizen geben? Ein zweites Beispiel: Ich fühle mich auch nicht besonders eucharistisch geeint, wenn eine »Männermauer« (der Ausdruck stammt nicht von mir) in Konzelebration um den Altar steht, während die Gemeinde fast nur aus Frauen besteht. Um noch ein drittes Beispiel zu nennen: Eucharistische Einheit wird für mich empfindlich gestört, wenn mein kleiner (getaufter und wach glaubender) Sohn in der Messe auch »Jesusbrot« essen möchte, ihm das aber, allein aufgrund seines Alters, verwehrt ist. Das Fazit aus diesen Beispielen: Wir müssen anerkennen, daß es wohl nie eine Feier der Eucharistie ohne die Gegenwart von sowohl Einheit als auch Trennungen gibt. Konfessionelle Spaltungen sind nur eine der Fragmentierungen, durch die jede Feier der Eucharistie (mit-)geprägt ist. Die Eucharistie ist immer Sakrament der Einheit und Spiegel der Spaltungen, so wie auch die eine Kirche immer ein lebendiger Prozeß der Verwirklichung inmitten vielfältiger Fragmentierungen ist. Die Einheit der Kirche und ihrer Eucharistie sind kein fester, festzuschreibender Zustand. Einheit ist immer nur zu haben als Ringen um die Einheit.

Die Eucharistie – Brückenstein in die Zukunft?
Unterwegs zum einen Brot des Lebens

Aber können wir es dabei belassen: Brotbrechen geschieht immer in vielfach gebrochenen Kirchen? Einerseits ist der Blick auf die vielfachen Fragmentierungen eucharistischen Lebens sicher hilfreich, denn er zeigt, daß die konfessionelle Spaltung nur eine unter vielen ist (und für viele Zeitgenossen gar nicht mehr die schwerstwiegende). Andererseits ist es gerade die konfessionelle Spaltung am eucharistischen Tisch, die immer wieder als besonders schmerzhaft erfahren wird und die auch die Kirchenleitungen nachhaltig beschäftigt. Was die Römisch-Katholische Kirche betrifft, so muß man realistischerweise anerkennen, daß es wohl in naher Zukunft keine offizielle Eucharistiegemeinschaft dieser Kirche mit evangelischen Kirchen geben wird. Was aber ist angesichts dieser Tatsache zu tun, was darf gelebt werden? Ich kann wieder nur bekenntnishaft antworten: Ich habe für dieses Problem keine glatten Lösungen. Die Tatsache »getrennter Eucharistiefeiern« ist so unmöglich, so gegen alles, was Christsein und Kirchesein bedeuten sollte, daß alle runden Lösungsvorschlage an dieser unheiligen Realität abprallen. Aber ich träume von und spiele mit verschiedenen Möglichkeiten,»Unmöglichkeit« zu leben – besonders auch im Hinblick auf einen gemeinsamen, ökumenischen, evangelisch-katholischen Kirchentag im Jahre 2003.
Ich kann mir einige Möglichkeiten vorstellen, die Eucharistie als das, was sie ehrlicherweise für uns ist, nämlich als Brot, das uns eint, und als Stein, der getrennte Wege pflastert, ernst zu nehmen: zum Beispiel durch ein gemeinsames eucharistisches Fasten, also eine Abstinenz von getrennten Feiern. Oder warum nicht einen gemeinsamen eucharistischen Hungerstreik? Und wenn wir Brot und Wein nicht gemeinsam teilen können, wer kann es uns verwehren, Milch und Honig zu teilen, oder Brot und Salz? Wer will uns hindern, Steine zusammenzutragen und zu trauern, daß es dieser Aspekt der Eucharistie ist und nicht das Brot, das wir teilen? Ich kann mir noch andere Möglichkeiten vorstel-

len, gemeinsam authentisch Gemeinschaft und Trennung zu leben, Trauer und Hoffnung. Was ich ausschließen möchte angesichts der Notlage getrennter Eucharistiefeiern, sind Arroganz auf der einen Seite und Apathie auf der anderen Seite. Wir müssen uns – gerade auch in getrennten Kirchen – immer wieder verstehen als gemeinsam unterwegs zum einen Brot des Lebens. Es ist ein Weg reichlich gepflastert mit Stolpersteinen, und diese nicht nur konfessioneller Art. Aber die Verheißung des Weges ist klar: Am Ende dieses Weges steht ein Festmahl, ein Mahl, das heil und ganz ist, ohne Fragmentierung, weil der Gastgeber Gott selber ist, ein Gott, der uns – so meinte jedenfalls Jesus – wenn wir um Brot bitten, nie einen Stein geben würde (Mt 7,9). Wie können wir es eigentlich wagen, im Namen dieses Gottes anders zu handeln?

Vortrag aus dem Liturgischen Tag Abendmahl

Brot und Stein

Das Sakrament der Einheit in den entzweiten Kirchen

Fulbert Steffensky

Ich bin in einer katholischen Welt groß geworden, in der die Hochschätzung der Eucharistie selbstverständlich war. Man hatte in dieser Welt nicht viel Glaubenswissen. Wenn man etwas wußte, dann das, was mit der Messe zusammenhing: daß es die Wiederholung des Kreuzopfers sei; daß es eine Stelle besonderer Gnade sei; daß Gott so definitiv gegenwärtig sei wie ich in meiner eigenen Haut. Es war übrigens nicht nur ein schönes und warmes Wissen. Wer das Regelelement um die Eucharistie verletzte, konnte in panische Angst verfallen: wer das Nüchternheitsgebot verletzt: wer sich im Stande der Todsünde glaubt, oft aus lächerlichem Anlaß; wer als Priester nicht wußte, ob er auch korrekt jeden Buchstaben der Abendmahlsworte ausgesprochen hatte. Ich bin froh, daß es im Katholizismus so etwas wie eine eucharistische Abkühlung gegeben hat. Aber diese Kritik ist nicht die Haupterinnerung. Die Hauptsache war dieser Ort der Berührbarkeit des Geheimnisses.

Eine Befreiung aus eucharistischer Überdeterminierung habe ich auch in einem Benediktinerkloster erfahren, wo es natürlich die tägliche Messe gab; anfangs sogar die täglich 40 bis 50 Messen, die von den einzelnen Priestern gelesen wurden. Aber es gab keine spezielle Sakramentenfrömmigkeit. Es gab keine »Aussetzung«, keine öffentliche Verehrung des Brotes. Nach einem halben Leben im Katholizismus konvertierte ich (aus äußeren Notwendigkeiten, nicht aus inneren), und ich erlebte die ganze Beiläufigkeit des Abendmahls im Protestantismus. In der Rheinischen Kirche war es damals ein Anhängsel des Gottesdienstes, zu dem nur noch wenige Kirchenbesucher blieben. Dieser Teil des Gottesdienstes bestand nur noch aus einigen liturgischen Überschriften, sinnlos zusammengestellt.

Zurückblickend sehe ich mit Erstaunen, daß sich der Stil meiner Frömmigkeit und die Art meiner Bedürfnisse in der Evangelischen Kirche verändert haben. Ich habe mir angewöhnt, nicht nur das eucharistische Brot zu essen, sondern auch andere Brote: die Bibel, die protestantischen Choräle, und sie ernähren mich. Es gibt offensichtlich unterschiedliche Frömmigkeitsstile, die nicht gegeneinander auszuspielen sind. Es gibt Dialekte der Frömmigkeit, in denen die Bedeutung des Abendmahls unterschiedlich ist. Die Sakramentenfrömmigkeit des Protestantismus ist undeutlich, vielleicht auch unterentwickelt, vielleicht auch gelegentlich lächerlich in der Praxis. Aber dieser Protestantismus hat andere Begabungen, und er braucht vielleicht deshalb weniger diesen Frömmigkeitsstil. Schon allein deswegen brauchen sich diese beiden Kirchen; denn die Begabung der einen dient der Schwäche der anderen. Ich glaube nicht, daß der Protestantismus eine eucharistische Frömmigkeit braucht, wie der Katholizismus sie hat, aber er braucht den Katholizismus in seiner anderen Begabung, so wie dieser den Protestantismus braucht. Vereinigung dieser beiden Kirchen heißt nicht Angleichung bis zur Unkenntlichkeit. Es heißt vielmehr, daß das Charisma der einen der Bedürftigkeit der anderen dient.

Ich möchte von zwei Begabungen des Glaubens sprechen, einer katholischen und einer evangelischen.

Die katholische: Die Katholiken glauben, daß das Geheimnis Gottes so Fleisch geworden ist, daß man seine Stelle nennen kann; daß man es berühren kann; daß man eine Lampe – das ewige Licht – anzünden kann, wo es wohnt; daß man es auf die Straße tragen und in einem Blumenmeer verehren kann (wir haben gehört, was Frau Berger von dem Fronleichnam ihrer Kindheit sagte). Dies ist ein anderer Umgang mit dem Sakrament, den ich achte, ohne daß es meine Form sein muß. Ich wünsche aber, daß sich diese katholische Begabung an einer anderen, der evangelischen, reibt.

Diese Begabung des Glaubens warnt vor den Festlegungen und vor den falschen Eindeutigkeiten. Gott ist in seinem Geheimnis gegenwärtig, aber du kannst ihn nicht fassen noch auf eine Stelle bannen. Du kennst den Namen dieses Geheimnisses nicht. Es ist nie genau an eine Materie, an ein Ritual und an einen Ort zu binden. Hüte dich also vor den falschen Festlegungen!

Beide Begabungen des Glaubens haben ihr Recht und ihre Gefahr. Die Gefahr des Katholizismus ist die der ritualistischen Handhabung des Geheimnisses. Die Gefahr des Protestantismus ist die Unkonkretheit. Könnte es sein, daß vor lauter Scheu vor Festlegungen das Geheimnis nur als Sagbares besteht, nicht aber als Zeigbares? Wo bleibt die Heiligkeit der Dinge – des Raumes, der Zeit, der Orte? Könnte es sein, daß das fruchtbare und unentbehrliche Prinzip der Negation gelegentlich zur furchtbaren Entwichtigung aller Vorläufigkeiten wird?

Wir brauchen einander. Wenn wir miteinander das Brot teilen dürften, dann könnten wir einander helfen – und es könnte doch jede Konfession mit ihrer Begabung und mit ihrer Schwäche bestehen bleiben. Wir wollen ja nicht *gleich* werden, wir wollen *eins* werden.

»Wenn wir das Brot teilen dürften«, sagte ich. Wer verbietet es eigentlich? Wer glaubt eigentlich wirklich, daß wir so getrennt sind, daß wir das Sakrament miteinander nicht nehmen dürften? Vielleicht erstaunt Sie diese Frage. Ich möchte einige Beispiele nennen, die sie verständlich machen:

- ○ Vor kurzem habe ich erlebt, wie ein evangelischer Bischof in einer katholischen Messe kommunizierte und dann zusammen mit dem Priester die Kommunion austeilte.
  Was tun sie, und welche Lehren lehren sie?
- ○ Vor einiger Zeit war ich auf einer Tagung. Das evangelische Abendmahl wurde gefeiert, und alle anwesenden katholischen Theologieprofessoren gingen zum Abendmahl.
  Was tun sie, und welche Lehren lehren sie?
- ○ Vor einiger Zeit war ich auf einer katholischen Tagung, auf der auch einige katholische Bischöfe waren. Die Messe wurde gefeiert, und die Bischöfe luden mich ausdrücklich zur Kommunion ein. Ich bin nicht nur evangelisch, sondern aus römischer Sicht auch exkommuniziert.
  Was tun sie, und welche Lehren lehren sie?
- ○ Mein letztes Beispiel: Ein italienischer Bischof lädt eine kleine Gruppe von Wissenschaftlern ein und bespricht mit ihnen moraltheologi-

sche Probleme. An einem Morgen hält der Bischof die Messe für seine Gruppe. Ein protestantisches Mitglied fragte ihn, ob auch er kommunizieren dürfte. Der Bischof antwortet: »Wer viel fragt, bekommt viele Antworten.« Und der Professor darf kommunizieren. Was tut der Bischof, und welche Lehre lehrt er?

Bei meinen ersten Beispielen habe ich keine Namen genannt. Für dieses letzte nenne ich sie: Der Professor heißt Chrystoph Morin, er ist ein polnischer Mathematiker. Der Bischof heißt Johannes Paul II, Bischof von Rom und Papst. Ort des Geschehens: Castell Gandolfo. Noch einmal meine Frage: Wird das Verbot des gemeinsamen Mahles nicht allmählich eine Lehre ohne Subjekte, die sie tragen und glauben? Ist dieses Verbot nicht ein inhaltsloses Ritual geworden? Unter den Theologen auf beiden Seiten muß man die strikt Verbietenden mit der Lupe suchen; unter den Theologinnen eh. Eine andere Frage ist allerdings, ob sie alle sagen, was sie denken und glauben.
Von Ihnen, liebe Frau Berger, höre ich den Satz: »Einheit ist immer nur zu haben als Ringen um die Einheit.«
Das ist ein Satz, der nicht nur zwischen den Konfessionen gilt; er gilt auch in der eigenen Konfession. Sie bringen als Beispiel Pinochet, mit dem Sie sich nicht »eucharistisch geeint« fühlen. Ich bringe als Beispiel aus der Evangelischen Kirche: Als in der Nacht vom 9. zum 10. November 1938 die deutschen Synagogen brannten, feierte dies der damalige thüringische evangelische Landesbischof als »gutes Geschenk« zu Luthers Geburtstag am 10. November. Was, um Gottes Willen, sollte mich mit jenem Menschen einen, trotz des vielleicht einheitlichen Glaubensbekenntnisses? Eine Konfession und getrennt im Glauben! Und andersherum: es gibt so viele Menschen, die von uns verschieden in der Konfession sind und eins im Glauben.
»Einheit ist immer nur zu haben als Ringen um die Einheit!« Der Satz hat seine Wahrheit, und er ist irrig. Die Einheit ist da vor allem Ringen und vor aller Herstellung in unserem Herrn und Bruder, der seine Kirche stärkt und tröstet. Wir alle berufen uns auf Oscar Romero und Martin Luther King. Die Einheit ist da, wenn wir die Geschichten der Tradition hören und die Lieder der Toten singen. Die Einheit ist da, wenn wir in den verschiedenen Dialekten des Glaubens die Bibel lesen. Nein, der Skandal ist nicht, daß die eine Kirche noch nicht da wäre. Der Skandal ist die Behauptung, die Kirchen seien getrennt und darum dürfe man das Abendmahl nicht gemeinsam nehmen. Wir stellen un-

sere Würdigkeit für den Empfang dieses Brotes nicht selbst her. Es liegt uns etwas vor, das wir nicht selber gemacht haben und das vor all unserem eigenen Ringen liegt. Wir werden als Theologen auch einmal gefragt werden, ob wir Menschen nicht in falsche Fragen verstrickt haben und sie damit von den richtigen abgelenkt haben.

Liebe Frau Berger, Sie spielen Vorschläge vor für den evangelisch-katholischen Kirchentag im Jahre 2003. Sie denken an ein eucharistisches Fasten oder an einen eucharistischen Hungerstreik, wenn das gemeinsame Mahl schon nicht erlaubt ist. Sie schlagen vor, Milch und Honig, Salz und Brot zu teilen statt Brot und Wein. Ich glaube zwar nicht, daß Salz und Brot zu teilen, ein dünneres Mahl ist, als Brot und Wein zu teilen. Aber sollten wir uns wirklich von kirchlichen Behörden eine Wahrheit diktieren lassen, an die wir nicht mehr glauben, und ich sage dazu: an die die meisten Vertreter dieser Behörden nicht mehr glauben?

Beispiele habe ich genannt. Es ist Zeit, daß wir Gott gehorchen. Es ist Zeit, daß wir an eine Einheit glauben, die in ihm selber ihren Grund hat. Ich sage es auch von uns als Volk Gottes: Wir sind dafür verantwortlich, daß wir uns in falschen Fragen nicht selber fesseln. Geht zum Abendmahl, Ihr Katholiken! Geht zur Kommunion, Ihr Protestanten! Und Ihr werdet sehen, daß Ihr es tun könnt. Am Ende leuchtet nur das ein, was man wirklich tut.

Vortrag aus dem Liturgischen Tag Abendmahl

Der Leib ist der Tempel des Heiligen Geistes

Abendmahl und heilige Gegenwart Gottes

Abendmahl heute: Empowerment   Bärbel Wartenberg-Potter

Was tun wir eigentlich, wenn wir heute das Abendmahl feiern? Erstens: Heute wie damals erleben wir, daß Jesus *nicht mehr leibhaftig unter uns ist*. Mit unseren Gebeten und Worten bitten wir Christus, über Ort und Zeit hinweg, zu uns zu kommen. Wir tragen die Sehnsucht, die Jesus mit *seinen Visionen vom Reich Gottes uns* ins Herz gepflanzt hat, an diesen Tisch, aber auch unsere Verzweiflung und Trauer über ihr Ausbleiben.

Zweitens: Brot aus Körnern und Wein aus Trauben sind die *Gaben der Schöpfung*, die uns lehren: Kein Korn »für sich« (»idios«) kann Brot werden. Nur viele Trauben, miteinander verkeltert, ergeben den Wein. Die christliche Gemeinde kann nur *im Miteinander und Füreinander sichtbar machen* und *weiterleben*, was Jesus begonnen hat: die Zeichen des Reiches Gottes auf Erden aufzurichten.

Drittens: Im Abendmahl wird *Kraft weitergegeben*, die Kraft des Lebens, das vom Tod und Todesdrohung nicht zerstört werden kann. *Es geschieht etwas mit uns*. Jesu Geist, sein Wesen ergreift uns von neuem. Es ist nicht nur das bißchen Brot und Wein, nein, Jesus selbst ist gegenwärtig und macht uns stark:»empowerment«, eine Art Bluttransfusion, ein *Kraft-Kriegen*. Kein Brot und kein Wein allein könnten so *viel* bewirken, daß Menschen den Mächten und Gewalten widerstehen, wie es die ersten ChristInnen taten.

Im Abendmahlsstreit, ob dieses Brot Leib Jesu ist oder bedeutet, ist dies immer die Schwierigkeit gewesen, beides gleichzeitig auszudrücken: daß dies alles nur Bilder und Gleichnisse sind und daß es trotzdem erfahrbare Wirklichkeit ist, wirklich allerdings in dem Sinne, in dem Liebende zueinander sagen:»Ich lege dir mein Herz zu Füßen«. Mit

Anatomie oder gar Chemie hat das nichts zu tun; und trotzdem ist es wirklich. An diesem Mißverständnis hat sich die Theologiegeschichte jahrhundertelang verfranzt.
Auszug aus einer Bibelarbeit

Einverleiben Katharina von Bremen

Einmal heraustreten aus der Welt. Meine Grenzen verlassen, Abstand schaffen und Distanz gewinnen. Der »spirituellen Magersucht« entfliehen, mich auf die »Suche nach eßbarem, mystischem Brot« machen (Dorothee Sölle). Die Einladung annehmen, mich der Gabe hingeben. Heiliges Essen – die Kraft des sinnlich-körperlichen Jesus selbst erfahren, einverleiben. Ich lasse Heiliges in mich strömen, nehme es in mich auf, lasse meinen Mund, meinen ganzen Leib und alle meine Sinne urteilen, was gut ist, was lebendig macht und stärkt. – »Heiliges« essen.
Ich spüre Gott in jedem Bissen, den ich esse. Ich schmecke Gott in jedem Schluck, den ich trinke. Ich genieße Gott. Und Gott schmeckt. Ich schmecke Gott in jedem Löffel voll. Ein Stück Brot – und ist doch kein Brot. Ein Schluck Wein – und ist doch kein Wein. Alles ist lebendige, kraftvolle, wohlriechende und wohlschmeckende Gegenwart Gottes.
Keine Angst vor Gott! Keine Angst um Gott! – Gott essen! Einverleiben. Eins werden mit Gott. Ich bin in Gott, und Gott ist in mir. Ich staune – ich staune über mich, über die Welt, über die genußreiche, sinnliche Kost – mir zum Leben. »Hiersein ist herrlich.« (Rilke)
Auszug aus einem Tischgespräch der feministisch-theologischen Basisfakultät

Die Gegenwart Gottes im Abendmahl Klaus Berger

Das Abendmahl ist für Paulus etwas Heiliges. Daher sagt er: Wenn man sich nicht solidarisch verhält beim Mahl, dann wird das Heilige nach seiner gefährlichen Seite hin wirksam. Daher seien in der Gemeinde von Korinth soviele krank und gestorben.
Was ist das »Heilig«? Das ist ein besonderer Ort, besondere Zeit, besondere Materie. Dort, wo wir zum Beispiel schweigen, wo wir nicht machen, sondern wo uns etwas geschenkt wird, dort, wo wir hören und schauen und nur dadurch verändert werden. Provozierend steht es im Kloster Beuron an der äußeren Klostermauer zur Straße hin: Klau-

sur, kein Zutritt. Viele Menschen konnten in DDR-Klöstern geschützt werden, weil man den DDR-Behörden erklären konnte: Hier ist Klausur. Hier dürfen sie nicht hinein.

Heiliges hat Tabu-Charakter – im positiven wie im negativen Sinn. Wie Starkstrom. Er kann Segen und Gefährdung sein. Tabu, Heilig ist das, wo wir die Finger davon lassen müssen. So ist es auch beim Abendmahl. Denn Gegenwart Gottes will respektiert sein. Gott in seiner heiligen Gegenwart ist nicht einfach nur lieb. Wenn man das Heilige mit Füßen tritt, ist es verletzt. Eine Katastrophe.

Aberglaube? Auch die Menschenwürde ist heilig, ist tabu. Wer Menschen mit dem Stiefel im Gesicht herumtrampelt, verletzt Gottes heiliges Ebenbild. Wer aus Leichen Lampenschirme macht, verletzt selbst dann noch etwas Heiliges.

Wo man Gottes Namen angerufen hat, da geht es um Gegenwart des Heiligen. Da geht es zunächst um Gott in seiner ganzen Majestät. Deshalb darf man den Namen Gottes nicht für eine unheilige und schiefe Sache mißbrauchen. Zum Beispiel nicht für eine schiefe und ungerechte Sache wie das diskriminierende Herrenmahl in Korinth. Die Sünde, um die es in Korinth geht, ist das zweite Gebot. Wo man den Namen des Herrn über dem Mahl anruft, darf man nicht ein Mahl feiern wie Räuber.

Wo der Name des Herrn angerufen ist, hat weder Ungerechtigkeit Platz noch Wotan oder Krishna. Denn der Gott des zweiten Gebotes ist der des ersten Gebotes. Der intolerante Gott der Bibel. Intolerant, weil er das Leben selbst ist und weil es zwischen Leben und Tod kein Drittes gibt.

Wodurch ist das Abendmahl heilig? Es ist heilig schon deshalb, weil jedes Mahl etwas mit Menschenwürde zu tun hat. Wir stopfen nicht in uns hinein, sondern reden oder schweigen, blicken einander an und fangen – meistens – gemeinsam an.

Heilig ist das Abendmahl, weil dieses Mahl darüber hinaus im Namen des Herrn stattfindet. Wir rufen den Namen des Herrn darüber an. Damit ist er als der Mahlherr gegenwärtig, steht das Mahl unter seinem Schutz, gilt nur sein Gesetz in diesem befreiten Territorium.

Ein Mahl ist etwas anderes als eine Diskussion, ein Gespräch. Ein Mahl verbindet uns durch Essen und Trinken, durch das, was gegessen und getrunken wird. Ein Mahl ist nicht nur stofflich, aber auch wesentlich stofflich, es ist nicht nur Zusammensein, aber auch besonderes, festliches Miteinandersein. Ein Herrenmahl ist nicht nur menschlich, wenn

Gottes Name darüber angerufen ist, aber es ist auch menschlich. Es ist nicht nur Ritus und Heiliges, sondern auch ganz menschlich, Kauen und Trinken. Versöhnung der Gegensätze. Wenn das Elementarste heilig wird und das Heiligste elementar.

Das Abendmahl ist daher auf ganz eigene, intensive Weise der Ort der Vollendung dessen, was wir unter Heil verstehen. Mensch und Gott zugleich, wie bei der Menschwerdung. Daher wird das Himmelreich auch so vorgestellt.

Das ist die jüdische Grundlage: Das Herrenmahl besteht nicht darin, daß wir etwas denken. Nach jüdischer Vorstellung gibt es kein religiöses Wort oder Denken ohne Kraft und Energie.

Aber mit dieser Energie hat es eine besondere Bewandtnis.

Denn Gott reagiert auf ein Wort. Wenn wir ihn anrufen, seinen Namen nennen, ist er segnend da. Gott, der große und barmherzige Gott, ist sensibel, er reagiert auf ein Wort hin.

Nicht auf Panzer, nicht auf Macht und Reichtum hin läßt er sich herbeilocken, wo Gewalt ist, dort ist er weit weg. Er reagiert, so ist unsere Anschauung, gerade andersherum als wir Menschen. Wenn bei uns Krieg ist, laufen alle hin. Gottes Ort ist der sanfte Ton, schon nach den Hymnen von Qumran das Flüstern. Und eben deshalb ist es ganz klar, daß dort beim Mahl, über dem Gottes Name angerufen ist, keine Macht von Menschen über Menschen ausgeübt werden darf. Daß alle Machtstrukturen, die sonst nur diskriminieren, umzukehren sind.

Die Gegenwart Gottes ist das Thema der ganzen Bibel. Sage mir, wo ist er? Sage mir, wo er nicht ist!

Die Sehnsucht des jüdischen Volkes geht dahin: Ich will ihr Vater sein, sie sollen meine Kinder sein. Ich will mit ihnen wohnen. Darum geht es beim Abendmahl: Ein Stück des Wohnens Gottes mit den Menschen. Gesegnetes Volk dank gesegneter Gegenwart. Abendmahlsgegenwart ist Gegenwart im Volk Gottes.

Gewiß sitzt Gott nicht irgendwie in der Materie drin. Aber ebenso gewiß ist: Abendmahl ist keine didaktische Veranstaltung, kein bloßes Symbol. Kein so tun als ob. Sondern Realsymbol, prall gefüllte Gegenwart Gottes.

Sondern wenn das Wort hier Macht hat, wenn Mahl die Spitze des Zusammenseins ist, dann geht es um segensreiche Heilsgegenwart Gottes in seinem Volk. Das ist zuallererst Freude.

Und nach den Regeln der spirituellen Wirklichkeit ist hier kein Gegensatz zwischen Geist und Materie, zwischen Brotessen und auf das Wort hören, denn es ist auch kein Gegensatz zwischen Gott und Mensch. Als Kinder Gottes sind wir fröhlich um den Tisch versammelt. Auch dort, wo Brot aus dem Mahl aufbewahrt wird, ist die segensreiche Heilsgegenwart Gottes nicht einfach plötzlich vergangen, sondern bleibt, so dürfen wir glauben. Wir beten nicht das Brot an, sondern Gott in seiner Gegenwart, die untrennbar ist vom Brot und vom Becher. Das, was wir essen und trinken beim Mahl, ist Jesus.

Essen und Trinken umfaßt den ganzen abhängigen und bedürftigen Menschen. Indem wir sein Wort aufnehmen und essen und trinken, wird er für uns zum Nahrungsmittel. Dabei ist kein Unterschied zwischen Wort und Stoff, der Unterschied ist doch nur relativ. Besonders dann, wenn hier in der Gemeinschaft der Menschen miteinander durch Gottes Heiligen Geist auch die Gemeinschaft von Gott und Mensch besteht, denn Gott hebt die Schranke auf.

Gott versöhnt den Menschen nicht mit sich, ohne seinen ganzen Leib anzunehmen. Auch seine Verdauung. Der Mensch ist nicht nur Geist. Gott will ihn ganz durchdringen.

Daher: Gemeinschaft der Menschen besteht auch nicht primär durch Gedanken.

Beim Abendmahl ist Gott durch Jesus Christus verhüllt gegenwärtig. Nicht nur die Gottheit, auch die Menschheit ist verhüllt.

Die Gegenwart Gottes ist heilig.

Man vergleiche nur 1 Kor 14,2: Da kommt jemand von außen zu einem nicht-eucharistischen Gottesdienst der Gemeinde hinzu. Die Gemeinde kann sein Herz durchschauen und ihm sagen, was er alles getan hat. Daraufhin fällt er auf die Knie und betet Gott in der Gemeinde an. Er ruft: Gott ist wahrhaftig in eurer Mitte.

Gegenwart Gottes in der Gemeinde, besonders beim Mahl, das gilt es, neu zu bedenken.

Thesen aus einer Bibelarbeit

Die Realität der persönlichen Nähe Jesu   Wolfgang Ullmann

Der Hintergrund »Alles ist erlaubt« nötigt Paulus, die Überlieferung vom Herrenmahl zur Sprache zu bringen. Die Krösusse des interreligiösen Anarchismus haben sich etwas besonders Feines ausgedacht. Sie feiern das Herrenmahl als gruppendynamisches Erlebnis derer, die sich das religiös oder finanziell leisten können. Also bahnt sich schon in Korinth an, was in der heutigen Ökumene etwa die indischen Christen aufs leidenschaftlichste bewegt: die Frage, ob die Kastengliederung auch das Strukturprinzip der christlichen Gemeinde sein müsse. Wenn man das heute »Inkulturation« nennt, so ändert das überhaupt nichts an der Tatsache, daß schon in Korinth die Gemeinde vor der Frage stand, ob sie sich von der sie umgebenden Gesellschaft allenfalls durch eine größere Beliebigkeit im Umgang mit deren Traditionen unterscheide oder ob sie selbst eine Alternative zu dieser Gesellschaft und ihrer Kultur darstelle.

Für Paulus kann nur das letztere gelten. Denn für ihn ist das A und O all seiner Aktivität eben die Proklamation einer neuen Art von Gemeinschaftlichkeit jenseits von Hellenen und Juden. Eine Gemeinschaftlichkeit, die ganz gewiß auf der Erfahrung einer unerhörten und darum neuen Freiheit beruht, die sich aber keineswegs auf die anarchistische Formel des »Alles ist erlaubt«, »Es geht alles« bringen läßt.

Genau auf diesen Unterschied will Paulus mit seiner Berufung auf die Praxis des Herrenmahls hinaus. Keineswegs ist den Christen alles erlaubt, was sich in ihrer Umgebung anbietet. Der Grund ihrer Freiheit ist ihre Einheit mit Jesus Christus, die sich in einer Gemeinschaft konkretisiert, die nur so praktiziert und vollzogen werden kann, wie das im Herrenmahl geschieht. Handelt es sich doch um eine persönliche Gemeinschaft, die an der physischen Identität Christi hängt, an seinem Leib und Blut.

Man muß sich diese Gemeinschaft so realistisch wie nur möglich vorstellen. Es geschieht im Herrenmahl, daß man es mit dem Herrn selbst zu tun bekommt, so wie es die Geschichte von den beiden Emmausjungen in überwältigender Schlichtheit veranschaulicht: »Da er mit ihnen zu Tische saß, nahm er das Brot, dankte, brach's und gab's ihnen. Da wurden ihre Augen geöffnet und sie erkannten ihn.« (Lk 24,30-31) Es ist diese Realität der persönlichen Nähe, die Paulus zu der Schlußfolgerung führt, daß, wer im Widerspruch zur Christusgemeinschaft am Herrenmahl teilnimmt, es sich zum Gericht tut, weil er dasselbe tut, wie der am Mahl teilnehmende Verräter Judas (1 Kor 11,29).

Darum kann man es nur abwegig nennen, wenn Paulus magische Vorstellungen zugeschrieben werden, weil er die in der Korinthergemeinde grassierenden Krankheiten mit den Verstößen gegen das Herrenmahl in ursächliche Verbindung bringt. Warum soll ein Tun und Handeln gegen die eigenen elementaren Lebensvoraussetzungen nicht physische Folgen haben, so wie es schon der Psalmist sagt: »Denn da ich's wollte verschweigen, verschmachteten meine Gebeine durch mein täglich Heulen.« (Ps 32,3)

Natürlich fällt an dieser Stelle jedem Hörer und jeder Hörerin auf, wie weit die kirchliche Tradition und Praxis sich von dem entfernt hat, was Paulus hier sagen will. Ihm geht es ganz gewiß nicht um sogenannte »Einsetzungsworte« oder gar um Theorien über deren reale oder symbolische Wirksamkeit. Es geht ihm darum, daß das Herrenmahl zuallererst verbindlicher Vollzug der Gemeinschaft mit Christus selbst ist: »Der Segenskelch, den wir segnen, ist er nicht Gemeinschaft des Blutes Christi? Das Brot, das wir brechen, ist es nicht Gemeinschaft des Leibes Christi?« (1 Kor 10,16)

Solche Aussagen machen freilich nur dann Sinn, wenn hinter ihnen das steht, was Paulus ständig vor Augen hat, was er aber erst in einem späteren, dem 15. Kapitel des 1. Korintherbriefes thematisieren wird: die Tatsache, daß er, wenn er von Christus spricht, immer den leiblich Auferweckten, den in der Identität seines Lebens und Blutes Identischen meint. Wäre es anders, würden wir alsbald auf die Bahn aller jener schultheologischen Künsteleien über Realpräsenz, Wandlung, Transsubstantiation usw. geraten, die die Tatsache der Gemeinschaft der Christen mit dem Auferweckten unter einem Wust von ebenso scharfsinnigen wie aberwitzigen Spekulationen verschüttet und damit Anlaß zu immer neuen Spaltungen gegeben haben, Spaltungen, die keinen Deut besser sind als jene in Korinth, die Paulus hier bekämpft.

Was Paulus sagen will, hat mit der Mystik solcher Spekulationen nicht das Geringste zu tun. Es ist vielmehr die einfache Wahrheit, daß die Gemeinde mit dem Herrenmahl nicht tun kann, was sie oder einige nach bestimmten Gruppenerlebnissen Begehrliche ihrer Glieder gerne möchten. Das Herrenmahl ist die Form der Gemeinschaft mit dem Auferweckten, weil allein in dieser Form sein physischer Tod und seine leibliche Auferweckung bezeugt werden kann. Allein diesen Auftrag wahrzunehmen, ist Existenzgrund und Existenzsinn der Kirche. Diesen Auftrag mit allerlei religionspolitischen, kulturpolitischen oder zivilreligiösen Wunschvorstellungen verbinden zu wollen, das ist nicht nur ein müßiges, sondern auch ein sinnloses Unterfangen, weil es genau diesen Auftrag in Frage stellt.

Auszug aus einer Bibelarbeit

Praxis
des Abendmahls

Einführung in das Feierabendmahl Henning Schröer

Das Mahl der Hoffnung

Das Feierabendmahl ist erwachsen geworden; es ist jetzt zwanzig Jahre alt. Zum ersten Mal gefeiert wurde es auf dem Nürnberger Kirchentag 1979 in der evangelischen Lorenzkirche im Zusammenhang mit einem dreitägigen »Forum Abendmahl«. Dort wurden auch die in diesem Band noch einmal abgedruckten »Lorenzer Ratschläge« veröffentlicht, die zu einer erneuerten evangelischen Abendmahlspraxis ermutigten. Sie atmen den Geist des Feierabendmahls und skizzieren neue Formen und Wege. Es heißt dort gleich zu Beginn: »Wir haben auf diesem Nürnberger Kirchentag das Abendmahl neu erlebt als Mahl der Hoffnung.«

Innovation im Kirchentag

Ich erinnere mich gern als eins der 19 Mitglieder des Projektausschusses, wie unter der zielstrebigen Leitung von Georg Kugler ein neuer Typ der Abendmahlsfeier verwirklicht wurde, eben das »Feierabendmahl«. Kugler setzte schon mit diesem Begriff ein Zeichen. Der Doppelsinn war beabsichtigt. Man konnte sowohl betonen: Feier-*Abendmahl* als auch *Feierabend*-Mahl. Damit war sowohl die Feier als Sakrament gekennzeichnet wie als Mahl zum Feierabend. »Der Kirchentag hält Feierabend«, hieß es in der Begrüßung. Der Kirchentag hatte nun seitdem am Freitagabend eine gottesdienstliche Feier für alle erfunden und gefunden, also nicht nur Eröffnungsgottesdienste und eine Schlußversammlung, die damals noch nicht, sondern erst in Hannover 1983, als Abendmahlsgottesdienst gefeiert wurde.

Ein liturgisches Ereignis

Das erste Feierabendmahl mit etwa 4500 Teilnehmern – die Kirche mußte wegen Überfüllung kurz vor Beginn geschlossen werden – dauerte in dem offiziell vorgesehenen Ablauf nicht weniger als vier Stunden (von 19.00 bis 23.00 Uhr). Aus dem Friedensgruß am Schluß nach dem Segen entwickelte sich dazu noch ein offener Schluß der Begegnung und gegenseitigen Freude, bei dem spontan viele in tänzerische Bewegung zu den Klängen der Studiogruppe Baltruweit gerieten, bis dann gegen 23.00 Uhr, gekonnt improvisiert, noch ein ruhiger

Abschluß mit einer an den Propheten Elia erinnernden Gute-Nacht-Geschichte und dem Lied »Der Mond ist aufgegangen« das Feierabendmahl ausklingen ließ.[1]

Einheit von Liturgischer Nacht und Eucharistie

Das Feierabendmahl hat eine doppelte Tradition. Es nahm zum einen die Erfahrungen der Liturgischen Nacht vom Düsseldorfer Kirchentag 1973 auf, bejahte aber auch die Tradition der altkirchlichen und lutherischen Eucharistiefeier (Deutsche Messe). So wie der Bach-Chor unter der Leitung von Hermann Harrassowitz mit erlesener Kirchenmusik nicht im Gegensatz stand zu den neuen Liedern mit der Studiogruppe Baltruweit. Eine wesentliche Rolle spielten die Gesänge von Taizé. Schließlich wurde inhaltlich auch der Zusammenhang von Politik und Abendmahl, bezogen auf die politischen Diktaturen in Nicaragua und Chile, unübersehbar deutlich. Die von Ernst Käsemanns auf dem Forum vorgetragenen, exegetisch begründeten Leitgedanken zum Abendmahl »Gäste des Gekreuzigten«[2] fanden hier ihren gottesdienstlichen Ausdruck.

Zweifaches Profil

Auf dem nach Nürnberg folgenden Hamburger Kirchentag (1981) fand noch einmal ein dreitägiges »Forum Abendmahl« statt.[3] Dort zog Georg Kugler eine erste Bilanz.[4] Er erinnerte an eine dreifache Erfahrung: das »Abendmahl als Mahl einer neuen Gemeinsamkeit, des Miteinander-Teilens und der Hoffnung«.[5] Außerdem stellte er thetisch fest: »1. Das Feierabendmahl ist wiederholbar ... 2. Es ist das Fest, das unsern Festen erst die Tiefe und Weite gibt. 3. Es macht möglich, daß die Verschiedenen, die sich sonst stören und aus dem Weg gehen, miteinander vom gleichen Brot leben können. 4. Wo Leben ist, wird auch gestritten.«[6] Nach Erörterung der zwei Problempunkte *Offenheit* und

---

1. Ein ausführlicher Bericht findet sich in Georg Kugler (Hg.). Forum Abendmahl, Gütersloh 1979 (GT 346), 78-109.
2. In: Forum Abendmahl (s. Anm. 8), 45-60.
3. Dokumentiert in: Alle an einen Tisch. Forum Abendmahl 2, hg. von Rolf Christiansen und Peter Cornehl, Gütersloh 1981 (GTB 382).
4. Forum Abendmahl (s. Anm. 10), »Bilanz einer Anstiftung«, 30-41.
5. Forum Abendmahl 2, 30f.
6. Forum Abendmahl 2, 34.

Eindeutigkeit arbeitete er »so etwas wie die beiden kantigen Profile des Feierabendmahles« heraus, zum einen »Kommunion und Kommunikation«, zum anderen »Lobpreis und Weltverantwortung«.[7] Beide Profil-Kennzeichen haben lebendige Spannung in sich. Die Gemeinschaft der Kommunion braucht die Kommunikation mit den anderen und Fremden, und der Lobpreis der Liturgie gewinnt nur in ethischer Verantwortung die notwendige Konkretion. Mit Recht wandte sich Kugler leidenschaftlich gegen eine Folgenlosigkeit neuer Abendmahlsformen für die Veränderung von Kirche: »*Abendmahl ist Kirchenreform*, oder sie ist nicht mehr als Restauration, schön anzusehen, aber nicht genug zum Leben und zum Sterben.«[8] Hier ist sicher an Realisierung noch vieles ausgeblieben, was auch Grundmotiv in dem damaligen Referat von Peter Cornehl war, das mit zu den Leittexten einer Theologie des Feierabendmahls gehört. »Brot brechen – Leben teilen. Elemente der Kirche von morgen«.[9] Abendmahl erweist sich als Quelle für eine teilende Kirche (to share), für eine Kirche als »Kraft der Integration« mit der »Verheißung der großen Interkommunion«. »Die Losung für die Zukunft der Christenheit heißt Interkommunikation, nicht Exkommunikation.«[10]

Vom Kirchentag zum Kirchenalltag

Hamburg 1981 war ein Höhepunkt, der sich so nicht wiederholen konnte. Jetzt ging es um die kirchenalltägliche Wiederholbarkeit in den Gemeinden. Feierabendmahl wurde dort nun auch häufig angeboten, freilich oft mehr als Zeichen für die in der Tat im Protestantismus keineswegs selbstverständliche neue Abendmahlsbewegung überhaupt denn als geprägte liturgische Form mit Qualität. Fast alles konnte nun so genannt werden, wenn es nur etwas an Veränderung der alten Formen zu verwirklichen schien. Andererseits kam so immerhin nicht nur das große Feierabendmahl als Fest der Feste in Blick, sondern die alltägliche Praxis in der Gemeinde. Dabei behielt jedoch der Kirchentag seine Bedeutung als Motor und Impuls. Jeder Kirchentag führte in der jeweiligen Region zu oft erstmaliger Einübung in das Feierabendmahl, weil

7. Forum Abendmahl 2, 38f.
8. Forum Abendmahl 2, 41.
9. Forum Abendmahl 2, 128-137.
10. Forum Abendmahl 2, 136.

sehr sinnvoll der Freitagabend genutzt wurde, den Brückenschlag zwischen Kirchentag und den gastgebenden Gemeinden der Region festlich zu begehen. Nur verlor das Feierabendmahl dabei leicht seine Kontur. Der Kirchentag arbeitete Arbeitshilfen aus, aber er konnte nicht auch noch die Aufgabe einer flächendeckenden liturgischen Fortbildung leisten. Erfreulicherweise trugen die allmählich neuentstehenden landeskirchlichen Beratungsstellen für den Gottesdienst und die Einübung in die Konzeption der »Erneuerten Agende« bis hin zu dem nun am ersten Advent 1999 eingeführten neuen »Gottesdienstbuch« zur besseren Bewußtseinsbildung und Kompetenz mit Sinn für Qualität bei. Meines Erachtens hätte allerdings der von Georg Kugler bereits angesprochene Unterschied von der »kleinen« und »großen« Grundform des Feierabendmahls noch stärker berücksichtigt werden sollen.

Die kleine und die große Grundform des Feierabendmahls

Schon in Nürnberg hatte Kugler in der mitreißenden Schilderung eines realutopischen Traums von einem Freitagabend in einer Ortsgemeinde mit einem Feierabendmahl mit etwa 40 Personen ein Modell skizziert, das sicher auf Tagungen und in Gruppen auch ähnlich Gestalt gewonnen hat. In Hamburg sprach er ausdrücklich von zwei Grundformen, der kleinen und der großen Form. Wahrscheinlich sollte man drei Grundformen unterscheiden:
1. Das Feierabendmahl als kommunikative Eröffnung des Wochenendes in der Gemeinde als Gruppe (Kuglers kleine Form), gewöhnlich mit einer Sättigungsmahlzeit verbunden, die auch, schon vom Datum her, Elemente der jüdischen Sabbat-Tradition aufnehmen kann,
2. Eine kommunikative Erneuerung der gemeindlichen Eucharistiefeier, in der Regel sonntags und ohne Sättigungsmahlzeit, die auch die ökumenische Tischgemeinschaft liturgisch im Blick hat oder Beziehungen zur Thomasmesse[11] herstellt, und
3. Feierabendmahl an besonderen Tagen wie Gemeindefesten, Kreiskirchentagen, ökumenischen Begegnungen, Gedenktagen oder eben auch beim Kirchentag, ohne Angst vor der Menge oder Masse, nicht nur in Kirchen, sondern auch in Hallen, Arkaden oder festlichen Räumen.

11. Auf dieses Problem hat richtig Herbert Lindner hingewiesen. Feierabendmahl, in: Handbuch der Liturgik, hg. von Hans-Christoph Schmidt-Lauber und Karl-Heinrich Bieritz, Göttingen 1995, (874-884) 883.

Feierabendmahl bedarf also der Spezifikation nach dem jeweiligen Sitz im Leben in Raum und Zeit, den Teilnehmerzahlen, den Kontexten, dem Milieu und der liturgischen Tradition.

Stuttgart als Station und Signal

Der Kirchentag in Stuttgart hat für die Entwicklung des Feierabendmahls eine neue Phase eingeleitet. Zum einen wurde diesmal wieder eine größere thematische Veranstaltung zum Thema Abendmahl, ein Liturgischer Tag Abendmahl, angeboten. Er zeigte neue Problemstellungen auf. Das Thema Sühne und Opfer war akut geworden – die Voten aus dem Forum[12] von Ute Grümbel und Hans-Martin Gutmann erörterten dies engagiert – und die Frage nach dem gemeinsamen Abendmahl von Katholiken und Protestanten hat an Dringlichkeit noch gewonnen, wie die Beiträge von Teresa Berger und Fulbert Steffensky bestätigen.[13] Beide Fragen werden sich auch auf die Gestalt des Feierabendmahls auswirken. Anders gesagt, wer diese Fragen ausklammert, stößt nicht zu den Profilkriterien Kommunion und Kommunikation (Gemeinschaft von Frauen und Männern) sowie Lobpreis (Eucharistie) und Weltverantwortung (Gesellschaft von Opfern und Tätern) vor. Das Feierabendmahl am 18. Juni 1999 zum Abschluß des Liturgischen Tages in der Halle mit der Überschrift »Leben für dich – Leben für viele«[14] zeigte neue Qualitäten auf, der Tischgemeinschaft mit Sättigungsmahl, der Beteiligung der Gemeinde an den Einsetzungsworten, der Segnungshandlungen, der biblischen Grundorientierung an einem alttestamentlichen Text. Ebenso kann das von dem Projektausschuß Feierabendmahl ausgearbeitete Modell des Feierabendmahls in den Gemeinden »Kommt, laßt uns hinaufziehen!«[15] beanspruchen, die Bemühungen um Profilbildung vorangebracht zu haben. Dort wurde zum ersten Mal der biblische Text Micha 4, 1-7 zur Partitur für die Agende an Stelle der herkömmlichen Formulare. So wurde der ganze Gottesdienst in seiner Aktionsform eine Prozession oder sogar Wallfahrt und Kreuzweg. Evangelikale Polemik gegen dieses Modell mit der Unterstellung synkretistischer Irrlehre hat es dank der Urteilsfähigkeit der Gemeinden und Kirchentagsteilnehmenden erfreulicherwei-

12. In diesem Band unter 1.2.
13. In diesem Band s.u. 1.5.
14. Nähere Beschreibung in diesem Band unter 2.2.2.
15. In diesem Band s.u. 2.2.1.

se nicht vermocht, diesen vorwärtsweisenden Entwurf zu diskreditieren. Vielmehr ist hier gerade, was die genannten Profilkriterien angeht, Wesentliches geleistet worden: Kommunikation, nun auch im Blick auf die eschatologische Zielsetzung aller Religionen, Kommunion in Fürbitte und Bewegung, Weltverantwortung in den konkreten Fragen des Schuldenerlasses und Lobpreis in Symbolen, die die Nähe von Liturgik und Symboldidaktik als neues Thema liturgischer Bildung erkennen lassen. Dabei sollte die Bedeutung der Künste in Zukunft noch mehr wahrgenommen werden. Ich träume immer noch von einer *missa poetica* als einer der notwendigen, nicht wenigen Ausprägungen des Feierabendmahls.

Geprägte Einheit in lebendiger Vielfalt

Die drei Grundintentionen des Feierabendmahls: *Mahl der Gemeinsamkeit in versöhnter Verschiedenheit, Mahl der Gäste des Gekreuzigten in lebendiger Liturgie mit allen Sinnen in Körper und Geist, Mahl der Hoffnung in Kampf und Kontemplation* – sind immer wieder einzulösen in dem Verständnis biblischer Texte als Agende. Klare Differenzierungen je nach Bibeltext, Situation, Schwerpunkt, Beteiligung sind nötig. Immer aber wird gelten: Wenn wir in der Kraft der Verheißung aufmerksam und mit Phantasie gemeinsam das Dunkel teilen, ist Licht in Sicht. Ich wage eine katechismusartige Formulierung zum Schluß: Feierabendmahl – was ist das? Wir sollen Gott fürchten und lieben, daß wir die Tischgemeinschaft Jesu, dem Frieden zugute, mitten im Leben, mit Brot und Wein als Wahrzeichen seiner Gegenwart, gern feiern, seine Stimme aufmerksam hören und miteinander Hoffnung lernen und gewinnen.

Lorenzer Ratschläge

(Nürnberg 1979)

Anstiftung zur Hoffnung

Wir sind zur Hoffnung berufen. Unser Reden und Tun soll dieser Welt Mut machen. Und in der Art und Weise unseres Feierns kommt zum Ausdruck, was wir hoffen.
Wir haben auf diesem Nürnberger Kirchentag das Abendmahl neu erlebt als Mahl der Hoffnung. Wir haben aber auch darüber gespro-

chen, wie wenig einladend und ermutigend dieses Mahl oft unter uns gefeiert wird. Viele Christen leiden unter der Traurigkeit und Anonymität solcher Feiern und können ihre Angst dabei nicht überwinden. Sie fühlen sich nicht entlastet. Andere sehen keine Verbindung mit den persönlichen und gesellschaftlichen Lebensfragen. Viele unter uns leiden darunter, daß das Abendmahl ein Zeichen der Trennung geworden ist. Dennoch erleben wir eine Zuwendung von vielen Menschen zu diesem Mahl. Darum möchten wir, die wir für das Forum Abendmahl in der Lorenzkirche während des Kirchentages verantwortlich waren, Christen, Gemeinden und die Leitungen der Kirchen zu Schritten der Hoffnung anstiften.

Anders leben

Brot und Wein, die wir auf den Altar bringen, erinnern uns daran, daß Gott uns geschaffen hat samt allen Kreaturen. Jede Abendmahlsfeier ist darum ein Erntedankfest. Wir können hier nicht den Schöpfer preisen und gleichzeitig seine Schöpfung ausbeuten und zerstören. Unserem Dank in der Mahlfeier müssen darum Schritte eines anderen Lebens im persönlichen und gesellschaftlichen Alltag entsprechen. Wir müssen lernen, mit den Gaben dieser Erde sorgsamer umzugehen.
Erste Zeichen dafür können bei unseren Mahlfeiern sein:

○ Wir bringen Brot und Wein, Zeichen der Güte Gottes, in einer eigenen Handlung zum Tisch.
○ Wir verwenden richtiges Brot als elementares Zeichen für das, wovon wir leben.
○ Wir drücken unsere Hinwendung zur Schöpfung in unseren Dankgebeten und Liedern aus.
○ Wir suchen nach sinnenfälligen Ausdrucksmitteln für unsere kreatürliche Freude.
○ Wir nehmen Zeiten des Fastens als Einübung in ein einfaches Leben wieder ernst.
○ Wir gestalten konkrete Fürbitten und bekennen auch die Sünden unseres Wohlstandes.

Solidarisch handeln

Brot und Wein, die wir am Tisch Jesu empfangen, machen uns hungrig und durstig nach Gottes kommender Gerechtigkeit. Wir können nicht

Gäste des Gekreuzigten sein, ohne solidarisch zu leben wie er. Darum feiert die Gemeinde das Mahl dann unwürdig, wenn sie nicht solidarisch lebt. Sie verleugnet die Hoffnung, die den Hungernden und Unterdrückten gilt.

Erste Zeichen dieser Solidarität in unseren Mahlfeiern sind für uns:

○ Wir geben, wie auf diesem Kirchentag, der Erinnerung an Hunger und Unterdrückung im Mahl Raum.

○ Wir drücken unsere Hoffnung auf Gottes Gerechtigkeit in konkreten Fürbitten aus.

○ Wir suchen nach Formen eines glaubhaften Dankopfers und bringen zum Mahl mit, was wir teilen möchten.

○ Wir laden zu den Mahlfeiern gerade die für uns Fremden und Andersartigen ein und nehmen in der Gestaltung der Feier darauf Rücksicht.

○ Wir gehen zu Kranken und Isolierten und feiern das Mahl mit ihnen.

○ Wir verwenden auch Traubensaft um der Alkoholkranken willen.

Universal handeln

Jesus lädt alle ein. An seinem Tisch haben Menschen Platz, die sonst Feinde sind. Hier ist der Ort der Versöhnung. Es macht die Welt hoffnungslos, wenn der gleiche Tisch zum Zeichen der Trennung wird. Wer an Jesu Tisch sitzt, kann nicht mehr partikuläre Interessen verfolgen. Er lernt universal denken. Christen aller Kirchen sind einander nähergekommen. Manche haben miteinander so viele Erfahrungen gemacht, daß sie überkommene Grenzen nicht mehr hinnehmen können.

○ Wir empfinden die Trennung besonders am Tisch Jesu.

○ Wir erinnern die Verantwortlichen der Kirchen daran, daß das Gemeinsame des Glaubens größer ist und viele Erfahrungen weitergehen, als die gegenwärtigen Regelungen es gestatten.

○ Wir bitten die Christen aus den verschiedenen Kirchen, sich gegenseitig nicht mehr auf vergangene Standpunkte festzulegen, sondern intensiv danach zu fragen, wie in den anderen Kirchen heute das Mahl Jesu verstanden wird.

○ Wir versuchen bei aller Ungeduld auch die Ängste zu verstehen und die jeweiligen geistlichen Bindungen zu erkennen.

○ Wir rufen dazu auf, einander in den Gottesdiensten zu besuchen.

○ Wir erwarten uns viel von der gegenseitigen und vor allem konkreten Fürbitte bei den Mahlfeiern.

○ Wir beten für die Verantwortlichen und die Glieder der anderen Kirchen.

○ Wir machen den evangelischen Gemeinden Mut, das Abendmahl häufiger zu feiern.

○ Wir bitten zugleich im Namen katholischer Mitchristen darum, mit dem, was an Brot und Wein übriggeblieben ist, sorgsam umzugehen.

○ Wir schlagen vor, immer wieder auch Stücke aus der Liturgie anderer Kirchen bei dem Mahl zu verwenden.

Kinder nicht ausschließen

Jesus hat die Kinder angenommen, die zu ihm gebracht wurden. Sie können am Tisch Jesu mit allen Feiernden zusammen ihn erkennen und in die Gemeinschaft mit ihm und untereinander hineinwachsen. Es gibt keinen gewichtigen Grund, sie vom Abendmahl noch länger auszuschließen.

○ Darum machen wir allen Gemeinden Mut, Mahlfeiern bei Familiengottesdiensten oder bei Freizeiten für Kinder zu öffnen.

○ Wir rufen besonders die Eltern auf, ihren Kindern das Mitfeiern zu ermöglichen.

○ Wir bitten die Leiter der Gottesdienste um eine bessere, familiengemäße Gestaltung.

Menschlich feiern

Das Mahl des Herrn ist der Gottesdienst »mit Herzen, Mund und Händen«.

Der ganze Mensch soll erfahren, daß Gott gut ist. Viele Zeichen der Freude und der Gemeinschaft drücken dies aus.

Einige davon sind uns wichtig geworden:

○ Wir suchen nach spontanen Elementen des Lobens und Dankens.

○ Wir möchten mehr gemeinsam singen und musizieren.

○ Wir entdecken festlichen Schmuck und andere Zeichen des Festes.

○ Wir suchen Abendmahlsgebete, an denen sich viele beteiligen können.

○ Wir gestalten den Kirchenraum so, daß wir uns wohlfühlen können.

○ Wir feiern auch in den Häusern.

○ Wir lassen auch bei der kleinsten Abendmahlsfeier einen Stuhl für einen unverhofften Gast frei.

○ Wir schaffen die Möglichkeit, einander unsere Erfahrungen, Ängste und Hoffnungen mitzuteilen.
○ Wir bilden einen Kreis um den Altar.
○ Wir reichen uns Brot und Wein mit guten Worten weiter.
○ Wir geben beim Friedensgruß einander die Hände.
Wir empfinden selbst, wie sehr wir mit unseren Ratschlägen am Anfang stehen.
Das gilt besonders für die Zeichen unserer Umkehr in die Zukunft. Unsere Hoffnung ist, daß wir sie in dem Maße finden, wie wir das Herrenmahl wiederentdecken, die Mitte der versammelten Gemeinde und das Urbild des Miteinanderteilens.

Projektausschuß Feierabendmahl
Nürnberg 1979

Liturgien

Kommt, laßt uns hinaufziehen

Das Feierabendmahl
beim Stuttgarter Kirchentag 1999 Karlheinz Bartel/Martin von Essen

L=Liturg/in
G=Gemeinde

Hinreise und Prozession

Die Teilnehmenden kommen zum Gottesdienst. Gruppen von ca. 15-20 Personen erhalten durch Mitglieder des Gottesdienstteams jeweils die Erklärung, daß »wir heute in Gruppen in die Kirche (den Gottesdienstraum) einziehen und in Form einer Prozession an den vier drinnen aufgebauten Denkmalen (s.u.) vorbeigehen«. Während des gruppenweisen Einzugs kann schon leise die Orgel spielen oder in der Kirche das »laudate omnes gentes« (EG 181.6) gesungen werden. Der eigentliche Beginn des Gottesdienstes wird durch Glockengeläut (5 Minuten) und Orgelvorspiel signalisiert.

Begrüßung
liturgisch

L im Wechsel
I:
Wie lieb sind mir deine Wohnungen, Adonaj Zebaoth.
Meine Seele verlangt und sehnt sich nach den Vorhöfen Adonajs.

II:
Mein Leib und meine Seele freuen sich in dem lebendigen Gott.

I:
Kommt, laßt uns hinaufziehen zum Berg Adonajs,
zum Hause von Jakobs Gott,

II:
daß uns Weisung zuteil werde von Gottes Wegen her
und wir gehen wollen in Gottes Pfaden.

Alternative
Wir feiern Gottesdienst im Namen des dreieinigen Gottes und treten
ein in seine schöpferische, liebende und inspirierende Gegenwart.

persönlich
L:
Wir gehen heute Abend miteinander einen Weg. Mit dem Propheten
Micha ziehen wir hinauf zum Berg Gottes. Von dort erhalten wir Weisung, sind eingeladen an den Tisch Jesu und werden für unseren weiteren Weg gestärkt.
Wenn Ihr wollt und könnt, begrüßt den Menschen, der neben Euch
sitzt. Ihr habt Euch ja gemeinsam auf den Weg gemacht, heute, hierher. Wir sind Weggefährtinnen und Weggefährten.

Lied

»Kommt und laßt uns ziehn«

lasst uns gehn.   (gehn.)   Und
er wird uns sei - ne Wahrheit lehrn, und
wir wer - den sei - ne We - ge gehn, und
Wei - sung wird aus - gehn von Zi - on und das
Wort uns - res Herrn von Je - ru - sa - lem.

Text (nach Mi. 4,2 und Jes. 2,3) und Melodie: Bill & Mary Anne Quigley.
Deutsch: Gitta Leuschner, JMEM.
Originaltitel: Come and let us go
© 1976 by Scripture in Song/Integrity's Hosanna! Music.
Verwaltet in D, A, CH (deutschsprachig): Hänssler-Verlag, Holzgerlingen

Eingangsgebet
Psalm 100 (EG 740)

L:

Laßt uns im Wechsel mit Worten des Psalms 100 beten:

I:
Jauchzt dem Herrn, alle Welt!

II:
Dient dem Herrn mit Freuden,

I:
kommt vor sein Angesicht mit Frohlocken!

II:
Erkennet, daß der Herr Gott ist.

I:
Er hat uns gemacht und nicht wir selbst

II:
zu seinem Volk und zu Schafen seiner Weide.

I:
Gehet zu seinen Toren ein mit Danken,
zu seinen Vorhöfen mit Loben;

II:
danket ihm, lobet seinen Namen!

I:
Denn der Herr ist freundlich,
und seine Gnade währet ewig

II:
und seine Wahrheit für und für.

Lobpreis

G:
Ehr sei dem Vater und dem Sohn und dem Heiligen Geist, wie es war
im Anfang, jetzt und immerdar und von Ewigkeit zu Ewigkeit. Amen.
(EG 177.1)

Alternativen

Ps 36 (EG 719); Ps 96 (EG 738); Ps 119 (EG 748)

Gebet

L:
Laßt uns beten:
Ewiger, barmherziger Gott,
mitten in der Fülle dieser Tage
wollen wir zur Ruhe kommen.
Wir bringen mit, was uns in den letzten Tagen begegnet ist,
was uns erfreut oder traurig gemacht hat.
Wir kommen mit unseren Fragen, auf die wir keine Antwort wissen.
Unseren Glauben und unsere Zweifel bringen wir mit.
Wir danken für deine Gegenwart, für alles Gute,
das du gegeben hast.

Wir vertrauen dir an, was uns belastet.
Beides geht ein in unser persönliches Gebet in der Stille:

Stille

Ewiger, freundlicher Gott,
deine Gnade währet ewig und deine Wahrheit für und für.
Amen.

Lied

»Zieh ein zu deinen Toren« (EG 133)

Weisungen

L:
Wer sich auf den Weg gemacht hat,
braucht, um nicht zu irren, Orientierung.
Orientierung ergibt sich vom Ziel des Weges her.
Was das Ziel ist und wie wir den Weg am besten gehen,
sagt uns der Prophet Micha in Weisungen.
Sie werden von den vier Denkmalen aus gesprochen.

Denkmal: Brot

Auf dem Tisch liegt ein Brotlaib; daneben das Spiel »Monopoly« mit Spielfiguren und Spielgeld (evtl. ausländische Münzen).

Gut sichtbar ist der Satz angebracht:
»Denn wo euer Schatz ist, da wird auch euer Herz sein.« (Lk 12,34)
Außerdem liest man den Text Micha 4,3.
Dahinter hängt das Plakat mit dem Bild:
»Nobody can stop the river flowing – we are going forward«,
(farbenfroh, Frauen in Bewegung und in positiver Ausstrahlung).

Dialog

Zwei Frauen begegnen sich beim »Brot des Lebens«,
suchen gemeinsam nach Verständigung und möglichen neuen Wegen.

Frau aus dem Süden (S)
Frau aus dem Norden (N)

S:
Sei gegrüßt, Schwester Nord!

N:
Sei gegrüßt, Schwester Süd!
Wir sehen das Brot des Lebens!
Leben: das heißt, Zukunft haben.

S:
Die Frauen auf dem Bild haben Zukunft.
Sie sind voller Lebensfreude und Zuversicht.
Ein Bild voller Hoffnung für uns.
Doch wie oft sind wir aufgebrochen, und immer wieder
wurden wir zurückgeworfen!

N:
Hat euch das Geld aus dem Norden nicht den erhofften Fortschritt gebracht?

S:
Nein! Der größte Teil davon waren Kredite. Und investiert wurde in
große Prestigeobjekte und Waffenkäufe.
Heute stecken unsere Länder bis zum Hals in Schulden, und unsere
Kinder haben Hunger!

N:
Ach, es wurden so viele Fehler gemacht. Wir haben lange gebraucht,

bis wir von euch gelernt haben, was wirkliche Entwicklungshilfe ist. Und die »große Politik« hat sich bis heute noch nicht von ihren einstigen Programmen verabschiedet.

S:
Das Problem sind die Schulden. Was nützen die vielen guten Konzepte, wenn uns die Luft abgeschnürt wird! Die Weltbank verordnet uns Sparprogramme. Und gespart wird an uns Menschen. Es gibt kein Geld mehr für Schulen oder die Gesundheitsvorsorge. Einen Kredit für den Aufbau eines eigenen Geschäfts muß ich mir beim Wucherer holen.

N:
Auch bei uns sind die Zeiten nicht mehr so rosig. Viele haben ihre Arbeit verloren, die Zahl der Menschen, die auf Sozialhilfe angewiesen sind, steigt. Besonders uns Frauen trifft dies immer mehr!

S:
Euer Leben ist oft schwer genug. Aber versteh mich bitte: Sozialhilfe ist bei uns ein Fremdwort. Was wären wir froh, wenn es bei uns so etwas wie ein Existenzminimum gäbe. Aber das wird durch die Sparprogramme und den Schuldenberg verhindert!

N:
Schulden! Schulden! Schulden! Das sagst du immer wieder. Das ist, so habe ich jetzt erkannt, der entscheidende Punkt:
Es geht nicht an, daß die reichen Länder mehr Gelder von euch kassieren, als sie euch zu geben bereit sind. Wir dürfen nicht weiter Monopoly spielen!

S:
Ob uns die Weisung der Bibel weiterbringt?
Sie verheißt uns das »Brot des Lebens«!

N:
Sie kennt den Schuldenerlaß. Jesus erzählt uns das Gleichnis von dem Mann, dem sein großer Schuldenberg erlassen wird und der von seinem Bruder eine kleine Schuld gnadenlos eintreiben will. (Mt 18,21ff.)

S:
Ja, und er spricht uns ein altes Wort vom Propheten Jesaja zu, das für uns eine große Verheißung ist:
Schwester Süd reicht die Bibel an Schwester Nord.

N:
Der Geist des Herrn ist auf mir, weil er mich gesalbt hat, zu verkündigen das Evangelium den Armen; er hat mich gesandt zu predigen den Gefangenen, daß sie frei sein sollen, und den Blinden, daß sie sehen sollen, und den Zerschlagenen, daß sie frei und ledig sein sollen, zu verkündigen das Gnadenjahr des Herrn. (Jes 61,1f. = Lk 4,18)

S:
Das Gnadenjahr Gottes – das ist für uns das Brot des Lebens!
Schwester Süd ergreift das Brot,
Schwester Nord hält die Bibel daneben.

Lied

»Öffne meine Augen« (EG 176)

Denkmal: Salz

Auf dem Tisch erscheinen in einer wahlfreien Anordnung Symbole verschiedener Religionen:
Menora (Judentum), Gebetsteppich (Islam), Shiva (Hinduismus), Rad (Buddhismus), Salz.
Dahinter steht eine Tafel mit dem Text Micha 4,5.

Aus den Seligpreisungen

Moderatorin/Moderator (M) und vier Sprecherinnen/Sprecher I – IV

M:
Denkt mal, was ihr seid, die ihr unterwegs seid zum Zionsberg.
Salz seid ihr, würzendes, haltbar machendes Gewürz.
Wer soll das sein? Von wem gilt das hier?
Ihr seid es!
Zu den von Jesus glücklich Gepriesenen ist es gesagt.

I:
Ihr seid wichtig für die Welt, ihr, die ihr weder viel Geld habt noch besonders fromm seid. Ihr seid es. Ihr, die ihr mit leeren Händen dasitzt.

M + I:
Salz seid ihr gerade so.

II:
Ihr seid es. Ihr, die ihr nach Gerechtigkeit hungert. Ihr, die ihr solidarisch lebt mit denen, die zu essen und zu trinken nicht genug haben. Ihr seid es. Ihr alle, die ihr euch nach der Unmittelbarkeit von Leben sehnt, nach dem Einssein mit dem Gotteswillen.

M + I + II:
Salz seid ihr gerade so.

III:
Ihr seid es. Ihr, die ihr eure Schwerter zu Pflugscharen umschmiedet, eure Speere zu Winzermessern wandelt.
Ihr, die ihr eure Hände und Zungen entwaffnet.

M + I + II + III:
Salz seid ihr gerade so.

IV:
Ihr seid es. Ihr, die ihr den Weg der Lebendigkeit geht, mitten durch die Gegnerschaft hindurch. Gott selbst bewirtet euch. So lebt ihr in den Widerwärtigkeiten auf Erden schon im Himmel.

M + I + II + III + IV:
Salz seid ihr gerade so.

Die Wahrnehmung der »anderen« am Denkmal Salz

M:
Wir schauen uns um.
Mit uns kommen auf ihren Wegen noch andere zum Berge Gottes, wie uns im Propheten Micha gesagt ist:
»Ja, all die Völker gehen, alle im Namen ihrer Gottheiten.« *(Mi 4,5)*
Seht einige Augenblicke hinüber, wie die anderen gehen!

I:
Seht, wie die Muslime »gehen«, wie sie jeden Morgen
den Teppich ausrollen und beten:
»Lob sei Gott, dem Herrn der Welten,
dem Erbarmen, dem Barmherzigen,

der Verfügungsgewalt besitzt über den Tag des Gerichts.
Dir dienen wir, und dich bitten wir um Hilfe.
Führe uns den geraden Weg derer, die du begnadet hast,
die nicht dem Zorn verfallen und nicht irregehen.«
Koran, Sure 1

M:
»Ja, all die Völker gehen, alle im Namen ihrer Gottheiten.«
Mi 4,5

II:
Seht, wie die Hindus »gehen«, im Namen ihrer Gottheiten:
»Vom Schein laß mich gelangen zum Sein;
von der Finsternis laß mich gelangen zum Licht;
vom Tod laß mich gelangen zum Leben.«
Hinduistisches Gebet

M:
»Ja, all die Völker gehen, alle im Namen ihrer Gottheiten.«
Mi 4,5

III:
Seht, wie Menschen nach dem Beispiel Buddhas »gehen«.
Wenn sie zu Tische sitzen, dann sagen sie:
»Gedenke der Mühe aller, die diese Nahrung erzeugten.
Beim Empfangen des Essens sei des eigenen Handelns bewußt.
Achtsamkeit zu üben ist das Beste,
um Gier, Haß und Verblendung zu überwinden.
Empfange diese Gabe, um allen Wesen zu helfen.«
Buddhistisches Tischgebet

M:
»Ja, all die Völker gehen, alle im Namen ihrer Gottheiten.«
Mi 4,5

IV:
Wenn wir zum Gottesberg ziehen, so kommen wir zu den jüdischen
Frauen, Männern und Kindern.
Sie sind gemeint, wenn der Prophet Micha sagt:

»Wir aber, wir gehen im Namen Adonajs, unseres Gottes,
für immer und auf Dauer.« *(Mi 4,5b)*
Zu ihnen, den Kindern Israels, sind wir in besonderer Nähe, wenn sie
beten:
»Schema Israel, Adonaj eluhenu, Adonaj ächad.«
Höre Israel, der Ewige, unser Gott, der Ewige ist einzig!
Gelobt sei der Name der Herrlichkeit seines Reiches
immer und ewig.
Du sollst den Ewigen, deinen Gott,
lieben mit deinem ganzen Herzen und deiner ganzen Seele
und deinem ganzen Vermögen.
Es seien diese Worte, die ich dir heute befehle,
in deinem Herzen.
Schärfe sie deinen Kindern ein
und sprich von ihnen, wenn du in deinem Hause sitzest
und wenn du auf dem Wege gehst,
wenn du dich niederlegst, und wenn du aufstehst.
Binde sie zum Zeichen auf deinen Arm,
und sie seien zum Denkband auf deinem Haupte.
Schreibe sie auf die Pfosten deines Hauses und deiner Tore!«
Sidur Sefat Emet; Übersetzung Rabbiner Dr. S. Bamberger, Basel 1987

Lied

Ihr seid das Salz, das Salz der Erde

Was an - ders ist, macht euch nur reich;
um - armt es und be - schützt es gleich.

Text: 1. Strophe: Sybille Fritsch-Oppermann 1998
© Strube Verlag, München

Dreimal zu singen

Denkmal: Kreuz

Auf dem Tisch ein Kreuz, dazu eine Tafel mit dem Gedicht von Hilde Domin:

Ecce homo
Weniger als die Hoffnung auf ihn
das ist der Mensch
einarmig
immer
Nur der Gekreuzigte
beide Arme
weit offen
der Hier-Bin-Ich

Weisung

|:
Halt! Haltet inne! Suchet den Halt, der euch hält,
mit dem Weg, der dazu führt.
Suchet die Weisung.
Geht nicht schnurstracks vorbei,
geht nicht verschlossen vorüber!

111

II:
Weisung wird euch zuteil von Gottes Wegen her,
Weisung geht aus vom Kreuz:
Das Kreuz ist das Zeichen des Friedens,
der gut ist für alle.

III:
Für Menschen aller Erdteile: Nord und Süd, Ost und West.
Denn für das Recht aller Völker sollen wir leben und wirken,
Gott hat es begonnen und wird es vollenden.

IV:
Sucht und geht seinen Weg.

II:
Weisung wird euch zuteil,
Weisung geht aus vom Kreuz:
Das Kreuz ist das Zeichen der Liebe, die stärker ist als der Tod,
auf dem Wege nach Golgatha in der Nähe des Zion.

III:
»An jenem Tag, Spruch Adonajs,
will ich aufnehmen die Lahmgeschlagene,
und die Umherirrende will ich einsammeln,
und wem ich Böses tat.« (Mi 4,6)
Weisung wird euch zuteil,
Weisung geht aus vom Kreuz:

II:
Sucht und geht diesen Weg, einander anzunehmen
zu Gottes Lob.

III:
Weisung wird euch zuteil,
Weisung geht aus vom Kreuz:
Das Kreuz ist Zeichen für Gottes Herrschaft in seinem Reich.

IV:
Gehet hin in Frieden und vergeßt nicht, was das Kreuz uns zeigt,
wie Jakob es bei der Himmelsleiter in Bethel sagte:

I + II + III + IV:
Wahrlich, hier ist Gott, und ich wußte es nicht.

Lied

»Öffne meine Augen« (Kanon, EG 176)

Denkmal: Wein

Auf dem Tisch steht ein Krug mit Wein; dazu Körbe mit Früchten: Trauben, Feigen, Datteln, Granatäpfel usw., einheimische Früchte; eine Glasflasche mit Olivenöl. Darüber hängt das Plakat mit dem Bild »Leute von Tabea« und eine Tafel mit dem Text Micha 4,4.

Drei Sprecherinnen/Sprecher:
Ihr Text wird instrumental unterlegt nach einem Kanon von Pachelbel:
»Gott gibt Freude«

Alternative

»Meine Hoffnung und meine Freude«

sicht, auf dich ver - trau ich und fürcht mich

nicht, auf dich ver - trau ich und fürcht mich nicht.

Text: Gesang aus Taizé, Musik: Jacques Berthier
© Les Presses de Taizé
Deutsche Rechte bei Verlag Herder, Freiburg

Weinstöcke und Feigenbäume

I:
»Dann sitzen die Menschen unter ihren Weinstöcken
und Feigenbäumen,
und niemand schreckt sie auf.« (Mi 4,4)

II:
Weintrauben und Feigen – süße, köstliche Früchte.
Nicht zum Sattwerden sind sie da, sondern zum Genießen –
nur zum Genießen.
Duftende Kuchen entstehen daraus,
Feigenkuchen und Rosinenkuchen.
Trauben verwandeln sich in funkelnden,
die Sinne betörenden Wein.

III:
Gottes Verheißung für uns Menschen:
Ihr sollt die Süße des Lebens kosten können.
Die Fülle schmecken – die Fülle der Schöpfung,
die Fülle meiner Gaben für euch.
Und darin: die Fülle meiner Liebe!

I:
Jesus, von dem wir sagen,
mit ihm hat die Zukunft der Tage schon begonnen,
Jesus hat aus der Fülle Gottes gelebt.
Warum fastet ihr nicht, wurden seine Jünger gefragt.
Ein Fresser und Weinsäufer ist er, haben andere ihn verklagt.
Aber – wie können die Festgäste fasten,
solange der Bräutigam bei ihnen ist?
Ungeschmälert die Freude leben,
die Liebe und die Gaben Gottes genießen,
wenn es Zeit dazu ist: Jesus hat uns das vorgelebt.

III:
Einmal hat er Wasser in Wein verwandelt, die Kargheit in Fülle.
Damit das Fest weitergehen konnte,
das Fest der Liebe zwischen den Menschen.

II:
Das Fest der Liebe zwischen Gott und den Menschen
feiern wir heute: das Abendmahl.
Jesus hat die Fülle Gottes gelebt und sie uns gezeigt:
überschwänglich ist seine Liebe,
überfließend wie ein voller Krug.
Großzügig ist seine Gerechtigkeit,
nicht berechnend, nicht bemessend.
Ungeteilt seine Zuwendung zu uns Menschen.

III:
Und wir sind eingeladen:
Kommt her, ich will euch erquicken.
Seht und schmeckt, wie freundlich Gott ist.
Er gibt Freude in mein Herz,
größer als die Fülle an Korn und Wein.

II:
Dann, in der Zukunft der Tage, sitzen Menschen unter ihren
Weinstöcken und Feigenbäumen, und niemand schreckt sie auf.

I:
Die Zukunft hat schon begonnen – mitten unter uns.

Lied

»Öffne meine Augen« (Kanon, EG 176)

Einholung der Symbole zum Tisch Jesu

*Die vier Symbole – Brot, Wein, Salz und Kreuz – von den Denkmalen
werden zum zentralen Altartisch gebracht. Währenddessen wird der
gesamte Text Micha 4 abschnittweise gelesen. Die Einholung der Symbole geschieht beim jeweiligen Textabschnitt des entsprechenden Denkmals.*

Lesung des Textes Micha 4,1–7

Die Lesung kann auf mehrere Vortragende verteilt werden.

I:
In der Zukunft der Tage geschieht's:
Der Berg mit dem Haus Adonajs wird
feststehen als Haupt der Berge,
erhaben wird er sein über die Hügel,
und Völker strömen zu ihm hin.

II:
Viele Nationen gehen und sprechen:
»Kommt, laßt uns hinaufziehen zum Berg Adonajs,
zum Haus von Jakobs Gott,
daß uns Weisung zuteil werde von Gottes Wegen her
und wir gehen wollen in Gottes Pfaden.«
Ja, von Zion geht Tora aus
und das Wort Adonajs von Jerusalem.

III:
Gott wird Recht sprechen zwischen vielen Völkern
und mächtige Nationen zurechtweisen

bis hin zu den fernsten.
Dann schmieden sie ihre Schwerter zu Pflugscharen
und ihre Speere zu Winzermessern.
Nicht mehr erheben sie das Schwert, Nation gegen Nation,
und nicht erlernen sie weiterhin den Krieg.
Denkmal Brot

IV:
Dann sitzen die Menschen unter ihren Weinstöcken
und Feigenbäumen,
und niemand schreckt sie auf.
Ja, der Mund Adonajs, gebietend über die Kriegsheere,
hat das geredet.
Denkmal Wein

V:
Ja, all die Völker gehen, alle im Namen ihrer Gottheiten.
Wir aber, wir gehen im Namen Adonajs, unseres Gottes, für immer
und auf Dauer.
Denkmal Salz

VI:
An jenem Tag, Spruch Adonajs, will ich aufnehmen die Lahmgeschlagene,
und die Umherirrende will ich einsammeln,
und wem ich Böses tat.
Denkmal Kreuz

VII:
Ich werde machen die Lahmgeschlagene zum Neubeginn
und die Erschöpfte zu einer mächtigen Nation.
Regieren wird Adonaj über sie
auf dem Berg Zion
von jetzt an und für immer.
Übersetzung für den Kirchentag

Stille

L:
An den Denkmalen haben wir Weisung erhalten.
Unser Nach-Denken dieser Weisungen beginnt in der Stille. Danach
erheben wir uns und lassen uns aufnehmen von dem Lied »Meine Seele

ist stille zu Gott, der mir hilft«. Unsere Gedanken nehmen wir mit in das anschließende Fürbittengebet, das wir, dann alle stehend, sprechen.

Stille

Lied

»Meine Seele ist stille zu Gott, der mir hilft«
In die Stille hinein wird das Lied »Meine Seele ist stille zu Gott, der mir hilft« angestimmt. Nach und nach erheben sich die Menschen und singen mit.

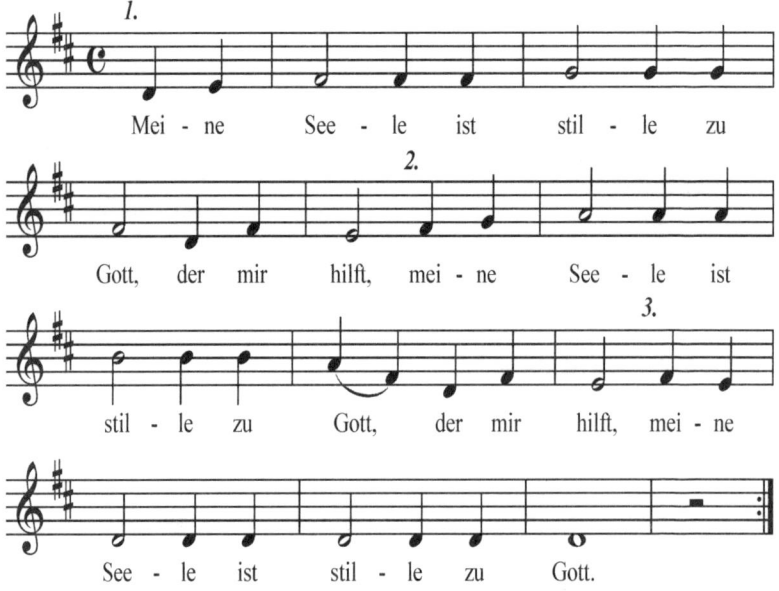

Text und Musik: Communauté de Granchamp
© Communauté de Grandchamp, CH-2015 Arensee

Alternative

»Wenn einer alleine träumt«

Text: Dom Helder Camara, Melodie: Ludger Edelkötter
Aus: Weißt du wo der Himmel ist (IMP 3001)
© Impulse Musikverlag Ludger Edelkötter, Drensteinfurt

Fürbittengebet

Die Gemeinde stimmt ein in das Gebet mit dem gesungenen »Kyrie eleison« (EG 178.9)

Alternative

Fortsetzung des Liedes »Meine Seele ist stille zu Gott, der mir hilft« (s.o.)

L:
Gott, in deiner Freundlichkeit gibst du uns Brot
und vieles mehr, damit wir unser Leben gestalten können.
Wir aber sind oft unzufrieden mit dem, was du uns bietest.
Wir wollen nicht auf deine Gaben angewiesen sein
und wollen mehr.
Darum raffen und sammeln wir Vorräte, oft auf Kosten anderer,
die schwächer sind als wir.
Befreie uns von der Angst, zu kurz zu kommen:

G:
Kyrie eleison!

L:
Gott, in deinen Augen sind wir unendlich viel wert.
In deinen Augen sind wir das Salz der Erde.
Kein Mensch auf dieser Erde ist dir gleichgültig.
Alle sind deine Geschöpfe.
Bewahre uns vor dem Irrtum, daß deine Liebe nur uns gilt
und andere ausschließt.
Lehre uns, den Reichtum deiner Güte
auch bei denen zu entdecken, die uns fremd sind:

G:
Kyrie eleison!

L:
Gott, du hast als Zeichen deiner Liebe
das Kreuz unter uns aufgerichtet.
Kein Mensch muß sich länger seiner Schwäche schämen.
Die Lahmgeschlagenen, die Verfolgten und Verirrten,
die Erschöpften und nach Gerechtigkeit Hungernden

finden bei dir Kraft und Heil.
Laß uns dem Kreuz nicht ausweichen:

G:
Kyrie eleison!

L:
Gott, in deiner Freundlichkeit gibst du uns Wein,
schenkst uns voll ein,
damit wir uns freuen und fröhlich seien.
Du gibst nicht kärglich, sondern reichlich,
nicht nur einmal, sondern immer wieder.
Laß uns die nicht übersehen, die sich nicht freuen können,
weil sie keine Liebe erfahren,
weil sie krank sind,
weil sie keine Arbeit haben,
weil ihre Beziehungen zerbrochen sind,
weil sie keine Zukunft für sich sehen:

G:
Kyrie eleison!

L:
Gott, du lädst uns ein in deine Freundlichkeit.
Amen.

Lied

»Ich glaube fest« (Strophen 1+4)

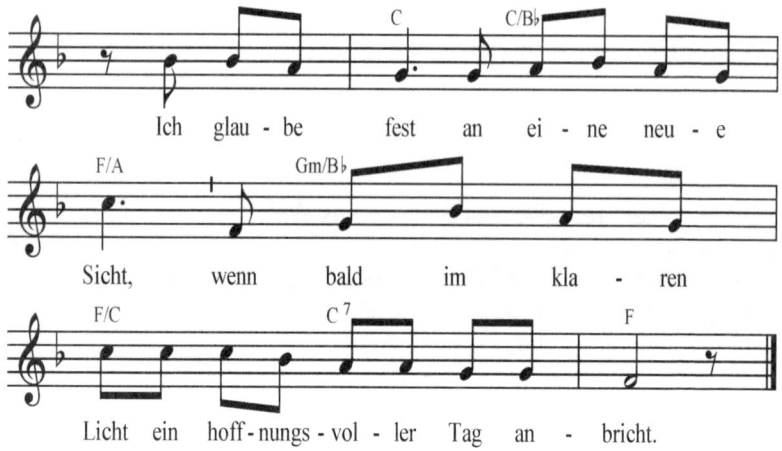

Ich glaube fest. Ein neues Lied stimmt an, ein Liebeslied, das jeder singen kann. Ich glaube fest, das Ziel ist nicht mehr weit, ich hoffe auf die Zeit voll Frieden und Gerechtigkeit.

Text: Martin Bogdahn 1990 nach dem Lied auf El Salvador »Yo tengo fé que todo cambiará«. Melodie: aus El Salvador.
© Text: beim Autor

Mahlfeier

Einleitung

L:
Auf die Weisungen haben wir gehört. Damit wir den Weg mit der nötigen Kraft fortsetzen können, sind wir nun eingeladen, unter Weinstock und Feigenbaum, in der Gemeinschaft von Schwestern und Brüdern am Tisch Jesu Christi das Mahl zu halten.

Gebet zur Vorbereitung auf das Mahl

L:
Gott, du Geber aller Gaben,
du berührst immer wieder neu unsere Sehnsucht,

unsere tiefe Sehnsucht nach deinem Heil.
Du weckst immer wieder neu unseren Hunger
nach dem, was uns und alle Welt wirklich satt macht.
Jetzt lassen wir uns von dir einladen
und mit deinen Gaben beschenken.
Im Brot gibst du uns, was uns stärkt und sättigt.
Der Kelch des Heils läßt uns deine Liebe und Fülle schmecken.
Du vertraust es uns an, Salz zu sein inmitten dieser Welt.
Im Zeichen des Kreuzes sind wir hineingenommen
in das Leben, Sterben und Auferstehen Jesu.
Du läßt uns bei dir Gäste sein, wie wir sind.
An deinem Tisch spüren wir etwas von der Verheißung:
»Dann sitzen die Menschen unter ihren Weinstöcken
und Feigenbäumen,
und niemand schreckt sie auf.«

Lied

»Kommt mit Gaben und Lobgesang« (EG 229, 1. Strophe)
Währenddessen werden Brot und Wein zum Altar gebracht.

Einsetzungsworte

Wo genügend Platz ist, sollten sich die Gruppen jeweils vor dem Hauptaltar versammeln, auf dem auch die Symbole der vier Denkmale zusammengetragen wurden. Falls dies nicht möglich ist und die Austeilung sich zeitlich zu sehr in die Länge zieht, gibt es die Möglichkeit, an den vier Denkmalen zusätzliche Ausgabetische zu machen und Kreise zu bilden. Vorher werden die Symbole aus anderen Religionen sowie das Monopoly-Spiel abgeräumt.

L:
In der Nacht, in der er übergeben wurde,
nahm Jesus Christus Brot.
Er sprach den Segen, brach es und sagte:
Das ist mein Leib für euch; das tut zur Erinnerung an mich.
Ebenso auch den Becher, nachdem die Mahlzeit beendet war,
mit den Worten:
Dieser Becher ist der neue Bund durch mein Blut.

Das tut, sooft ihr trinkt, zur Erinnerung an mich.
Denn: Immer wenn ihr dieses Brot eßt und den Becher trinkt,
verkündet ihr den Tod Christi, bis er selbst kommt.
Übersetzung für den Kirchentag

Friedensgruß

L:
Jetzt laden wir Sie ein, daß wir aufeinander zugehen und einander
wahrnehmen in unserer Verbundenheit durch Christus.
Wir sprechen uns Gottes Frieden zu.

anschließend:
Nun kommt, es steht alles bereit.

Austeilung

*In größeren Kreisen um den Altar bzw. um die Denkmale zusammen-
kommen, sich Brot und Becher weiterreichend. Dazu leise Begleitmusik
oder Taizé-Gesang.*
»Laudate omnes gentes«, EG 181.6

Antwort auf das Mahl: Lob und Dank

L:
Zum Leben befreit durch Brot und Wein
gehen wir gestärkt unsere Wege.
Weil Gott bei uns ist,
werden wir wohnen, wo kein Mensch mehr den andern bedrängt.

Weil Christus unter uns ist,
werden wir wohnen, wo der Tod Vergangenheit ist.
Weil der heilige Geist in uns ist,
werden wir beieinander wohnen im Geiste Jesu.
So vereint beten wir gemeinsam:
Vater unser im Himmel ...

Lied

»Wo Menschen sich vergessen« (Strophen 1 – 3)

2 Wo Menschen sich verschenken, die Liebe bedenken und neu
beginnen, ganz neu,
REFRAIN
3 Wo Menschen sich verbünden, den Hass überwinden und neu
beginnen, ganz neu,
REFRAIN

Text: Thomas Laubach, Musik: Christoph Lehmann
Aus: Gib der Hoffnung ein Gesicht, 1989
© tvd-Verlag, Düsseldorf

Abkündigungen

Kollektenankündigung

Einladung zum Fest im Anschluß an den Gottesdienst

L:
Das Fest geht weiter. Wir laden Sie ein, mit uns im Anschluß weiter zu
feiern.

Sendung und Segen

L:
Schwestern und Brüder, erhebt euch zum Segen.
Tretet heraus und faßt die Hände der Menschen
zu beiden Seiten.
Gemeinde erhebt sich und faßt sich bei den Händen.

Geht in diese Nacht und in die kommenden Tage
mit der Kraft, euch dem entgegenzustellen,
was Menschen versklavt,
mit der Sehnsucht nach dem Frieden
unter Weinstöcken und Feigenbäumen,
mit der Gewißheit, daß einer uns vorangeht.
Gott segne euch!

G:
gesungen EG 684
»Amen, Amen, Amen«

Auszug/Orgelnachspiel
oder: Posaunen, ...

Leben für dich – Leben für viele

Das Feierabendmahl
als Sättigungsmahl

Klaus Bastian/Joachim Dietermann/
Burkhard Jungcurt/Ute Knie/Hanne Köhler

Ankommen

- *in Gruppen/Oasen (ca. 10 Leute) gehen sich begrüßen*
- *Raum wahrnehmen, zur Ruhe kommen*
- *Lieder ansingen*
- *ggf. Kurzbeiträge im Vorlauf: Hinweise – Interviews – Grußworte – ...*

Der Gottesdienst

Liturgischer Gruß

Der Gottesdienst beginnt mit einem Liturgischen Gruß. Der wechselseitige Segensgruß ist aus der Hebräischen Bibel (vgl. u.a. Ruth 2,4) sowie in christlicher Zeit u.a. durch Beginn und Abschluß neutestamentlicher Briefe bekannt und in der Ökumene heute noch verbreiteter als das trinitarische Votum (»Im Namen ...«).
Bevor eine Person eine liturgische Rolle übernimmt, erfolgt ein wechselseitiger Segensgruß und macht deutlich:
- *Wir sind alle gleichermaßen angewiesen auf Gottes Segen, den wir uns gegenseitig zusprechen.*
- *Gottesdienst ist ein kommunikatives Geschehen.*
- *Unsere Vollmacht leitet sich ab aus dem zugesprochenen Segen.*
- *Wir hoffen, daß in diesem Gottesdienst Segen für alle erfahrbar wird.*

L: Die Gnade Jesu Christi und die Liebe Gottes und die Gemeinschaft des Heiligen Geistes sei mit euch

G:

und sei mit dir, und sei mit

dir, und sei mit dir. und sei mit

Unter dem Text (Liturgln) wird bereits im Tempo der Harmoniewechsel F#m/Hm gespielt. So kann man sofort anschließen.

Text: Bibel/Hanne Köhler, Melodie: Burkhard Jungcurt
© bei Autorln

Die gesungene Gemeindeantwort gilt nicht nur der Liturgin bzw. dem Liturgen. Gleichzeitig ist es möglich, mit der sich wiederholenden Zeile »und sei mit dir« die Nachbarinnen und Nachbarn zu (be-)grüßen.

In der Zukunft der Tage geschieht's
Micha 4,1-7

Der biblische Text für den Feierabendmahlsgottesdienst ist so facettenreich, daß wir uns auf diesen einen biblischen Text beschränken wollen. Wir legen die Übersetzung für den Kirchentag zugrunde. In mehreren Durchgängen wird der Bibeltext durch Wiederholungen, rhythmisches Sprechen und Mitsprechen sowie Singen (vielleicht sogar im Kanon) immer vertrauter. An zwei Stellen werden dann Brücken zur Gegenwart geschlagen.
Methodisch eignen sich die angebotenen Formen vor allem als Ausgestaltung eines Eingangspsalms. Der vorgegebene Rhythmus erleichtert das Mitsprechen und Singen der Gemeinde.
Inhaltlich wächst die Gestaltung des Bibeltextes so, daß das Strömen vieler (verschiedener) Menschen zum Berg Adonajs erfahrbar wird. Durch die häufige Wiederholung der ersten Zeile »In der Zukunft der Tage geschieht's« wird der Aspekt der Verheißung verstärkt. Während die Vielfalt der Glaubensvorstellungen (»all die Völker gehen, alle im Namen ihrer Gottheiten. Wir aber, wir gehen im Namen Adonajs, unseres Gottes«) in unserem Umfeld erfahrbar ist bzw. wäre, deutet der Umgang zwischen den Völkern nicht auf Recht und Frieden hin (»Gott

wird Recht sprechen zwischen vielen Völkern und zurechtweisen mächtige Nationen ... Nicht mehr erheben sie das Schwert Nation gegen Nation, und nicht erlernen sie weiterhin den Krieg«). Gegen allen Augenschein halten wir trotzdem an der Hoffnung fest: In der Zukunft der Tage geschieht's!

Der Berg mit dem Haus Adonajs wird feststehen als Haupt der Berge,
erhaben wird er sein über die Hügel,
und Völker strömen zu ihm.
Viele Nationen gehen hin und sprechen:

Kommt, laßt uns hinauf ziehen zum Berg Adonajs,
zum Haus von Jakobs Gott,
daß uns Weisung zuteil werde von Gottes Wegen her
und wir gehen wollen in Gottes Pfaden.

Ja, von Zion geht Tora aus
und das Wort Adonajs von Jerusalem.
Gott wird Recht sprechen zwischen vielen Völkern
und zurechtweisen mächtige Nationen
bis hin zu den fernsten.
Dann schmieden sie ihre Schwerter zu Pflugscharen
und ihre Speere zu Winzermessern.

In der Zukunft der Tage geschieht's!

Dann sitzen die Menschen unter ihren Weinstöcken und Feigenbäumen,
und niemand schreckt sie auf.
Ja, der Mund Adonajs, gebietend über die Kriegsheere, hat das geredet.
Ja, all die Völker gehen, alle im Namen ihrer Gottheiten.
Wir aber, wir gehen im Namen Adonajs, unseres Gottes, für immer
und auf Dauer.
An jenem Tag, Spruch Adonajs, will ich aufnehmen die Lahmgeschlagene,
und die Umherirrende will ich einsammeln,
und wem ich Böses tat.
Ich werde machen die Lahmgeschlagene zum Neubeginn,
und die Erschöpfte zu einer mächtigen Nation.
Regieren wird Adonaj über sie auf dem Berg Zion
von jetzt an und für immer.

In der Zukunft der Tage geschieht's!

Lied

»In der Zukunft der Tage«

In der Zu-kunft der Ta - ge ge - schieht's: In der
Zu - kunft der Ta - ge ge - schieht's:
"Kommt, lasst uns hinauf ziehen"

Kommt, lasst uns hin - auf - zie - hen zum
Berg A - do - najs, zum Haus von Ja - kobs Gott, dass uns

Wei-sung zu - teil wer - de von Got - tes We - gen her
und wir ge - hen wol - len in Got - tes Pfa - den.

Text: Bibel; Melodie: Burkhard Jungcurt

130

Lied

»Es kommt die Zeit«
EG Hessen 560, 1. Strophe

Einladung

Die Einladung nimmt den Ton der Hoffnung auf. Gleichzeitig wird jedoch in Worte gefaßt, worauf denn unsere Hoffnung als Christinnen und Christen sich gründet.
Wir erinnern uns an den irdischen Jesus und seine Tischgemeinschaft mit den Armen seiner Zeit. D. h., wir fragen auch nach unserer Tischgemeinschaft mit den Armen unserer Zeit.
Wir hoffen auf ein gemeinsames Mahl mit Christus und allen Heiligen in Gottes kommender Welt, im Reich Gottes. D. h., wir fragen auch danach, wie dieses Abendmahl Kraft gibt, für alles, was bis dahin zu überwinden ist.
Eine der Grenzen, die es am gemeinsamen Tisch zu überwinden gilt, ist die Trennung nach Konfessionen. Der Tisch, an den wir eingeladen sind, ist nicht der Tisch der Kirche, weder der einen noch der anderen, sondern der Tisch Christi.

Der Tisch mit Brot und Traubensaft,
den Gaben aus Himmel und Erde, wird jetzt vorbereitet.
Es ist der Tisch der Freundschaft mit Jesus.
Es ist der Tisch der Verbundenheit mit den Armen der Welt.
Es ist der Tisch der Hoffnung auf Gottes kommende Welt.
Feiert an diesem Tisch.
Feiert alle:
Ihr, die ihr voller Vertrauen seid,
und ihr, die euch das Leben Vorsicht gelehrt hat.
Feiert alle:
Ihr, die ihr aus der Gemeinschaft lebt,
und ihr, die ihr euch nach Gemeinschaft sehnt.
Feiert alle:
In der Vielgestalt der Kinder Gottes,
in der Verschiedenheit der Gefolgschaft Jesu.
Ihr seid eingeladen zur Begegnung.

Tisch decken

Moderierende Sätze wie diese können während des Gottesdienstes auch einen anderen Wortlaut haben.

Die vielen bunten Oasen verwandeln sich jetzt in Tischgruppen. Zu jeder Gruppe gehören zwei Kisten. Sie enthalten die Gaben für das Mahl und werden gleichzeitig zum Tisch. Wir bitten jetzt, in den Gruppen die Tische vorzubereiten.

Pause

Gebet

Wie der ganze Gottesdienst ist auch dieses Gebet responsorial aufgebaut. Die Gemeinde macht sich die einzelnen Hoffnungssätze durch den gesungenen Dank zu eigen. In der Formulierung erinnert das Gebet an traditionelle Mahlgebete, besonders an jüdische Segenssprüche über Brot und Becher. Aber wie aktuell klingt die Hoffnung auf eine geeinte Kirche an diesem Tisch!

Wir wollen für die Gaben danken.
Zur Antwort stimmen alle mit ein:

Lit.: Gott, wir dan-ken dir, wir dan-ken dir.

Gem.: Gott, wir dan-ken dir, wir dan-ken dir.

Melodie: Burkhard Jungcurt

Du Gott des Lebens, wir freuen uns an dir.
Du schenkst uns das Brot,
Frucht der Erde und der menschlichen Arbeit.
Du läßt es zum Brot des Lebens werden.

Gott, wir danken dir ...

Du Gott des Lebens, wir freuen uns an dir.
Du schenkst uns den Saft der Trauben (Wein),
Frucht des Weinstocks und der täglichen Arbeit.
Du läßt uns in ihm deine neue Welt schmecken.

Gott, wir danken dir ...

Wie die Körner und Trauben auf diesem Tisch
vereint sind in Brot und Traubensaft (Wein),
sichtbar für uns,
so laß deine Kirche eins werden an deinem Tisch,
sichtbar für die ganze Erde ...

Gott, wir danken dir ...

Stellst uns-re Fü-ße, Gott, auf wei-ten Raum
und läßt den Him-mel ü-ber uns auf-ge-hen.
Wir ha-ben nichts als Er-de in der Hand,
und sind doch dir zum Bil-de aus-er-se-hen.

2. Gibst unsern Leibern, Gott, das täglich Brot.
   Wir bemühen uns, daß es aus Samen werde
   und essen es und sagen unsern Dank
   für deine Frucht aus Himmel und aus Erde.

133

3. Sprichst in die Tiefe, Gott, mit deinem Wort.
   Dorthin, wo Ängste sind und wir nicht sehen.
   Und hoffst für uns und wirst für uns zum Weg,
   auf dem wir sehn und gehn und auferstehn.

Text: L. Petzold, Melodie: Bernd Schlaudt

Einleitung

Wir wählen eine Übertragung der Einsetzungsworte nach dem 1. Brief an die Gemeinde in Korinth, allerdings nur die Verse 23b – 25.
Wichtiger als die Versabgrenzung ist die Wiederaneignung der Einsetzungsworte durch die Gemeinde. Der Wortlaut dieser Übertragung nimmt die Kirchentagsübersetzung auf, ist aber zum Teil auch umgestaltet, um das Nachsprechen zu erleichtern.

Das Abendmahl ist Gabe an die ganze Gemeinde Jesu Christi. Als Jüngerinnen und Jünger Jesu eignen wir uns Worte und Gesten neu an. Wir hören die Worte und wiederholen sie mit eigener Zunge; wir sehen die Gesten und wiederholen sie mit dem eigenen Körper. So verkündigen wir Gottes neue Welt, gemeinsam und uns gegenseitig.

Einsetzungsworte

Durch das gemeinsame Sprechen der Einsetzungsworte wird das PriesterInnentum aller Gläubigen konkret. Es geht nicht um die Berechtigung einzelner AmtsträgerInnen, sondern um die Ermutigung aller. Die Gemeinde Jesu Christi verkündigt das Evangelium gemeinsam.

L: Jesus Christus, in der Nacht, in der er verraten wurde,
G: Jesus Christus, in der Nacht, in der er verraten wurde,
L: nahm das Brot und sprach den Segen,
G: nahm das Brot und sprach den Segen,
L: brach das Brot und sagte:
G: brach das Brot und sagte:
L: »Mein Leib für euch.
G: »Mein Leib für euch.
L: Erinnert euch an mich, wenn ihr das Brot brecht.«
G: Erinnert euch an mich, wenn ihr das Brot brecht.«
L: Nach dem Mahl nahm Jesus den Kelch und sprach den Segen,

G: Nach dem Mahl nahm Jesus den Kelch und sprach den Segen,
L: gab ihnen den Kelch und sagte:
G: gab ihnen den Kelch und sagte:
L: »Dieser Kelch ist der neue Bund in meinem Blut.
G: »Dieser Kelch ist der neue Bund in meinem Blut.
L: Erinnert euch an mich, wenn ihr daraus trinkt.«
G: Erinnert euch an mich, wenn ihr daraus trinkt.«
Übertragung von Klaus Bastian, Joachim Dietermann, Ute Knie und Hanne Köhler

Friedensgruß: Friede sei mit dir

Der Friedensgruß hat die Form eines Liedes. Wir singen uns zu, was wir uns bald im Reichen von Brot und Kelch versprechen.

1. Frie - de mit dir, Frie - de mit dir,
2. Frie - de mit den Na - hen, Frie - de mit den Fer - nen,
3. Frie - de mit der Schöpfung und mit al - len We - sen!
4. Schenk uns, Gott, SHA - LOM!

Text: A. Albrecht, Melodie: R. Horn

135

Spendeformel

Oft macht das praktische Teilen von Brot und Kelch in Gruppen Schwierigkeiten. »Eigentlich bräuchten wir dazu drei Hände, um Brot zu brechen, weiterzugeben und ein eigenes Stück zu empfangen«, so formulierte eine Kirchenvorsteherin. Wir erinnern hier an uralte Gebärden und verbinden sie mit Brot und Kelch. Diese Form, Brot und Kelch zu teilen und miteinander zu essen, betont die Gemeinschaft der Versammelten. Daher wählen wir eine Segensgeste zu beiden Nachbarn (rechts und links).

Bitte stehen Sie auf und stellen Sie sich im Kreis um Ihren Abendmahlstisch.

L:
Brot des Lebens und Kelch der Gemeinschaft.
Brot und Saft und Wein, so soll es sein.

Nehmen Sie sich Zeit für sich. Wiederholen Sie die Worte und Gesten und wenden Sie sich Ihren Nachbarinnen und Nachbarn rechts und links zu.

L/G:
Brot des Lebens für mich
Arme vor dem Körper kreuzen

Brot des Lebens für dich
Arme offen – seitwärts zu Nachbarin/Nachbar
Segensgeste, einmal rechts, einmal links

L/G:
Kelch der Gemeinschaft für mich
Hände als geöffnete Schalen vor dem Körper

Kelch der Gemeinschaft für dich
Segensgeste mit geöffneten Armen nach rechts und links

»Brot des Lebens«

Brot des Le - bens, Kelch des Heils.

nicht ei - nes Ta - ges   son - dern heu - te und hier

vor Got - tes An - ge - sicht   fei - ern wir,

was uns ver - hei - ßen ist.   Wir

tei - len das Brot   und   ste - hen im Kreis.
ste - hen im Kreis   und   hö - ren das Wort,
tei - len den Kelch   und   ste - hen im Kreis.
ste - hen im Kreis   und   füh - len die Kraft.

Gott lädt uns ein,   so   soll es sein.
Gott tritt her - ein,   so   soll es sein.
Gott schenkt uns ein,   so   soll es sein.
Gott spannt uns ein,   so   soll es sein.

Text: Hanne Köhler, Melodie: Burkhard Jungcurt

137

Tischsegen

Nicht nur Brot und Traubensaft (Wein) sind Gaben der Schöpfung. Der Tischsegen gilt allem, was auf dem Tisch steht.

Hände segnend über Speisen und Getränke
L: Gott segne alle Früchte, Speisen und Getränke auf dem Tisch.
G: Gott segne alle Früchte, Speisen und Getränke auf dem Tisch.

Austeilung

Wie es der Wortlaut der Einsetzungsworte (s.o.) nahelegt, werden wir zwischen dem Teilen von Brot und Kelch wirklich essen. Wir wissen nicht, welche Mahlzeit in der Zukunft der Tage unter Weinstöcken und Feigenbäumen geteilt wird. Aber Genuß und Sinne werden dabei nicht zu kurz kommen.

Brot

Nehmen Sie das Brot und teilen Sie es miteinander mit den Worten:

L/G:
Brot des Lebens für mich,
selbst ein Stück Brot abbrechen und das ganze Brot an die Nachbarin, an den Nachbarn weiterreichen
Brot des Lebens für dich.

Den Kelch vorbereiten

Nehmen Sie den Kelch und füllen ihn mit Traubensaft. Lassen Sie den gefüllten Kelch auf dem Tisch bis zum Ende der Mahlzeit.

Gemeinsame Mahlzeit

Genießen Sie das Essen und reden Sie miteinander. Sie hören dazu Tischmusik.
Wenn der erste Hunger gestillt ist, wird Prof. Dr. Fulbert Steffensky seine Abendmahlsvision mit uns teilen.

Tischrede mit anschließenden Tischgesprächen
Eine Abendmahlsvision von Prof. Dr. Fulbert Steffensky

Das Mahl stärkt uns, und Visionen können uns Kraft geben für Veränderungen an unseren Orten.

Als ich Student war, habe ich einmal mit einem Freund eine Wanderung durch das obere Donautal gemacht. Wir waren lange unterwegs, wir hatten kein Geld mehr, und wir hatten Hunger. Schließlich kamen wir in einen Ort, in dem auf einem Bauernhof eine große Hochzeit gefeiert wurde. Wir witterten unsere Chance und schlichen uns in die Hochzeitsgesellschaft ein. Man hielt uns für ärmliche Vettern der Braut. Wir waren nicht geladen, wir hatten kein hochzeitliches Gewand. Aber wir aßen und tranken und wurden satt. Ganz hat man uns nicht getraut. Aber mit einem Augenzwinkern ließ man uns.

Was hat das mit dem Abendmahl zu tun? Alles! Wir sind nicht die Hersteller unserer Würde für dieses Mahl. Gott zwinkert mit dem linken Auge und sagt: Komm her, du Lump! Iß und trink und tanze, soviel du willst! Gottes Augenzwinkern stellt unsere Würde her, nicht unsere sittliche Reife, unsere theologische Erkenntnis und nicht unsere Frömmigkeit. Daraus folgt ein Wunsch: Schließt niemanden von diesem Mahl aus, der Hunger hat! Schließt unsere kleinen Kinder nicht aus; schließt die schwer geistig Behinderten nicht aus, wie es manchmal geschieht!

Gottes Augenzwinkern stellt unsere Würdigkeit her, und dieses ist die Voraussetzung für das gemeinsame Mahl auch für die, die in den Glaubensformulierungen verschieden sind. Ich vermute einmal, daß der Humor Gottes es ganz gut aufnehmen kann mit unserer sogenannten Getrenntheit im Glauben. Eßt nur miteinander!, sagt er. Einmal werden auch eure Bischöfe und Theologen merken, daß es zusammen besser schmeckt, als wenn jeder seine Suppe allein kocht und ißt. Mein Wunsch also: Laßt nicht zu, daß ihr in flache Fragen verstrickt werdet, und laßt euch eure Freiheit nicht rauben! Eßt und trinkt zusammen, denn das Mahl ist für euch Lumpen bereitet! Es ist das große Vorspiel der endgültigen Einheit.

Das Mahl ist das große Vorspiel der Einheit der Menschen, die im Frieden und in der Gerechtigkeit besteht, und nicht in einigen dürren Glaubenssätzen. Das Mahl erinnert uns an die versprochene Zukunft, in der das Lamm nicht mehr vom Löwen gerissen wird; in der unsere Kinder ohne Schaden am Loch des Skorpions spielen und in der die Spieße und Schwerter in Winzermesser umgeschmiedet sind. So wünsche ich, daß dieses Mahl nicht die falsche Zukleisterung unserer wirklichen Trennungen ist, sondern Salz in unserer offenen Wunde. Es möge uns erinnern, was aussteht: daß wir den Krieg verlernen; daß wir ein Volk sind, das die Weisungen Gottes gelernt hat; daß die Umherirrenden eingesammelt sind und die lahm Geschlagenen einen Neubeginn haben. Ich wünsche, daß wir an diesem Mahl des Friedens weinen lernen über den Krieg.

Ein anderer Wunsch für das Mahl: Ich wünsche, daß es dort, wo sich die Geschwister treffen und wo sie miteinander essen, laut und lustig zugeht so wie auf meinem Bauernhof an der Donau. Ich wünsche, daß man das Brot als Brot erkennen und den Wein als Trunk, und nicht nur als eine Lippenbenetzung, jedenfalls gelegentlich soll es so sein. Christus, der dieses Mahl gestiftet hat, hat man einen Fresser und Säufer genannt. Ich glaube nicht, daß er zufrieden wäre mit einem Mahl, das man als Mahlzeit eher glauben als genießen kann.

Ich habe einen anderen Wunsch an das Mahl, und er ist mit dem eben genannten kaum zu vereinen: Ich wünsche uns Ehrfurcht vor dem Brot und dem Wein. Gott steigt herab: Er verliert sich bis in unsere Speise und unseren Trank. Das Abendmahl wünsche ich auch als eine Stelle der Stille und der großen Verwunderung:

Gott ist gegenwärtig,
lasset uns anbeten,
und in Ehrfurcht vor ihn treten.
Gott ist in der Mitten,
alles in uns schweige
und sich innigst vor ihm beuge.

Im Protestantismus werden selten Orte und Zeiten und Vorgänge geehrt. Alles soll im Geist und in der Wahrheit geschehen. Das ist theologisch richtig. Aber es könnte uns dazu verführen, die Sinnlichkeit der Vorgänge nicht mehr ernst zu nehmen.

Ich wünsche, daß wir beim Abendmahl das Geheimnis ehren. Es soll nicht der Ort narzißtischer Selbstfeier einer Gruppe sein, sondern der Ort der Zuneigung Gottes zum Menschen und des Menschen zu Gott; darum auch der Ort der Zuneigung Gottes zum Menschen zueinander. Darum der Ort des Essens, des Trinkens, des Tanzens und der Musik so wie auf unserem schwäbischen Bauernhof.

Und noch ein letzter Wunsch: Dieser Weißbrotgottesdienst hier auf dem Kirchentag soll euch nicht dazu verleiten, die Graubrotgottesdienste bei euch zuhause zu verachten. Geht hin! Wenn man lange auf Graubrot kaut, wird es süß. Wenn man es nur selten genießt, schmeckt es bitter.

Jetzt ist wieder Zeit für Tischgespräche:
Wie ist Ihre eigene Abendmahlsvision? Wie wünschen Sie sich das Abendmahl in ihrer Gemeinde?
Tauschen Sie sich aus, aber vergessen Sie dabei auch das Essen nicht. Es darf ruhig alles aufgegessen werden. Wenn doch etwas übrig bleiben sollte, sammeln wir dies später ein.

Lied

»Es kommt die Zeit«
EG Hessen 560

Kelch

Nehmen Sie nun den mit Traubensaft gefüllten Kelch und teilen Sie ihn untereinander mit den Worten:
L/G:
Kelch der Gemeinschaft für mich,
trinken und dann den Kelch an die Nachbarin, an den Nachbarn weiterreichen
Kelch der Gemeinschaft für dich.

Sanctus: Du bist heilig

Dankgebet

Dank und Lob Gottes klingen an im Lied, werden in ein knappes Dankgebet gefaßt und dann im Lied groß entfaltet. Das Sanctuslied kann an dieser ungewöhnlichen Stelle breiten Raum einnehmen, da hier kein Spannungsbogen mehr unterbrochen wird.

Wir danken für Brot und Früchte, für Wasser und Saft.
Wir danken für Gespräche und freundliche Begegnungen.
Wir danken für Anregungen, Kritik und Visionen.
Gott sei Dank dafür. Amen.

»Du bist heilig«

Samba Teil 1

Du bist hei - lig, du bringst Heil, bist die
mit - ten un - ter uns im Geist, der Le -

Fül - le, wir ein Teil der Ge - schich - te, die du webst,
ben - dig-keit ver - heißt, kommst zu uns in Brot und Wein,

Gott, wir dan-ken dir. Du lebst
schenkst uns dei - ne Liebe ein.

Teil 2

Du bist hei - lig. Du bist hei - lig. Du bist
Hal - le - lu - ja, hal - le - lu - ja, hal - le -

hei - lig. Al - le Welt schaue auf dich.
lu - ja, hal - le -

lu - ja für Dich.

Teil 1 und Teil 2 können gleichzeitig gesungen werden.

Text und Melodie: Per Harling (Schweden)
Übersetzung: Fritz Baltruweit
aus: Fritz Baltruweit – Meine Lieder / CD, MC Freiräume
Rechte beim Autor, Rechte der Übersetzung im tvd-Verlag, Düsseldorf

Fürbitten (in Form eines diakonischen Gebetes)

Das diakonische Gebet als Form der Fürbitte ist in vielen Gemeinden nicht mehr vertraut. An diesem Gebet sind mehrere Mitwirkende beteiligt. Nach einer Einleitung durch die Liturgin bzw. den Liturgen sind die folgenden Fürbitten jeweils gleich aufgebaut. Eine Person – DiakonIn – nennt das Anliegen, hier in Form eines Presseauschnittes (denkbar sind auch andere informative Sätze, die sich an die Gemeinde, aber nicht an Gott richten). Die Gemeinde nimmt das Anliegen durch Stille und einen gesungenen Gebetsruf auf. Die Liturgin bzw. der Liturg spricht ein zusammenfassendes Gebet. Dieses Gebet ist heute sehr knapp, da es auf einen umfassenden Gebetsruf der Gemeinde folgt. Die Gemeinde bekräftigt das Gebet durch ihr gesungenes Amen.

An dieser Stelle des Gottesdienstes, nach dem Mahl, nachdem wir selbst gestärkt wurden, sind wir in der Lage, uns den Verstrickungen, dem Schmerz und dem Leid der Welt zu stellen. Auf dem Weg in eine neue Zeit können und wollen wir die, die heute leiden, nicht ausblenden. Wir haben nicht für alles eine Lösung, aber wir bringen vor Gott und vor die heute versammelte Gemeinde, was uns umtreibt, und bitten um Gottes Gegenwart besonders dort, wo unser Mühen allein nicht ausreicht. Unsere neu gestärkte Hoffnung findet sich nicht ab mit Krieg, Gewalt, Leid und Unrecht.

I:
Liebe Gemeinde, gestärkt durch die Gemeinschaft an Gottes Tisch haben wir die Kraft, uns der Not und dem Leid dieser Welt zuzuwenden.
Auch die Ereignisse dieser Woche schreien nach Gott. Stellvertretend für vieles andere nehmen wir einige Nachrichten in unser Gebet auf.

II:
jeweils kurzer Pressebericht oder Ausschnitt

Stille

I:
Gott, du hörst, was uns beschäftigt.
Alles ist bei dir aufgehoben.
Amen – so soll es sein.

Text: Hanne Köhler, Melodie: Burkhard Jungcurt

Du im Himmel und auf dieser Erde.
Geheiligt werde dein Name ...

do - na   no - bis   pa - cem   do - mi - ne.

Text: liturgisch, »Gott gib uns Frieden auf Erden«, Melodie: The Iona Community
© Iona Community

Ansagen

Aufräumen, Hinweis auf Kollekte

Liturgischer Gruß

*Wie die neutestamentlichen Briefe durch Segenswünsche gerahmt sind, so steht
am Ende dieses Gottesdienstes wieder ein wechselseitiger Segensgruß. Geändert hat sich jeweils nur ein Wort (gehe bzw. geh statt sei). Wir wünschen uns
gegenseitig, daß Gottes Segen mit uns geht.*

L:
Die Gnade Jesu Christi und die Liebe Gottes und die Gemeinschaft des
Heiligen Geistes gehe mit euch

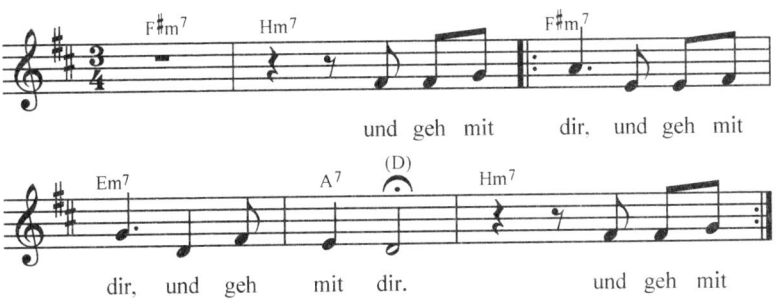

und geh mit   dir.   und geh mit
dir,   und geh   mit   dir.   und geh mit

Text: Bibel/Hanne Köhler, Melodie: Burkhard Jungcurt, © bei AutorIn

Ausklang

Musik

Freunde und Feinde, Bettler und Bosse an einem Tisch vereint

Ein Nachteulengottesdienst

Georg Schützler/Siegfried Zimmer

Einführung

Ein Bettler sah einen Bankier aus seinem Büro kommen und fragte: »Könnten Sie mir ein paar Cents geben, Sir, daß ich mir eine Tasse Kaffee kaufen kann?« Dem Bankier tat der Mann leid, der schmutzig und elend aussah. Darauf sagte er: »Hier haben Sie einen Dollar, dafür können Sie sich zehn Tassen Kaffee kaufen«. Am nächsten Tag war der Bettler wieder vor dem Büro des Bankiers, und als dieser heraus kam, versetzte er ihm einen Schlag. »He«, sagte der Bankier, »was tun Sie da? Spinnen Sie etwa, mich hier zu schlagen!« Darauf antwortete der Bettler: »Sie und Ihre verdammten zehn Tassen Kaffee. Ich konnte die ganze Nacht nicht schlafen.«
Quelle: »Wer bringt das Pferd zum Fliegen?«, Anthony de Mello, Herder 1989, leicht verändert

Die Moral von der Geschichte: Nicht jede Hilfsaktion von reich zu arm trägt dazu bei, daß sich beide Seiten näherkommen. Doch Spaß beiseite: Wie sieht es aus mit den Trennungen unter uns Menschen in Schubläden, Schichten und Klassen? Wie sieht es aus mit den Trennungen in arm und reich, in Oberschicht und Unterschicht, in Freund und Feind, in rechts und links, in schwarz und weiß? Ist all dies das verdammte Schicksal der Menschheit: so ist es, so bleibt es, so wird es immer sein. Oder gibt es Ansätze, gibt es einen zarten Schimmer am Horizont, der Hoffnung, rechtfertigt, daß wir Menschen doch zusammenfinden und die Gegensätze sich auflösen werden? Könnte etwa die christliche Abendmahlsfeier sich zu einem Hoffnungszeichen am Horizont entwickeln? Zu all dem das Thema: Freunde und Feinde, Bettler und Bosse an einem Tisch vereint mit Texten zu einer Abendmahlsfeier.

Votum

Wir feiern im Namen Gottes, dem es eine Lust ist, wenn Menschenschwestern und -brüder friedlich beieinander sind und auch das Feiern nicht vergessen.

Persönlicher Gruß

Gemeinsamer Gesang

»Kommt mit Gaben und Lobgesang« (EG 229)

Phantasiebegegnung (begleitet von meditativer Hintergrundmusik)

Zur meditativen Annäherung an das Thema sind Sie eingeladen zu einer Phantasiebegegnung in Ihrer Innenwelt, aus der Sie aufgebaut und gestärkt zurückkommen werden.

Rücken Sie sich zunächst ganz bewußt zurecht auf Ihrem Sitzplatz. Das Rückgrat möglichst gerade ... Legen Sie Ihre Hände, nach oben geöffnet, auf die Oberschenkel. Schließen Sie Ihre Augen und atmen Sie dreimal tief durch ... Lassen Sie Ihren Atem nun einen Rhythmus finden, der angenehm ist, der Sie entspannt ... Stellen Sie sich eine Tür vor, am besten in einem mittelalterlichen Gebäude, in einer Burg oder in einem Schloß ... Gestatten Sie Ihrer Phantasie ein recht deutliches Bild von dieser Tür zu malen ... Nun gehen Sie neugierig auf diese Tür zu und öffnen sie ... Dahinter sehen Sie einen Gang, der nur schwach beleuchtet ist, den Sie mit etwas Aufregung betreten ... Langsam gewöhnen sich Ihre Augen an das schwache Licht, und am Ende des Ganges entdecken Sie eine Wendeltreppe, die nach unten führt, tief hinein in Ihre Seele. Und schon jetzt, oben an der Wendeltreppe, spüren Sie deutlich, daß Sie dort unten etwas Schönes erleben werden. So betreten Sie mit positiver Spannung die ersten Stufen, die Sie nach unten begleiten ... In einem angenehmen Tempo haben Sie nun die erste volle Drehung der Wendeltreppe nach unten hinter sich gebracht. Treppe für Treppe geht es den zweiten Kreis nach unten ... Treppe für Treppe den dritten Kreis ... Treppe für Treppe den vierten Kreis ... Treppe für Treppe den fünften Kreis ... Treppe für Treppe den sechsten Kreis ... und Treppe für Treppe den siebten Kreis ... Nun sehen Sie bereits den unteren Treppenvorraum, und in ein paar Metern Entfernung, immer noch in einem schwachen Licht, wiederum eine Tür, auf die Sie, unten angekommen, mit leichtem Herzklopfen, aber mutig, zugehen und anklopfen. Sie hören, wie sich Schritte von der anderen Seite nähern. In einem ganz normalen Tempo öffnet sich die Tür. Licht fällt in den Wendeltreppenraum, und vor Ihnen steht eine Person mit einer sympathischen Ausstrahlung, mit einem schön geschnittenen Gesicht und einem angenehmen Blick, und diese Person verhält sich so, als wenn Sie erwartet wurden. Sie werden mit Ihrem Namen angesprochen und mit einladender Geste in den Innenraum gebeten. Als erstes fällt Ihr Blick auf einen prachtvoll gedeckten Tisch: Kerzen brennen, wunderschönes Porzellan, eine Weinflasche steht geöffnet in einem Kühlbehälter, Brot, Trauben, Obst, Gemüse und exotische Früchte lassen den Tisch wie ein Kunstwerk erscheinen – gedeckt ist für zwei Personen. Ihr Gastgeber lädt Sie ein, sich zu setzen, und Sie setzen sich wie im Traum, während im Hintergrund eine angenehme Musik zu hören ist. Ihr Gastgeber setzt sich so taktvoll an den Tisch, daß Sie ihn nicht automatisch stets ansehen müssen. Sie haben auf einmal das Gefühl, da angekommen zu sein, wo Sie schon immer hin wollten. Sie fühlen sich unwahrscheinlich wohl, so, als wenn Sie in ihrem Zuhause angekommen sind. Mißtrauen und Angst sind wie vertrieben. Neben dem gemeinsamen Essen entwickelt sich ein entkrampftes, tiefgehendes und gleichzeitig aufbauendes Gespräch mit Ihrem Gastgeber, für das Sie jetzt einfach etwas Zeit haben möchten ... Nachdem es Ihnen gut geschmeckt hat, merken Sie, daß Sie nun zum Ende Ihres Gespräches finden müssen ... Und hier, zum Schluß kommt es Ihnen vor, als wenn Sie hier unten, am gedeckten Tisch, dem großen weisen Menschenbruder oder der großen weisen Menschenschwester begegnet sind ... Sie erheben sich beide vom Tisch, schließen sich in die Arme, flüstern sich gegenseitig noch etwas ins Ohr ... und mit beschwingtem Schritt gehen Sie durch die Eingangstür wieder nach draußen zu Ihrer Wendeltreppe ... und so, als wenn Sie einen Energieschub erhalten haben, bewältigen Sie die siebenfache Wendeltreppe nach oben, erster Kreis nach oben ... zweiter Kreis ... dritter Kreis ... vierter Kreis ... fünfter Kreis ... sechster Kreis ... und siebter Kreis nach oben ... Sie tanzen den Weg zur Ausgangstür, öffnen und finden sich in Ihrem Raum wieder. Öffnen Sie Ihre Augen und recken und strecken sich ganz wohlig, wie eine Katze nach ihrem Mittagsschlaf.

Biblische Andeutung

»Merkt ihr denn gar nicht, daß Christus in euch ist?« (2 Kor 13,5) Daneben gibt es etliche weitere Textstellen in der Bibel, die uns andeuten, daß Gott, der Geist Gottes und Jesus Christus in uns wohnen, in uns zu Hause sind. Tief drinnen, in der Seele, findet die Begegnung mit dem Göttlichen statt. Vielleicht sind Sie vorher, im Innenraum Ihrer Seele, Ihrem Menschenbruder Jesus Christus begegnet.

Gemeinsamer Gesang

Wiederholung der 1. Strophe des Liedes »Kommt mit Gaben und Lobgesang«

Vortrag oder Predigt

Nach einem Vortrag oder einer Predigt sollte an dieser Stelle auf alle Fälle ruhige Instrumentalmusik gespielt werden, damit sich das Gehörte setzen kann.

Nach der Instrumentalmusik ein gemeinsames Lied
»Du bist mitten unter uns«

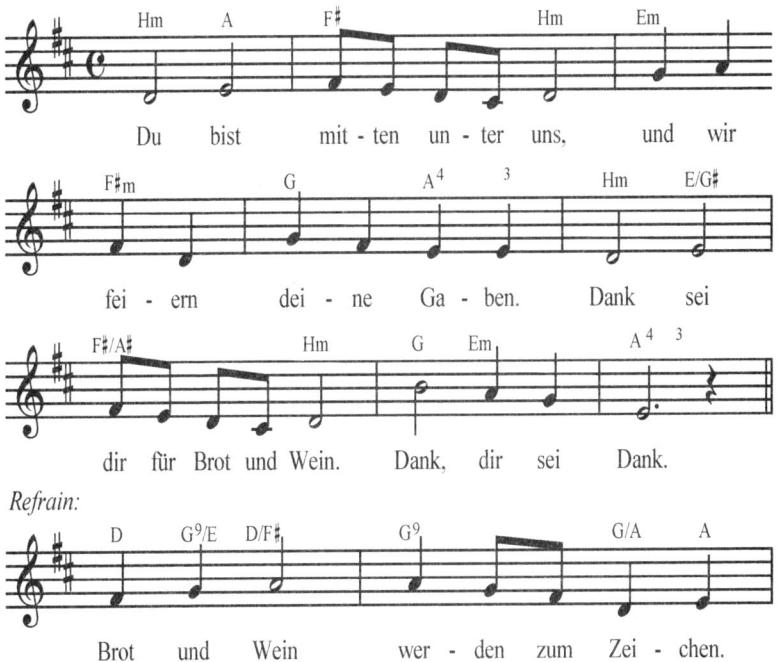

Brot und Wein, die wir uns rei - chen. Gott, dir sei

Dank, dir sei Dank, dir sei Dank!

2 Alles kommt aus deiner Hand. Du gibst, daß wir weitergeben. Dank
sei dir. Du segnest uns. Dank, dir sei Dank.
REFRAIN

3 Du bist da für alle Welt. Du rufst sie dir zur Gemeinde. Dank sei dir,
der Frieden schafft. Dank, dir sei Dank.
REFRAIN

Text: Johannes Jourdan 1998, Melodie: Hans-Martin Sauter 1998
© Martinus-Verlag, Darmstadt

Einleitungsworte zur Abendmahlsfeier

Leben, das ist Essen und Trinken, das ist Feiern und Tanzen.
Leben, das ist Einladen und eingeladen werden.
Leben, das ist am Tisch sitzen, das ist Brot reichen, das ist Gläser füllen.
Leben, das ist Unterhaltung mit Charme, Witz und Humor.
Leben, das ist auf einmal ungeplant, in tiefe, ehrliche Gespräche fallen,
ohne Angst, ohne Konkurrenz, wo Menschlichkeit erfahren wird, pur.
Zu so einem Leben,
zu so einem Essen und Trinken,
zu so einer Leichtigkeit und Tiefe,
zu so einer göttlichen Menschlichkeit sind alle eingeladen,
egal, ob sie katholisch, orthodox, freikirchlich, außerkirchlich oder
unkirchlich sind.

Refrainwiederholung des zuvor gesungenen Liedes
»Brot und Wein«

Brot (Fladenbrot oder Stangenbrot) vom Altartisch nehmen und der Gemeinde zeigen

Brotwort

Brot,
ein Wunder aus Erde,
Wasser und Sonne.
Leben auf der Zunge,
Brot des Lebens,
Widerstandskraft gegen den Tod.
Und,
so wir es teilen,
gewinnen wir Freunde,
Schwestern und Brüder.
Brot zurücklegen

Kelch mit Wein vom Altartisch nehmen und der Gemeinde zeigen. Bei großen Gottesdiensten bietet es sich an, Weintrauben statt Wein zu reichen.

Weinwort

Wein,
ein Wunder aus Sonne,
Erde und Wasser.
Licht auf der Zunge,
Feuer in Geist und Herz,
Botschafter der Freude.
Und,
wenn wir ihn teilen,
knüpfen wir eine neue Verbindung
untereinander und zu einem menschenfreundlichen Gott.

zweite Refrainwiederholung des zuvor gesungenen Liedes »Brot und Wein«

Gebet

Gott, wir danken dir für deinen Sohn, Jesus Christus,
bei dem Menschen am Tisch erfahren durften,
daß sie geliebte,
daß sie gewollte,
daß sie erwünschte Gotteskinder auf dieser Erde sind,
deren Leben gelingen soll.
Amen.

Einsetzungsworte

Und in der Nacht, als seine Liebe der höchsten Belastungsprobe ausgesetzt wurde, saß er nochmals mit seinen Freunden am Tisch. Er nahm das Brot in seine Hände, sprach ein Dankgebet, brach das Brot *(ein Brot vom Altartisch nehmen und brechen)* und teilte es aus an die Freunde mit den Worten:»Nehmt und eßt. Für euch wurde es gebrochen. Das Brot für euer Leben, zu eurer Stärkung. So, wie auch mein Leben für euch zur Nahrung wurde, daß ihr mutig, gestärkt, selbstbewußt und freudig euer Leben gestalten könnt. Mein Leben euch zu Gute gebrochen.« *(Brot zurücklegen und Kelch nehmen)*
Dann nahm er auch den Wein, sprach wieder ein Dankgebet und sagte:»Dieser Wein verbindet euch neu. Er schafft Mitmenschlichkeit. Freude sollt ihr untereinander, voneinander haben. So wie Wein Freude stiftet, so sollt ihr einander Freude schenken. Mein Lebensblut, meine Lebenskraft ist dahingeflossen, euch zu Gute vorgossen, auf daß ihr Anschluß findet an den Weinstock des Lebens. Und alles, was euch von Gott trennen sollte, ist gestrichen, auf immer und ewig. Dafür stand und steht mein Leben.«
Eßt und trinkt, von Jesus Christus eingeladen, Brot und Wein. Schmeckt und sehet, wie freundlich Gott ist.

Und dann noch etwas:
Wenn Sie das Brot weiterreichen, dann verbinden Sie das mit einem netten Wort an Ihren Banknachbarn oder Ihre Banknachbarin. Zum Beispiel:»Friede sei mit dir« oder »Laß es dir schmecken« oder »Schön, daß Sie da sind« oder irgend etwas anderes. Wenn Sie nichts sagen wollen, dann lächeln Sie die Person neben sich wenigstens ganz bewußt an. Denn auch wir sollen Brot füreinander sein.

Die Pausenzeiten können Sie zur freien Unterhaltung nutzen, denn bei Tisch unterhält man sich gern.
(Die Trauben lassen Sie in der Reihe so lange hin und her reichen, bis die letzte Beere gepflückt ist.)

Nun lassen Sie es sich schmecken, das Mahl unseres Menschenbruders Jesus Christus.

Austeilen von Brot und Wein (türkisches Fladenbrot und Weintrauben wurden bei der Abendmahlsfeier auf dem Stuttgarter Kirchentag ausgeteilt)

Lied

Der Hunger aller Zeiten ist ge - stillt. Denn heut vor unsern Augen unver - hüllt, die Sehnsucht aller Menschen sich erfüllt: Gott und Mensch an einem Tisch vereint.

Wir spüren Gottes stille Gegenwart,
die sich in dieser Stunde offenbart,
in Brot und Wein geheimnisvoll bewahrt:
Gott und Mensch an einem Tisch vereint.

Freunde, Feinde, Fremde lädt er ein.
Haß und Feindschaft wird zu Ende sein.
Verlorene sich können bei ihm freun:
Gott und Mensch an einem Tisch vereint.

Oh komm, Gott Vater, sende deinen Geist,
der uns schon heute mit der Freude speist,
durch die dich unsre Stimme lobt und preist:
Gott und Mensch an einem Tisch vereint.

Geschwister, lauft in alle Welt hinaus
und ruft das große Fest der Freude aus!
Bringt alle Menschen mit ins Vaterhaus:
Gott und Mensch an einem Tisch vereint.

Quelle: »Feiert Gott in eurer Mitte«, Liederbuch der Teestube Würzburg, Hänssler-Verlag, Holzgerlingen 1979, Text: Robert J. Stamps (Text an einigen Stellen verändert von G. Schützler), Melodie: Robert J. Stamps, Tulsa/ USA

Gebet *(stehend)*

Gott und Mensch an einem Tisch vereint.
Oh Gott, das ist ein Traum, ein Wahnsinnstraum,
alles Trennende,
alles, was Menschen verfeindet,
alles, was Haß verursacht,
alles, was Klassen schafft,
alles, was Menschen nach oben und unten einteilt,
alles, was Menschen in arm und reich auseinanderreißt,
alles, was Liebesbeziehungen zerstört,
ist zu Ende,
endgültig zu Ende,
und man trifft sich bei dir, Gott,
zu einem großen, sinnesfrohen Fest.
Man setzt sich an den Tisch und strahlt sich an,
keine Mißgunst,
keine Konkurrenz mehr,
keine Eifersucht,
kein Neid,
nur noch Leben,
pures, erfülltes, lustvolles Leben,
bei dir am Tisch.
Für alle sind die Gläser gleich gefüllt mit Lebensfreude,
und jeder/jede wird satt, lebenssatt.
Jesus Christus,
so eine ähnliche Vision muß dich erfüllt haben.
Alles, was Menschen voneinander und von Gott trennte,
war dir zuwider,

deshalb deine vielfältige Tischgemeinschaft mit den unterschiedlichsten Menschen.
Von dir ging die Atmosphäre aus, daß da nichts sein müßte, was uns voneinander und von Gott trennt.
Guter Gott, laß uns, wie auch immer, wieder Anschluß finden an den gemeinschaftsbildenden Geist Jesu.
Wahrhaft mitmenschlich laß uns werden.
Geschwisterlichkeit soll um sich greifen, auf daß das Antlitz dieser Erde wieder schön werde.

Gemeinsam beten wir das Gebet unseres Menschenbruders:
Vater uns im Himmel ...
Amen.

Bleiben Sie bitte stehen.
Wie ist das nochmal? Nach jedem Essen sollte man sich bewegen. Feste, bei denen man bloß sitzt und ißt, sitzt und ißt, die sind langweilig und ungesund.
Deshalb lassen Sie uns das bekannte israelische Kurzlied »Hevenu schalom alejchem« singen. Und während wir singen, sind Sie eingeladen, sich zum Rhythmus dieses Liedes zu bewegen, zu tanzen, drehen, wippen, wie Sie wollen, einzeln, paarweise oder im Kreis, wo entsprechend Platz vorhanden ist.

Gemeinsames Lied

»Hevenu schalom alejchem«

Bekanntmachungen

Gemeinsames Lied

»Bleib mit deiner Gnade bei uns« (EG 787.8 Württembergische Ausgabe)

Segen *(dazu reichen wir uns die Hände)*

Gott – aber – bleibe bei uns
wie eine Mutter – wie ein Vater,

wie eine Schwester – wie ein Bruder,
wie ein Freund – wie eine Freundin,
wie der Geist, der in Christus zu Hause war.
Gott berühre uns im Kommen wie im Gehen.
Gott bewahre uns im Tun wie im Lassen.
Gott belebe uns im Schaffen wie im Träumen.
Gott behüte uns im Wachen wie im Schlafen.
Gott segne unser Leben, unser Arbeiten.
Amen.

Brot und Wein

Ein feministisch-theologisches Tischgespräch
zur Lage des Abendmahls von 12 heutigen Jüngerinnen
mit Musik, Gesang und Essen
Gisela Matthiae/
Bärbel Wartenberg-Potter

12 Frauen kommen nacheinander an einen Leonardo da Vinci-ähnlichen Abendmahlstisch. Jede bringt ein Symbol mit und stellt den Aspekt des Abendmahls vor, der ihr besonders wichtig ist. Aus der Vielfalt der Perspektiven ergibt sich eine »Theologie des Abendmahls«, die ökumenisch, kreativ und erneuerungsfreudig ist. Die Frauen setzen sich nacheinander an den Tisch, an dem ein Platz leer bleibt.

Nachdem alle zwölf beisammen sind, wird die Präsentation mit dem Negrogospel »O what a beautiful city (Jerusalem)« abgeschlossen, in dem »der Vorgeschmack auf das himmlische Gastmahl« Ausdruck findet.
Ein Klangteppich zu dem Text »Niemand wird hungrig bleiben« bezieht die Teilnehmenden ein (Flois Knolle-Hicks, Frankfurt/M). In dem anschließenden Tischgespräch werden Forderungen zur Erneuerung des Abendmahls aufgestellt. Am Ende der Veranstaltung werden alle Teilnehmenden von den 12 Jüngerinnen mit Brot, Käse, Äpfeln und Wasser »gespeist«.

Die besondere Attraktivität dieser Veranstaltung lag sicher in der Art, wie Form und Inhalte zu einer Entsprechung kamen: das Abendmahl als Geschehen in jener Nacht, in der Jesus die Seinen um sich an einem Tisch versammelt hatte und das Abendmahl in der Pluralität der verschiedenen Deutungstraditionen. Am Tisch saßen nicht historische Personen, sondern Positionen waren durch Sprecherinnen versammelt. Diese Positionen existieren durchaus nicht so friedlich nebeneinander, wie es ein gemeinsamer Tisch suggerieren mag. Aber immerhin wurde die Form des gemeinsamen Tisches gewahrt und damit ein wichtiges Signal gesetzt. Die Auseinandersetzung um das Abendmahl muß stattfinden. Die verschiedenen, bereits biblisch bezeugten Deutungen, müssen ihre jeweils eigene Beachtung finden. Die Monopolisierung einzelner Vorstellungen, wie der Sühnevorstellung, muß in Frage gestellt werden. Die Machtfrage in der legitimen Deutung des Geschehens muß neu zur Disposition gestellt werden. Folglich muß auch die Machtfrage bezüglich der legitimen Verwaltung des Abendmahls gestellt werden. Es ist kein Zufall, daß ausgerechnet Frauen aus der Forumsleitung der feministisch-theologischen Basisfakultät auf die Idee dieser besonderen Inszenierung kamen. Frauen, als bislang weitgehend Ausgeschlossene am Diskurs über das Abendmahl und an der Verwaltung des Abendmahls, sind aufgrund ihrer marginalen, in die Passivität gedrängten Positionierung in einer privilegierten Position. Sie können das Geschehen mit dem fremden Blick betrachten. Sie können die verdrängten Positionen ebenso ans Licht holen wie ihre eigene theologische Autorität. Sie können blockierte Deutungen neu erfassen. Dieses kritische Potential floß in die Veranstaltung. In der Wiederaufnahme der Form wurde an die beiden spannungsreichen Pole einerseits der Vielfältigkeit und andererseits dem Beharren auf Gemeinschaft erinnert. Damit wird in dem Ringen um Ökumene ein wichtiges Zeichen gesetzt. Die Zahl zwölf als angenommene Anzahl der damals vertretenen Personen animierte dazu, zwölf Positionen der heutigen Deutung zur Sprache zu bringen. Sicher könnten noch mehr Deutungen vorgetragen werden. Diese Vielfältigkeit an sich ist schon belebend für die Neuaufnahme des Diskurses. Die Inhalte selbst sprechen für den Reichtum der Traditionen und wollen kritisch diskutiert werden.

Ein Leitfaden zur Nachahmung

Die Art der Veranstaltung hat bereits viele - vor allem Frauengruppen - zur Nachahmung animiert. Erst darin sehe ich diesen Beitrag beim Kirchentag zu seinem Ziel gekommen. Es kann nur darum gehen, die eigenen Zugänge zum Abendmahl und die eigene Deutungskompetenz wiederzugewinnen und von daher kirchlich-liturgische Realitäten zu schaffen. Erst so wird einseitige Monopolisierung in der Abendmahlsfrage unterwandert. Besteht ein inhaltlicher Aspekt und die Form des Abendmahls in der christlichen Gemeinschaft, dann muß diese aus einem gemeinsamen Prozeß in der Vielfalt erwachsen. Das Abendmahl selbst leitet dazu an.

Zur Umsetzung werde ich im folgenden einige Hinweise geben. Wenn an diesen Versuchen Geschwister aus katholischen oder orthodoxen Kirchen beteiligt sind, gilt es zu beachten, daß die Eucharistie für sie einen viel höheren und »unantastbareren« Stellenwert hat als für evangelische Christinnen und Christen, die sich auf eine solche spielerische Form leichter einlassen.

Dem Gedanken der Inszenierung liegt für mich eine wichtige Annahme zugrunde. Die spielerische Auseinandersetzung mit einem traditionsreichen Thema geht von den konkreten Erfahrungen der einzelnen aus, ermöglicht eine größere Toleranz, läßt neue Deutungsmöglichkeiten entdecken und setzt Kreativität für neue Gestaltungsformen frei. Die Diskussion findet zwar, wie üblich, an einem Tisch statt, die spielerische Gestaltung aber macht daraus einen schöpferischen Prozeß der Wandlung. Und ging es nicht darum beim Abendmahl, um die Wandlung?

Im Zentrum: der Tisch ...

... und seine Form

Es gibt viele Arten von Tischen und viele Möglichkeiten, Tische zu stellen. In der Leonardo-da-Vinci-Form wie beim Kirchentag, aber auch als Hufeisen, Viereck, zwei Tische gegenüber etc. Außerdem können die Tische je nach Art und Heftigkeit der Diskussion immer wieder umgestellt werden.

... und seine Dekoration

In Stuttgart hingen von den Tischen bunte Stoffe, die an einen Regenbogen für die Vielfalt und die Hoffnung erinnern sollten. Der Tisch kann aber auch ganz karg sein, oder er kann überaus üppig dekoriert sein mit edlen Stoffen, Bändern und Schleifen. Die Farben können einen eher rustikalen Stil demonstrieren, ein modisches oder ein völlig schrilles Design. Natürlich können die Stile auch vermischt oder während der Diskussion variiert werden.

... und was darauf ist

Der Tisch kann zunächst leer sein, so wie in Stuttgart. Einzelne Gegenstände wurden von den Frauen mitgebracht und dann auf den Tisch gestellt oder daran angelehnt. Es gab keinerlei Tischschmuck. Das muß allerdings nicht so sein. Der Tisch könnte üppig gedeckt sein, wie für ein großes Fest. Er könnte aber auch aussehen wie nach einem Fest, mit umgestoßenen Gläsern, verschütteter Soße und benutzten Tellern. Anstelle von vielen einzelnen Tellern kann man den Tisch auch mit einer einzigen großen Schüssel decken. Es stellt sich dann die Frage, wo genau diese Schüssel platziert wird. Diese Frage kann auch alle anderen Gegenstände betreffen. Und auch hier kann während des Spiels variiert werden.

Der Tisch als heiliger Tisch, gar als Altar, wird also dem freien Spiel preisgegeben. Das ist meines Erachtens die einzige Möglichkeit, wie Traditionen und Symbole erhalten werden können. Ihre Heiligkeit besteht gerade darin, daß mit ihnen kreativ umgegangen wird und sie immer wieder neu belebt werden. Neu war beim Kirchentag in Stuttgart, daß ausschließlich Frauen den Tisch deckten. Frauen decken zwar immer schon unzählige Tische, nicht aber Abendmahlstische. Indem sie das tun, laden sie ein, bestimmen sie das Geschehen, führen sie das Gespräch.

Die Tischgesellschaft ...

... und ihre Erfahrungen

Bevor sich die Teilnehmerinnen und – je nachdem – auch die Teilnehmer an den Tisch setzen, schlage ich vor, sich über die eigenen Erfahrungen beim Abendmahl auszutauschen. Dieser Austausch kann freilich auch so stattfinden, daß jede und jeder ihr und sein Erleben beim Abendmahl spielt, den Tisch dazu benutzt und über Mimik und Gestik das Gefühlte zum Ausdruck bringt. Das kann mit oder ohne Worte erfolgen. Diese Erfahrungen dürfen nicht zensiert werden, sie sind als solche zu würdigen. Allenfalls können andere äußern, wie es auf sie gewirkt hat und ob sie Ähnlichkeiten oder Unterschiede feststellen können.

... und ihre Deutungen des Abendmahls

○ Die je eigenen Erfahrungen und die kirchlicherseits angebotenen Deutungsmuster des Abendmahls führen zu den Deutungen, die sich einzelne zum Abendmahl machen. Darüber soll nun ein Austausch stattfinden. Die Tischform kann dazu benutzt werden. Leitfragen hierzu können sein:
○ Welche Erfahrungen waren mir wichtig?
○ Wie hängen sie mit meinem Abendmahlsverständnis zusammen?
○ Welche verschiedenen Deutungen kenne ich?
○ Welche halte ich für wichtig, welche für überflüssig, welche gar für schädlich oder ärgerlich?
○ Welche haben einen direkten Bezug zu meinem Alltag?

Bei diesen Überlegungen halte ich folgendes für wichtig: Nicht jede Deutung, die positiv erscheint, muß es auch sein, und umgekehrt, nicht jede Deutung, die negativ erscheint, muß es sein. Die Erfahrungen und ihre Reflexionen geben immer nur ein Urteil zu einer bestimmten Zeit in einem bestimmten Kontext wieder. Zu anderen Zeiten kommen wir vielleicht zu anderen Ergebnissen. Grundsätzlich muß sich Theologie vor Bedürfnisbefriedigung hüten. Weder dürfen Abendmahlsdeutungen Machtpositionen religiös untermauern, noch dürfen sie einfach dem Bedürfnis nach Selbstbestätigung nachkommen. Theologie muß meines Erachtens immer auch etwas Anstößiges haben, etwas Verwirrendes, nicht Unableitbares, damit der Prozeß der Auseinandersetzung spannend bleibt und immer wieder Neues verspricht. Alles andere führt entweder zu Herrschaftsgebaren oder zu Langerweile in der Selbstbespiegelung. Auch deshalb eignet sich der Tisch mit den vielen Stühlen bestens zur Auseinandersetzung mit dem Thema.
Einen anderen Aspekt möchte ich noch ansprechen. Frauen mögen vielleicht die Deutungen, die direkt mit dem Essen und seiner Zubereitung zu tun haben, besonders wichtig sein. Sie sind es auch, da sie die Leiblichkeit und damit die Konkretheit des Lebens endlich wieder ins Spiel bringen. Andererseits sind dies genau die Bereiche, auf die Frauen immer schon festgelegt wurden: auf den Bereich des Privaten, des

Häuslichen, des Körpers. Eine Einseitigkeit hier kann zu einer bloßen Reproduzierung des gängigen Klischees führen und gerade nicht zu einer Befreiung daraus. Überlassen wir doch zur Abwechslung mal diesen Part den Männern!

... und die Profilierung ihrer Deutungen

Für die spielerische Auseinandersetzung ist es sehr ergiebig, wenn jede Teilnehmerin und jeder Teilnehmer eine bestimmte Position, wie Abendmahl als Friedensmahl, als Sühnopfer, als Gemeinschaftsmahl etc. einnimmt. Sie muß nicht unbedingt mit der tatsächlichen Position übereinstimmen. Zur Vorbereitung schlage ich vor, sich in einem Kreis aufzustellen. Nacheinander treten alle in die Mitte und bringen ihre Position zum Ausdruck, etwa durch

○ einen einzigen, zusammenfassenden Satz
○ eine Parole
○ eine Geste
○ eine Bewegung des ganzen Körpers
○ eine Körperhaltung
○ einen Gefühlsausdruck, durch Mimik oder durch den ganzen Körper
○ die Stimme, z.B. durch einen Ton oder einen Laut
○ einen Gegenstand, ein Symbol.

Zur Vorbereitung sind Übungen zur Wahrnehmung und zum Körperausdruck sicher ganz hilfreich, da wir im Alltag eher selten eine Position pointiert und dann noch mit ganzem Körpereinsatz zum Ausdruck bringen. Möglich ist auch, daß alle den Satz oder die Bewegung der oder des anderen nachmachen, ergänzen, oder auch eine Gegenposition einnehmen. Auf die Art entsteht eine Art Marktplatzsituation. Es können sich auch Lager bilden, die immer wieder verschoben werden.

... und ihre Präsentation

In Stuttgart hatten einige versucht, sich ihrer Position entsprechend zu kleiden. Die Frau, die den Aspekt des Blutes darstellte, trat in einem blutroten, langen Kleid auf. Die Kleidung bzw. das Kostüm kann auch den anderen Positionen angepaßt werden. Sollte diese zu abstrakt erscheinen, wie z.B. beim Frieden, können weitere Requisiten benutzt werden. Hilfreich ist auch, ein weiteres Symbol zur Unterstreichung mitzubringen. Mit den Symbolen kann unterschiedlich umgegangen werden. Sie können einfach gehalten werden; aber auch anderes ist denkbar. Sie können in eine Beziehung zum Tisch gebracht werden, abgelegt, geworfen, geteilt etc. werden.

Alle an einem Tisch

Nach den vielen Vorbereitungen und Vorüberlegungen kann es nun tatsächlich an den Tisch gehen. Alle kommen nacheinander, beziehen Stellung, unterstreichen ihre Hauptaussage mit einer Geste, zeigen ihr Symbol und nehmen schließlich Platz. So haben wir es in Stuttgart gemacht. Auch hier stehen viele Möglichkeiten zur Verfügung. Die Vorstellung kann bereits am Tisch stattfinden. Es kann einen Streit um den besten Platz geben. Es kann zu Gefühlsausbrüchen kommen. Tisch und Dekoration und Gegenstände können verschoben werden, Plätze können getauscht werden, auf dem Tisch kann etwas Gemeinsames gestaltet und wieder verworfen werden. Die Gestaltung sollte immer direkter Ausdruck der Auseinandersetzung um das Abendmahlsverständnis sein. Sehr wahrscheinlich ergeben sich gerade aus der Gestaltung aber auch wieder neue Deutungsmöglichkeiten.

Das ganze Geschehen wird möglichst mit der Videokamera festgehalten und hinterher gemeinsam ausgewertet. Sollte das nicht möglich sein, benötigt es ein aufmerksames Publikum, das gut beobachtet und das Gesehene festhält. Am besten wird jede Person von einer anderen, vorher bestimmten beobachtet. Ein gemeinsames Auswertungsgespräch führt zu möglichst konkreten Vorschlägen für die Abendmahlspraxis in der Gemeinde und für die weitere Diskussion. Interessant und spannend wird es, wenn solche Spiele ökumenisch veranstaltet werden und die Gemeinden im Anschluß darüber gemeinsam über Konsequenzen beraten. Noch spannender kann es werden, wenn Entscheidungsträger in solche Spiele integriert werden, wie z.B. Oberkirchenräte, Theologieprofessoren, Bischöfinnen ...

Viel Spaß!

Die folgenden Texte geben die Veranstaltung beim Kirchentag in Stuttgart wieder und dienen als Anregung. Sie sind als Anregung zu verstehen, können gekürzt, verlängert, verändert werden. Neue Positionen können noch gefunden werden, neue Texte geschrieben werden.

Aspekt: *Gemeinschaft*
Symbol: *Band*

»Sie waren täglich einmütig beieinander im Tempel und brachen das Brot hier und dort in den Häusern, hielten die Mahlzeiten mit Freude und lauterem Herzen und lobten Gott und fanden Wohlwollen beim ganzen Volk.« (Apg 2, 46-47)

Ich lade ein zur Gemeinschaft der Vielen: Frauen und Männer, Väter und Mütter, Kinder und Alte, Schwule, Heteras, Lesben, Transsexuelle, Fröhliche und Bedrückte, Fromme und Zweifelnde, Protestanten und Katholikinnen, Orthodoxe und Humanistinnen, Visionäre, Bodenständige, Hoffnungsvolle, Phantasielose, Flüchtlinge und Soldaten ... alle an einen Tisch!

An einen Tisch? Ob das gut geht? Wir könnten für eine kurze Zeit Harmonie spielen und die heiklen Themen außen vor lassen. Wir könnten übers Wetter reden, und, na klar, übers Essen.

Oder wir könnten streiten, die Positionen beim Namen nennen, nichts beschönigen, nichts auslassen, keine Heimlichkeiten, keine Diplomatie. Man stelle sich vor, was für eine Kraft darin läge: Gegnerinnen und Gegner, voneinander üblicherweise abgeschottete Menschengruppen setzen sich an einen Tisch und halten sich zumindest mal aus. Da entstehen womöglich ganz neue Koalitionen, Aufhebungen alter Grenzen, Verflüssigung bestehender Formen. Gängige Machtkonstellationen geraten ins Unkontrollierbare. Da funktioniert plötzlich die Tagespolitik nicht mehr. Ein tolles Spiel, ein subversives Spiel! Eigentlich ein Jesus-Spiel. Zöllner, Pharisäer, Sünder, Kranke, Aussätzige, Prostituierte – alle an einem Tisch, Menschen, die wenig Chancen hatten, in die Gesellschaft und die religiöse Gemeinschaft als gleichwertig integriert zu werden. Die Vision einer Gleichheit bei allen Differenzen wurde gelebt, bestehende Differenzen wurden aufgehoben oder verschoben. Dafür steht das Abendmahl, für die subversive Macht von Gemeinschaft, für Macht in Beziehungen. Essen und Trinken hält nicht nur Leib und Seele der je einzelnen Menschen zusammen, sondern die versammelten Menschen untereinander. (In manchen Kulturen wird zusätzlich noch ein Friedenspfeifchen geraucht!)

Ich lade ein an einen Tisch, zur Gemeinschaft der vielen Verschiedenen.

Gisela Matthiae

Aspekt: *Jüdische Wurzeln*
Symbol: *Kiddusch-Becher*

»Warum ist diese Nacht anders als alle anderen Nächte?«
Diese Frage darf das jüngste Kind am Tisch stellen. Kinder sind bei diesem Essen dabei. Sie müssen dabei sein, sonst macht es keinen Sinn: Denn dieses Essen erzählt eine Geschichte. Eine Geschichte von Befreiung und Neuanfang, von dem Auszug aus dem Versklavenden und von dem Aufbruch in ein von Gott befreites Leben. Allein kann man sich nicht erzählen. Die Gemeinschaft am Tisch mit den anderen gehört dazu. Gemeinsam erinnern sich diejenigen, die zu Tisch sitzen: Das ist unsere Geschichte. Daher kommen wir. Sie erzählen, und sie feiern mit einem Essen die Erinnerung an diese Befreiungsgeschichte. Wer so teilnimmt, macht die Erfahrung: Es ist, als sei ich selbst dabei gewesen. Ich – aus der Versklavung befreit! In ein neues Leben! Miteinander zu essen und von Gottes befreiender Liebe zu erzählen – das ist wie ein Vorgeschmack des Gottesreiches jetzt und hier. Was für ein Fest! Jedes Jahr an Passah.
»Warum ist diese Nacht anders als alle anderen Nächte?«
Diese Frage stellt das jüngste Kind am Tisch in der Feier am jüdischen Passahfest.
»Warum ist diese Nacht anders als alle anderen Nächte?«
Jesus hat mit seinen Jüngerinnen und Jüngern das Abendmahl, das Abschiedsmahl gefeiert an jenem Passah, von dem die Evangelien erzählen. Und hat sich selbst zur Befreiungsgeschichte gemacht, die zum Auszug aus Versklavendem und zum Aufbruch in ein von Gott befreites Leben einlädt. Unser Passahlamm (1 Kor 5,7), so nennt ihn die Erinnerung und bewahrt etwas von den Wurzeln jenes Essens: Im Abendmahl erzählen wir und feiern wir mit einem Essen die Erinnerung an unsere Befreiungsgeschichte. Wer so teilnimmt, macht die Erfahrung: Ich – aus der Versklavung befreit! In ein neues Leben! Im jüdischen Fest des Erzählens und Essens liegen die Wurzeln unseres Festes des Erzählens und Essens.
»Warum ist diese Nacht anders als alle anderen Nächte?«
Diese Frage bahnt sich an jedem Abend, den Gott Schabbat werden läßt. Mit dem Segen über Wein und Brot wird in jüdischen Familien am Freitagabend der Schabbat geheiligt und vom Alltag unterschieden. Wie das Passahfest, ist auch der Schabbat Vorschein und Vorgeschmack der künftigen Welt, ja, sogar Anteil daran. Auch hier eine unserer

Wurzeln: Von Schabbat zu Schabbat die Erfahrung – der Segen über Wein und Brot verändert die Erzählenden und Essenden. Auch uns. »Darum ist diese Nacht anders als alle anderen Nächte!«
Monika Renninger

Aspekt: *Erinnerung*
Symbol: *Bibel*

»Tut dies zu meinem Gedächtnis« ...
Für mich ist dieses Mahl immer mit Erinnerungen verbunden.
Erinnerung an die gemeinsamen Mahlzeiten, die Jesus mit seinen Jüngerinnen und Jüngern gefeiert hat. Nicht nur mit diesen, sondern mit den vielen anderen: Eingeladen wurden sie alle. Die Armen und die Reichen, die Oberfrommen und die Zweifler, die Angesehenen und die Ausgestoßenen. Niemand wurde ausgeladen – auch nicht Verräter und Verleumder.
Aber es gibt viele Formen der Erinnerung.
Erinnerungen, die erstarren lassen oder aber lebendig machen. So wie die Bibel hier. Ich kann sie als ein Geschichtswerk lesen oder aber auch als Erinnerung, die mich lebendig macht und mir neue Möglichkeiten eröffnet, wie ich über meinen selbstgetöpferten Tellerrand hinausschauen kann.
»Tut dies zu meinem Gedächtnis« steht hier. Wenn Jesus seinen Jüngerinnen und Jüngern am Vorabend seines erahnten Todes aufträgt, etwas zu seinem Gedächtnis zu tun, so ist es eben nicht nur der gewaltsame Tod, an den sie sich erinnern sollen, sondern daran, was durch Gottes Eingreifen daraus geworden ist. Nämlich Leben für alle.
Ich will bei diesem Essen nicht nur an Karfreitag erinnert werden. Als bloße Erinnerung an ein schlimmes Geschehen ist dieses Mahl doch geisttötend – im wahrsten Sinn des Wortes. Wenn ich nachher mit den anderen zusammen esse, dann bin ich doch nicht nur Zuschauerin in Oberammergau, wo mir vielleicht ein leichter Schauer über den Rücken läuft und ich wieder nach Hause gehen kann und mir überlege, ob es eine gute oder eine schlechte Aufführung war. Wenn ich Brot und Wein teile in dieser Erinnerung, dann bin ich eingewoben in die Geschichte Jesu: in sein Leben, in sein Sterben und in die Neuschöpfung von Ostern.
Als Fremder begegnete er uns nach seinem Tod. Doch beim Brotbrechen erkannten wir ihn: Dort in Emmaus oder im Morgengrauen am See.

Kein Stück von dieser Erinnerung darf gestrichen werden – oder auch hervorgehoben werden. Alles ist wie ein großer Teppich. Und das Entscheidende ist, daß meine Lebensgeschichte ein notwendiger Teil davon ist.

Nichts davon darf aus der Erinnerung gestrichen werden. Nur dann ist es eine Erinnerung, die mich lebendig macht. Kein Fahrstuhl in Zukunft, sondern der Weg zum Leben! Wenn ich mich daran erinnere, dann weiß ich, daß nichts so bleiben muß, wie es ist – auch ich nicht! Dann ist es immer die große Einladung zum Leben – zu einem »Trotz und alledem« und gegen alle Kreuze der Gegenwart!

Deswegen möchte ich es als eine Lebens-Erinnerung feiern: voller Lebenslust auf das, was alles sein kann und noch nicht ist.

Ursula Ziehfuß

Aspekt: *Häusliche Arbeit*
Symbol: *Schürze, Korb mit Essen*

Sie entschuldigen! Ich komme gerade aus der Küche. Hatte noch ziemlich viel zu tun, damit alles rechtzeitig fertig wird. Heute morgen habe ich Brot gebacken, Hefeteig angesetzt, geknetet, geformt. Der Brotduft liegt jetzt noch in der Luft. Dann war ich im Garten, erntete Gemüse und Kräuter, bereitete Salate und Obstteller vor. Meine Hände riechen noch stark nach Zwiebeln. Ja, und dann war der Käse zu schneiden und die Getränke mußten zurechtgestellt werden. Jetzt will ich erst einmal verschnaufen. Wissen Sie, eigentlich liebe ich diese Gerüche nach Brot und Kräutern, Paprika, Curry und Zwiebeln. Aber wenn ich in die Kirche gehe, zum Abendmahl, denke ich manchmal, das paßt nicht hierher, dieser Hauch von Küche, wo gekocht und gebacken, abgewaschen und gescheuert wird, dieser ganz irdische Geruch nach Arbeit, Frauenarbeit.

Mir kommt es manchmal so vor, als wären Küche und Kirche völlig getrennte Welten.

Die Küche nennen manche das Reich der Frau, in der Kirche höre ich vom Reich Gottes reden.

Manche Frauen gehen vor dem Abendmahl aus der Kirche weg, um zu Hause rechtzeitig das Mittagessen auf dem Tisch zu haben. Sind wir Frauen Martha hier, Maria dort? Schließt denn die eine Welt die andere aus? Nein, ich glaube nicht. Im Gegenteil! Wenn ich an die Anfänge des Abendmahls denke, meine ich, beide Welten haben sehr viel miteinander zu tun:

Da waren die Mahlfeiern, die Jesus mit seinen Leuten hielt. Richtig üppige Mahlzeiten waren das, Festmähler, Zeichen des Gottesreiches. Jesus wurde sogar nachgesagt, er wäre ein Fresser und Weinsäufer. Selbst bei seinem letzten Abendmahl mit den JüngerInnen gab es Lamm und Brot, Kräuter, Obst und Wein.
Das alles hat irgendwer zubereitet – zumeist die Frauen. Nahrung zubereiten, gerecht verteilen, die Familie versorgen ... Das ist meine tägliche Arbeit und die Arbeit vieler Frauen. Beim Abendmahl finde ich dies wieder. Auch da kommen wir als große Familie zusammen. Alle sollen einen Platz an Gottes Tisch finden und gestärkt werden. Paßt der Küchengeruch also doch hierher?
Ich bleibe jetzt einfach mal hier sitzen mit meiner Schürze, meinen mehligen Händen und dem Zwiebelgeruch. Schließlich gäbe es weder das Essen noch das Trinken ohne mich!
Maria Heinke-Probst

Aspekt: *Speisung der Hungrigen*
Symbol: *Blechnapf*

Mensch, habe ich einen Hunger. Ich habe gehört, hier soll es etwas zu essen geben. Ich habe so einen richtigen Appetit auf ein Wurstbrot oder auf eine heiße Suppe ...
Als ich das letzte Mal hier war, habe ich es nicht fassen können: »Feierabendmahl« haben sie das genannt. Ich hatte mir ein richtiges Essen vorgestellt, wo ich mich mal richtig satt essen könnte. Statt dessen gab's so eine kleine Oblate und ein Minischlückchen Wein. Den anderen schien es aber nichts auszumachen. Ich glaube, die kennen einen richtigen Hunger gar nicht mehr. Da habe ich dann doch mal in die Bibel reingucken müssen und da stand es ganz eindeutig drin: Jesus hat mit den Armen, den Zöllnern und Sündern zusammen gegessen und dabei hat er richtiges Brot, manchmal auch noch Fisch dazu ausgeteilt. Niemand mußte hungrig bleiben. Einmal wurden sogar 4.000 Leute satt. Na, und dann bei den ersten Christen, da war das immer noch so. Wenn sie sich zum Essen getroffen haben, um sich an Jesus zu erinnern, war es immer auch wichtig, daß es ein richtiges Essen war, wo man satt wurde. Nicht nur so eine symbolische Sättigung.
Einmal hat es allerdings auch einen Streit wegen des gemeinsamen Essens und Teilens gegeben: Typisch, die Reichen hatten sich vorher satt gegessen, weil sie nicht mit den Armen teilen wollten. Irgendwann

ist dann der Brauch verloren gegangen, daß zum Feiern des Abendmahls zu Jesu Gedächtnis das Sattessen dazugehört. Vielleicht auch, weil dann die, die bei den Christen und Christinnen, die Richtung bestimmt haben, so reich wurden?

Na, jedenfalls frage ich mich schon, was die hier seit 2000 Jahren eigentlich feiern, wenn ich danach immer noch hungrig bleibe oder wenn in der Welt immer noch so viele Menschen vor Hunger sterben? Einmal, das stimmt, das habe ich schon fast vergessen, da hat mich mal jemand nach dem Gottesdienst zum Essen eingeladen ...
Annett Bräunlich

Aspekt: *Teilen*
Symbol: *Ährenstrauß*

Ich möchte die Geschichte erzählen von einem Menschen, der mit einem Sack schmutziger Wäsche in einen Laden kommt, an dem ein Schild hängt:»Hier wird Wäsche gewaschen.« Die Verkäuferin sagt: »Hier sind Sie falsch, wir waschen keine Wäsche.«»Aber warum dann das Schild« fragt der Mensch.»Hier werden Schilder verkauft.« Manchmal fürchte ich, daß wir beim Abendmahl nur Schilder verkaufen, auf denen steht:»An diesem Tisch wird geteilt.« Wie ich darauf komme? Weil oft nur hauchdünne Oblaten und ein Schlückchen Wein verteilt werden. Das Teilen hat sich »verdünnisiert«. Freundschaft wird nicht gezeigt. Über eine gerechte Verteilung des Brotes auf der Welt wird nicht geredet. Hier wird nicht mehr geteilt, sondern nur noch ausgehändigt. Verkaufen wir also nur Schilder beim Abendmahl? So war es nicht gemeint. Jesus hat das Abendmahl am Bild der Weizenkörner erklärt: ein Weizenkorn allein ist nicht viel wert; wenn es aber in der Erde stirbt, werden viele Weizenkörner daraus; und viele Weizenkörner miteinander ergeben Brot, das tägliche Brot der Menschen. Wenn Brot gerecht geteilt wird und alle satt werden, kann Friede entstehen. Jesus war ein Mensch wie ein Weizenkorn. Es ist noch immer ein Geheimnis, wie von einem einzigen Menschen, der sich austeilt, so viele Menschen durch die Jahrhunderte leben können. Deshalb haben die JüngerInnen in Emmaus Jesus am Brotbrechen wiedererkannt. In Jamaika gibt es ein Lied, in dem man mit einem einzigen Wort einen Menschen charakterisieren muß. Da singen sie:»Jesus is his name, sharing is his game.« Teilen ist das Kennzeichen Jesu, er teilt Brot und Wein, Geschichten der Hoffnung und des Verzeihens. Die Tischgäste

erleben an sich selbst das Wunder des Teilens. Wie geschieht es? Indem sie sich mit dem Wesen Jesu sättigen, werden aus selbstsüchtigen Menschen solche, die teilen können. An diesem Tisch ändern sich nicht nur Brot und Wein, es ändern sich auch die Menschen und dadurch Zustände, Strukturen, ja Welten. Denn dieser Tisch ist nichts Privates, es ist ein Welt-Tisch. Schon deshalb gehört richtiges Essen auf den Tisch, damit wir daran lernen, was ein eucharistischer Lebensstil ist, der beim Persönlichen anfängt und bei der Weltpolitik endet. Nichts ist hier harmlos. Deshalb behaupte ich: Das Abendmahl ist die Wiege des Teilens. Alle bekommen etwas. Niemand bekommt nichts. Schluß mit der Schilderwirtschaft. Jesus war ein Mensch wie ein Weizenkorn. Hier, wo sonst, ist das radikale, gerechte Teilen zu lernen.
Bärbel Wartenberg-Potter

Aspekt: *Einverleiben*
Symbol: *Rose*

Einmal heraustreten aus der Welt. Meine Grenzen verlassen, Abstand schaffen und Distanz gewinnen. Der »spirituellen Magersucht« entfliehen, mich auf die »Suche nach eßbarem, mystischen Brot« machen (Dorothee Sölle). Die Einladung annehmen, mich der Gabe hingeben. Heiliges Essen – die Kraft des sinnlich-körperlichen Jesus selbst erfahren, einverleiben.
Ich lasse Heiliges in mich strömen, nehme es in mich auf, lasse meinen Mund, meinen ganzen Leib und alle meine Sinne urteilen, was gut ist, was lebendig macht und stärkt. – »Heiliges« essen.
Ich spüre Gott in jedem Bissen, den ich esse. Ich schmecke Gott in jedem Schluck, den ich trinke. Ich genieße Gott. Und Gott schmeckt.
Ich schmecke Gott in jedem Löffel voll. Ein Stück Brot – und ist doch kein Brot. Ein Schluck Wein – und ist doch kein Wein. Alles ist lebendige, kraftvolle, wohlriechende und wohlschmeckende Gegenwart Gottes.
Keine Angst vor Gott! Keine Angst um Gott! – Gott essen! Einverleiben.
Eins werden mit Gott. Ich bin in Gott, und Gott ist in mir. Ich staune – ich staune über mich, über die Welt, über die genußreiche, sinnliche Kost – mir zum Leben. »Hiersein ist herrlich.« (Rilke)
Katharina von Bremen

Aspekt: *Frieden*
Symbol: *Friedenstaube*

Ich komme an diesen Tisch und bringe das Symbol der Friedenstaube mit. Mir ist das Stichwort *Frieden* im Zusammenhang mit dem Abendmahl besonders wichtig. Im Gottesdienst ist es der Friedensgruß, der mir diesen Aspekt versinnbildlicht. Wenn sich fremde Menschen, die zufällig nebeneinander sitzen, dann die Hand geben und etwas Gutes sagen, dann spüre ich, Abendmahl hat etwas mit Frieden zu tun. Oder wenn diejenigen, die am Ende einer Abendmahlsrunde vor dem Altar stehen, sich die Hände reichen, bevor sie wieder zurück auf ihre Plätze gehen, dann ist mit dem warmen Händedruck die Kraft des Friedens, die vom Abendmahl ausgeht, zu spüren.

Ich habe auch erlebt, daß Menschen nicht gemeinsam zum Abendmahl gehen wollten, weil sie theologischen Streit oder Unfrieden miteinander hatten. Oder in einer ökumenischen Gemeinschaft wurde ein Agapemahl gefeiert, ein Liebesmahl, weil man sich nicht auf einen gemeinsamen konfessionellen Ritus einigen konnte. Abendmahl und Frieden gehören irgendwie zusammen. Aber von dem Abendmahl scheint nicht »automatisch« Frieden auszugehen.

Wir sind hier an diesem gemeinsamen Tisch mit unserer Verschiedenheit und den unterschiedlichen Vorstellungen, was das für uns bedeutet, zusammen. Uns verbindet, daß wir uns dabei irgendwie mit Jesus verbunden fühlen, und gleichzeitig bedeutet uns diese Verbindung in Erinnerung an Jesus Verschiedenes.

Ich möchte vor allem Jesu Vorbildwirkung für uns betonen. Jesus ist uns Vorbild in seinem Einsatz für *Gewaltlosigkeit*. Er ist diesen Weg der Gewaltlosigkeit mit aller Konsequenz bis zum Ende gegangen, bis zum Tod. Sein Tod ist die Konsequenz seines Lebens der Gewaltlosigkeit. Dieses Leben Jesu haben die damaligen Herrschenden, die das Sagen hatten, nicht ausgehalten. Sie haben ihn getötet. Jesu Tod ist nicht ein Opfertod, sondern ein Mord. Mord stiftet nicht Frieden, sondern Unruhe.

Damals aber sind die Frauen und Männer um Jesus herum, wir würden sagen Freundinnen und Freunde, durch diesen Tod *nicht* verunsichert worden auf ihrem Weg in seinem Geist. Sie haben Rachegedanken widerstanden und sich an seiner Gewaltlosigkeit orientiert.

Diese biblische Erinnerung klingt so klar und einleuchtend. Für mich ist schwer zu überlegen, wie ich im Geist Jesu handeln soll, wenn ich beispielsweise an die letzten Monate im Kosovo denke. Das Abendmahl ein Friedensmahl, können Menschen unter diesem Symbol heute zusammen feiern, Nato-Soldaten und Serben und Kosovaren? Ich habe nur Fragen und keine Antworten.

Angelika Engelmann

Aspekt: *Sühnopfer*
Symbol: *Bild von der Freundschaft*

Die Vorstellung, Jesu Tod als Sühnopfer für unsere Sünden zu verstehen, ist für viele Christen das Zentrum ihres christlichen Glaubens. Darin drückt sich für sie aus, daß sie als hoffnungslos von Gott getrennte Sünder sich verstehen und daß dieser Graben nur durch den Sühnopfertod Christi geschlossen werden kann und sie auf diese Weise wieder Zugang zu Gott finden. Dieser Gedanke beherrscht das Abendmahl, prägt Theologien und hat unsere Kirchenkultur geformt und verformt. Für viele Frauen ist jedoch die Vorstellung, daß Gott ein Sühnopfer braucht, um sich mit uns zu versöhnen, eine Absurdität angesichts von Gottes bedingungsloser Liebe, Zuwendung und Nähe. Zudem ist ihnen aus eigener Erfahrung der Sinn von Opfer und Opferhaltung suspekt, durch die Abhängigkeit entsteht und kein selbstbestimmtes Leben aus Leidenschaft und eigener Hingabe. Frauen suchen deshalb neue Deutungen des Todes Jesu, die Bedeutung für ihr eigenes Leben haben können.
Die Vorstellung vom Sühnopfertod Jesu ist zudem auch nur eine späte neutestamentliche Interpretation im Hebräerbrief. Ein anderes Bild, das uns heute stärker anspricht, ist die Vorstellung vom Tode des Freundes für seine Freunde: Niemand hat größere Liebe denn die, daß er sein Leben läßt für seine Freunde (Joh 15,13). Freundschaft zwischen Gott und Mensch, in dem nicht Distanz, sondern Nähe sich ausdrückt. In Jesu Leben, in seinem Essen und Trinken mit seinen Freunden und Freundinnen, den Zöllnern, Sünderinnen und allen Ausgegrenzten der Gesellschaft wurde diese Gottesfreundschaft gefeiert, die ihm schließlich den Tod brachte. Im Abendmahl könnte diese Gottesfreundschaft und unsere eigene Fähigkeit zu Hingabe, Freundschaft, zu selbstbestimmtem und selbstvergessenem Leben neu erinnert und leibhaft erfahren werden.

Elisabeth Moltmann-Wendel

Aspekt: *Blut*
Symbol: *rotes Kleid*

1. *halblaut:* Ich möchte etwas sagen zum Thema Blut.
2. Entschuldigung, könnten Sie bitte etwas lauter sprechen!
1. Ich könnte schon lauter sprechen, aber über mein Thema ist immer mehr geschwiegen als geredet worden.
2. Worüber wollen Sie sprechen?
1. Über das Blut.
2. Über das Blut, aber da können Sie doch ruhig laut sprechen, schließlich geht es im Abendmahl doch um Blut, um sein Blut, das Blut des Herrn.
1. Das ist es ja eben, ich rede nicht von Seinem Blut, ich rede von meinem Blut, von dem Bluten der Frau, von der Menstruation und solchen Blutungen.
2. Da haben Sie recht, das gehört nicht hierher. Vielleicht sollten Sie damit lieber zum Ärztetag gehen als zum Kirchentag. Weibliches Bluten hat nichts mit dem Abendmahl zu tun.
1: Sehen Sie, da liegt eben meine Frage, ob weibliches Bluten etwas mit dem Abendmahl zu tun hat. Nur kurz eine Frage, gehen Sie zum Abendmahl, wenn Sie Ihre Regel haben?
2. Also ich bitte Sie, das geht doch nun wirklich niemanden etwas an. Darüber redet man doch nicht in der Kirche!
1. Ja, Menstruation ist ein Tabuthema, nicht nur in der Kirche. Warum ich die Frage nach dem Blut der Frauen anschneide, obwohl es doch anscheinend gar nichts mit dem sakramentalen Blut des Abendmahls zu tun hat, ein Grund, der in die Anfänge der Kirche zurückführt. Es hat nämlich lange einen Ausschluß vom Abendmahl für Frauen gegeben, die ihre Menstruation hatten oder ein Kind geboren hatten. Ich will zwei Beispiele geben: So schreibt Dionysius von Alexandrien (3. Jh. n. Chr.):»Bezüglich der Frauen, die ihre monatliche Blutung haben, halte ich es für überflüssig zu fragen, ob sie in diesem Zustand in das Haus Gottes eintreten dürfen. Denn ich glaube nicht, daß sie, wenn sie gläubig und fromm sind, es wagen würden, in diesem Zustand an den heiligen Tisch zu treten oder den Leib und das Blut Christi anzurühren.« Und:»Jeder soll gehindert werden zu den heiligen und allerheiligsten Dingen heranzutreten, der nicht an Seele und Leib vollkommen rein ist.«

Im 12. Jh. schreibt Balsamon: »Einstmals hatten die Diakonissen Zutritt zum Altar. Infolge ihrer allmonatlichen Verunreinigung wurde ihr Amt jedoch aus dem Kultbereich und vom Altar verdrängt« ...»einen Zugang zum Altardienst haben sie auch nicht mehr.« Ausschluß der Frauen vom Abendmahl, Ausschluß der Frauen vom Altardienst, wegen ihrer »allmonatlichen Verunreinigung.« Sagen wir: »Das ist heute nicht mehr aktuell? Glücklicherweise nur noch Kirchengeschichte?« Oder bleibt nicht doch der beunruhigende Gedanke, daß bis in unser Jahrhundert immer noch etwas nachwirkte und nachwirkt. Meine Schwiegermutter ist nach der Geburt ihrer Kinder nicht in die Kirche oder zum Abendmahl gegangen. Ihr wurde damals gesagt, sie sei unrein geworden durch die Geburt. Ihr Leib, nicht würdig. Und als ich schwanger war, wurde ich gefragt: »Willst du wirklich schwanger Gottesdienst halten?« Und wie ist es mit den christlichen Kirchen, die immer noch keine Frauen zum sakramentalen Dienst zulassen? Ist unser Leib nicht würdig?
Ulrike Metternich

Aspekt: *Sakrament*
Symbol: *Weintrauben und eine Flasche Wein*

Brot wandelt sich
Brot wandelt sich in Leib
Brot wandelt sich in Fleisch
Brot wandelt sich in Körper
dieses Brot ist mehr als Nahrung

Wein wandelt sich
Wein wandelt sich in Blut
Wein wandelt sich in Leib
Wein wandelt sich im Körper
dieser Wein ist mehr als Genuß

Brot und Wein wandeln sich
fordern zur Wandlung, zur Veränderung heraus
Brot und Wein suchen nach Antwort
von alleine wandeln sie nichts

»Frag hundert Katholikinnen und Katholiken, was das Wichtigste ist in der Kirche. Sie werden antworten: die Messe.
Frag hundert Katholikinnen und Katholiken, was das Wichtigste ist in der Messe. Sie werden antworten: die Wandlung.
Sag hundert Katholikinnen und Katholiken, daß das Wichtigste in der Kirche die Wandlung ist. Sie werden empört sein und sagen:
Nein, alles soll bleiben,
wie es ist!«
nach Lothar Zenetti

Dennoch Wandlung –

Ich habe Hunger nach diesem Brot.
Ich habe Durst auf diesen Wein.
Ich habe Hunger und Durst nach diesem Hoffnungszeichen.
Ich habe Hunger und Durst nach Wandlung.

Ich suche nach Ermutigung und Gemeinschaft,
damit sich wandeln kann:
Hierarchie zur Teilhabe,
Zwänge zur Freiheit,
leere Formeln zur Verbindlichkeit,
Stillstand zur Veränderung,
Enge zur Fülle des Lebens,
Langeweile zur Lust.

Wandlung – heiliges Zeichen der Liebe Gottes zu uns Menschen.
Wandlung – heiliges Zeichen der Liebe zwischen uns Menschen.
Brot und Wein – Sakrament der Wandlung – heiliges Zeichen der Veränderung.
Brot und Wein – heilige Nahrung – Wegzehrung.

Sakramente – heilige Zeichen der Liebe Gottes zu uns Menschen.
Sakramente – heilige Zeichen der Liebe zwischen uns Menschen.
Momente der Berührung,
der Begegnung,
Nähe,
der Herausforderung.

Sakramente – heilige Zeichen, tiefe Zeichen –
Momente der Ermutigung,

der Erinnerung,
der Hoffnung,
der Antwort.

Sakramente – Zeichen der Wandlung.
Brigitte Vielhaus

Aspekt: *eschatologische Hoffnung*
Symbol: *Regenbogentuch*

Ich freue mich jedes Mal, wenn im Gottesdienst Brot und Wein auf dem Tisch stehen, richtiges Brot und wohlschmeckender Wein, Brot des Lebens und Kelch des Heils. Da weiß ich, das ist der Vorgeschmack des himmlischen Festmahls, dessen, wie es einmal sein soll und sein wird. Wir kommen doch immer wieder nur deshalb an diesen Tisch, weil Christus auferstanden ist und weil wir Ostermenschen diese Stärkung brauchen, die uns da Sonntag für Sonntag geschenkt wird. Ich komme aber auch, weil ich diese Sehnsucht und Hoffnung habe, daß an diesem Tisch etwas davon deutlich wird, worauf wir manchmal warten, wenn uns alle Hoffnung abhanden gekommen ist. Daß uns plötzlich die Augen aufgehen, wenn wir feststellen, wer hier alles dazugehört. Wenn ich erlebe, wie Väter ihre Kinder zum Altar tragen, weil sie gesegnet werden sollen, wenn nicht nur alte Menschen, sondern auch die Jungen sich angesprochen fühlen, wenn ich mich an der Schönheit jeder Hautfarbe freuen kann, wenn niemand sich zu schämen braucht, weil er oder sie arbeitslos ist, wenn Behinderte selbstverständlich dazugehören und ihr Lachen uns ansteckt, dann bin ich wirklich glücklich. Wenn ich mich auf diesen Tisch, bei dem es kein Oben und kein Unten gibt, einlasse, dann schleicht sich manchmal der Gedanke ein, ja, das ist wahrscheinlich gemeint, wenn vom Reich Gottes die Rede ist. Manchmal ist da ein Stückchen Himmel zu sehen und zu schmecken, schon heute. Und manchmal geschieht dann das Wunder, daß das bißchen Freude richtig satt macht und wir es für möglich halten, daß es das große Fest der Völker geben kann, trotz allem.
Weil uns dies versprochen ist, deshalb lege ich dieses Regenbogentuch, dieses Zeichen der Buntheit der Gnade auf den Tisch, denn Gottes Versprechen, den alten und neuen Bund nicht aufzukündigen, hat mir schon mehr als einmal Mut gemacht.
Dorothea Dilschneider

Zwölf Forderungen von Frauen für die Rückkehr zu einer ganzheitlichen Abendmahlsfeier (besonders für die evangelischen Kirchen)

1. Die Erneuerung des Abendmahls muß ein vorrangiges Anliegen in den Kirchen werden – unter angemessener Einbeziehung der Frauen.
2. Die Feier soll festliche Freude, den »Vorgeschmack auf das himmlische Festmahl« vermitteln.
3. Die Gemeinschaftserfahrung als Wesensmerkmal muß sich gegen den dominierenden Individualismus und die Engführung auf individuelle Sündenvergebung allein durchsetzen.
4. In die protestantische Liturgie muß endlich der Friedensgruß eingeführt werden (auch aus Verbundenheit mit den ökumenischen Geschwistern).
5. Eine partizipatorische Gestaltung des Abendmahls sollte angestrebt werden.
6. Randgruppen sollen eingeladen werden.
7. Die häusliche Seite darf sichtbar werden: wirkliches Essen und symbolisches Mahl müssen wieder zusammengebracht werden.
8. Das »radikale Teilen« ist kein ethischer Sekundäraspekt, es ist Bestandteil eines eucharistischen Lebensstils und muß in der Liturgie sprachlich und sichtbar zum Ausdruck gebracht werden.
9. Im Blick auf die ökumenische Zusammenarbeit sollen Frauen in größerer Zahl als bisher in den interkonfessionellen Gesprächen der Kirchen beteiligt werden.
10. Wir wollen endlich mit den katholischen Geschwistern Abendmahl feiern dürfen, spätestens beim Ökumenischen Kirchentag 2003 in Berlin.
11. Vieles haben wir ProtestantInnen von den KatholikInnen und Orthodoxen im Blick auf das Abendmahl gelernt – besonders das Verstehen von Symbolhandlung. Danke dafür. Evangelische Pfarrerinnen wollen aber endlich als Verwalterinnen des Mahles anerkannt werden.
12. Es muß möglich sein, die Diskussion über die Bedeutung des Sühnopfers auch im interkonfessionellen Gespräch auf die Tagesordnung zu setzen.

aus der Feministisch-theologischen Basisfakultät

Abendmahl am runden Tisch

Günter Ruddat

Abendmahl ent-decken (der Weg der Vorbereitung)

Dieses »Feier-Abendmahl« nimmt wesentliche Bausteine einer wortwörtlichen communi-cati-o auf, die eine Projektgruppe in Auseinandersetzung mit dem für den Kirchentag in Stuttgart vorgesehenen Abendmahlstext (1 Kor 11) vorbereitet und im Rahmen eines »etwas anderen« Gottesdienstes am Sonntagabend im Januar 1999 in der Lutherkirche Bochum gefeiert hat. In der ökumenischen Gruppe werden im Vorfeld die Palette unserer Erfahrungen zwischen katholischer Kindheit und freikirchlicher Jugend ausgetauscht: dabei werden Vorbehalte und Vorurteile ebenso sichtbar wie Ängste und Fixierungen (so ist Abendmahl ... und nicht anders!). Die zur Gemeinschaft bewegende und zur Versöhnung befreiende Tradition ist wenig vertraut. Die regelmäßige Teilnahme von einigen Wohnungslosen, die sich im nahegelegenen Park bzw. im benachbarten städtischen Asyl aufhalten, erweist sich im Vorgespräch auf einmal als mögliche »Störung« einer intimen Feier »unter uns«. Trotz alledem entscheidet sich die Gruppe dafür, den Text wirklich zu feiern, also den Gottesdienst an Tischen mit einer Mahlzeit und mit einem Tischgespräch zu verbinden (wegen der festen Bänke in der Kirche gehen wir in das Gemeindehaus).

Eine erste Gruppe (Teil A) bereitet den Raum des Abendmahls vor (die Küsterin ist mit dabei), damit alle »mit Leib und Seele ankommen« können und spüren: Ich bin eingeladen, wir können gemeinsam »auf das Abendmahl zugehen«: festlich geschmückte Tische mit grünen (Palm-) Zweigen und weißen Kerzen (mit Stacheldraht umwickelt – sog. amnesty-Kerzen) im großen Rund, damit sich möglichst alle sehen können; in der Mitte ein niedriger kreuzförmiger Tisch als Altar mit der Osterkerze – umgeben von Christusdorn. Auf jedem Platz liegt eine Bibel und als Tischkarte gestaltet das Gottesdienstblatt mit den Liedern und Texten (Titel: Du bist eingeladen – wir sind eins), dazu ein kleiner Teller und ein getöpferter Becher (Form der Abendmahlsbecher beim Kirchentag in 0,1 l).

Eine zweite Gruppe (Teil B) fragt nach der Gestalt des Abendmahls (die Kirchenmusikerin ist mit dabei, aber auch in jeder anderen Gruppe sind musikalisch ansprechbare Menschen), in welcher Form wir »das

Abendmahl feiern« wollen, wie das zugehen soll:»miteinander ein
Leib, Christi Leib werden« ... und entscheidet sich u.a. dafür, einerseits
Brot (Fladenbrot in großen Körben aus dem Eine-Welt-Laden) und Wein
(Traubensaft in großen Krügen vom Kirchentag) durch eine Gabenpro-
zession herauszuheben und (wie in der Thomasmesse) die Osterkerze
einziehen zu lassen und zu entzünden ... Für die Mahlzeit werden Krü-
ge mit frischem Wasser vorbereitet, dazu Schalen mit Rohkoststicks
zum Dippen, Platten mit Käse und Weintrauben, Körbe mit Fladenbrot.
All das soll aber erst zur Mahlzeit aufgetragen und aufgetischt werden.

Eine dritte Gruppe (Teil C) denkt darüber nach, wie den besonderen
Predigttext und sein Thema zur Geltung zu bringen, wie»die Botschaft
wahr-nehmen«, wie»das Abendmahl be-denken«. Dabei erweist sich
besonders der Gedanke horizonterweiternd, die gemeinsame Abend-
mahlserfahrung (und die damit verbundenen persönlichen Hintergrün-
de) ins Gespräch zu bringen und in einer Tischrede zu verknüpfen,
damit also nicht anderen Anregungen zu folgen, etwa ein Passah-Mahl
oder eine»stille« Mahlzeit zu gestalten, während der Mahlzeit Ge-
dichte und Geschichten von Brot und Wein zu hören (vgl. etwa: Sigrid
und Horst Klaus Berg (Hg): ... und wurden alle satt. Von Brot und anderen Lebensmitteln. (Biblische Texte verfremdet 7). München/Stuttgart
1987; Elfriede Conrad u.a. (Hg): Erzählbuch vom Glauben 4: Wort
und Sakrament, Lahr/Düsseldorf 1989).

Eine vierte Gruppe (Teil D) wird sich um den Abschluß kümmern, wie
das aussehen kann,»mit dem Segen weiter-gehen« und»das Abendmahl weiter-geben«. In diesem Zusammenhang soll auch die besondere Tradition der Für-Bitten in diesen Sonntagabend-Gottesdiensten variiert werden: In einer Zeit der Stille können die am Gottesdienst Betei-
ligten (an die Stufen des Altars bzw. in die Mitte) kommen, sich und
ihre Sache vor Gott bringen. Dort liegen rund um die Osterkerze mit
dem Christusdorn drei verschiedene Zeichen für das Bitten und Danken
bereit: Ich kann Kieselsteine ablegen für etwas, was mich belastet; Tee-
lichter anzünden für etwas, wozu ich Hoffnung brauche; Gott loben mit
roten Rosen (auf dem Altar) für etwas, wo ich für Liebe und Leben
danke. Dieses dritte Zeichen in dieser Gebetszeit soll zum Schluß des
Gottesdienstes noch einmal aufgenommen werden, wenn die Beteilig-
ten gebeten sind, eine oder mehrere Rosen als ein Zeichen der Danksa-
gung oder Versöhnung mit in ihren Alltag zu nehmen und einem anderen Menschen zu schenken.

Abendmahl im Gespräch (zur Durchführung)

A: Mit Leib und Seele ankommen:
Ich bin eingeladen – auf das Abendmahl zugehen

Einstimmung

Lied, z.B. »Let us break bread together« (Gospel; Vorlage z.B. Lieder für Kirchentage, Frankfurt a.M. 1987, Nr. 62 mit einem Satz von Karl-Heinz Saretzki)

Begrüßung

Grün ist die Hoffnung, sagen wir manchmal so dahin,
aber geht uns das in diesem Jahr so leicht über die Lippen,
Hoffnung auf Versöhnung mit Gott und den Menschen –
hier im Gottesdienst;
Hoffnung auf Zukunft für uns und alle Menschen –
in unserer Kirche und in der Einen Welt;
Hoffnung auf Sinn im Leben Jesu und im Leben der Menschen um uns herum –
auch in Krieg und Frieden ...
Hoffnung in Erinnerung an Jesu letztes Abendmahl ...
Du und ich, wir alle sind eingeladen,
Leben »aus Passion« zu bedenken,
im Sinne Jesu auf ein Abendmahl zuzugehen –
mit all dem, was wir damit verbinden ...
(Zeit zum Nach-denken)
Gott sei mit uns an diesem Abend.

Lied

»Du hast uns, Herr, gerufen« (EG 168, 1-3. 6 im Wechsel)

Meditation

Jesus Christus lädt uns ein. Niemand ist ausgeschlossen.
Er zeigt uns mit seinem Leben, was Liebe ist.
Jesus Christus schaut nicht auf unsere Schuld;
er vergibt uns unsere Schuld.
Er geht gerade zu den Menschen,

die verachtet und verzweifelt, verloren und verlassen sind.
Jesus Christus tritt an ihre Seite, er hilft ihnen auf,
er setzt sich mit ihnen an einen Tisch.
So laßt auch uns jetzt den Weg Jesu gehen,
in seinem Namen miteinander essen und trinken,
in Gottes Namen miteinander einen neuen Anfang machen.
Und laßt uns dabei auch die einbeziehen, die jetzt nicht hier sind,
für die aber Vergebung und Versöhnung
ebenso lebens-not-wendig sind,
wie für jede und jeden von uns.

Lied

»Ich bin das Brot, lade euch ein« (EG Württemberg 587 bzw. Gottes-klang, Stuttgart 1999, Nr. 82)

Gebet zum Abendmahl

Jesus Christus, laß du uns deine Nähe spüren,
wenn wir in deinem Namen Brot und Wein miteinander teilen.
Sende du uns und deiner ganzen Welt Gottes Heiligen Geist,
daß er uns hilft, einander so anzunehmen,
wie du uns angenommen hast – zum Lobe Gottes.
Das Brot verbinde uns untereinander
mit deiner Liebe und deinem Leben,
der Wein stärke uns untereinander
mit deinem Leiden und deinem Sterben.
Komm, Herr Jesus, in Brot und Wein
und mache uns zu neuen Menschen. Amen.

Lesung

Mit Paulus das Abendmahl weitergeben
(nach 1 Kor 11,17-34 (evtl. nur 23-26)

Lied

»Das sollt ihr, Jesu Jünger, nie vergessen« (EG 221; vgl. inklusive Fas-sung in: Wenn Himmel und Erde sich berühren. Lieder für Frauenlitur-gien, Gütersloh 1993, Nr. 94)

B: Miteinander ein Leib werden: Das Abendmahl feiern

Gabenprozession

Brot und Wein stehen nicht schon von Anfang an auf dem Altar, sondern werden zusammen mit der Osterkerze hereingetragen zum Zeichen des Dankes für »alle gute Gabe«, die Gott uns schenkt (Eu-charis-tie).

Der Tisch ist noch leer.
Bevor wir teilen können, was uns geschenkt ist,
bevor wir mit-teilen können, was wir haben und was wir sind,
bevor wir die Wunder Gottes unter uns aus-teilen können,
muß der Tisch gedeckt sein.
Kommt mit Gaben und Lobgesang!
Die Prozession mit Brot und Wein und Osterkerze beginnt, evtl. kann auch eine Schale mit Körnern den Korb mit Brot und eine Schale mit Trauben den Krug mit Wein (Saft) begleiten.

Lied

»Kommt mit Gaben und Lobgesang« (EG 229, 1-3)
*vgl. die andere Fassung: »Auf, bringt Gaben und Lob herbei«
(in: Lieder für Leipzig 1997, 3)
Nach jeder Strophe wird jeweils eine Gabe vorgestellt und aufgedeckt.*

Vorstellen und Aufdecken des Brotes

Wir bringen das Brot und erinnern uns:
Jesus Christus spricht: Ich bin das Brot des Lebens.
Wer von diesem Brot ißt, der wird alle Zeit leben. (Joh 6,48ff.)

Vorstellen und Aufdecken des Weines

Wir bringen den Wein und erinnern uns:
Jesus Christus spricht: Ich bin der Weinstock. Ihr seid die Reben.
Wer in mir bleibt und ich in ihm, der bringt viel Frucht –
denn ohne mich könnt ihr nichts tun. (Joh 15,5)

Vorstellen und Entzünden des Lichtes

Wir bringen das Licht und erinnern uns:
Jesus Christus spricht: Ich bin das Licht der Welt.
Wer mir nachfolgt, der wird nicht wandeln in der Finsternis,
sondern wird das Licht des Lebens haben. (Joh 8,12)

Einladung am/zum Tisch des Herrn

Laßt uns jetzt miteinander Abendmahl feiern:
Der Tisch ist gedeckt. Gottes gute Gaben sind uns gebracht.
Wir können teilen, was wir haben,
unsere Hände sind leer, offen für Gott.
Wir können aufatmen und leben,
unser Herz wird frei, offen für Gottes guten Geist.
»Laßt uns unser Herz und unsere Hände aufheben zu Gott«
(Klagelieder Jeremias 3, 41),
offen werden für Jesu Gegenwart.
Christus lädt uns und alle Menschen ein:
»Kommt her zu mir alle,
die ihr mühselig und beladen seid.
Ich will euch erquicken.« (Mt 11,28)

Stille

Wir haben es gehört: Jede und jeder ist eingeladen –
ohne Ausnahme, grenzenlos.
(Wer nicht daran teilnehmen will, möge Brot und Wein einfach weiter-
reichen.)
Wir können »erhobenen Herzens« einstimmen:

Lied

Ein jeder braucht sein Brot, sein' Wein

1. Das ei - ne Brot wächst auf vie - len Hal - men,
Aus vie - len Men-schen ent - steht Ge - mein - de,
II. Ein je - der braucht sein __ Brot, sein' Wein, __

aus vie - len Trau - ben wird der Wein.
da lebt und stirbt man nicht al - lein.
und Frie-den oh - ne Furcht soll sein. sein.

Seht, un - ser Gott lädt ____ al - le ____ ein,
Pflug - scha - ren schmelzt aus Ge - wehren und Ka - nonen,

kei - ner __ soll ver - lo - ren sein.
daß wir im Frie - den bei - sam - men woh - nen!

Seht, un - ser Gott lädt ____ al - le ein,
Pflug - scha - ren schmelzt aus Ge - weh - ren und Ka - nonen,

kei - ner __ soll ver - lo - ren sein.
daß wir im Frie - den bei - sam - men wohnen!

Text I: Lothar Zenetti, Text II: Nach Micha 4,3.4 – Übertragung aus dem Amerika-
nischen: Friedrich Karl Barth und Dieter Trautwein.
Melodie: nach einem aus Israel stammenden amerikanischen Volkslied.
Rechte Text I: Pfeiffer Verlag, München. Rechte Text II: Strube Verlag, München.

Vor-Wort zum Abendmahl

Nach einer Vorlage aus: Forum Abendmahl, Stuttgart 1999

Gott, wir haben Grund, dir zu danken und dich zu loben.
Du hast alles erschaffen und wirst alles neu schaffen:
einen neuen Himmel und eine neue Erde.
Du bist der Anfang und das Ende,
der Erste und der Letzte und der Lebendige.
Du willst unser Gott sein, und wir sind deine Söhne und Töchter.
Du hast uns in deine Gemeinde gerufen aus allen Völkern der Erde
durch Jesus, deinen Sohn, unseren Herrn und Bruder.
Er hat unter uns deine Gegenwart gelebt.
Er war Zeuge deiner Wahrheit.
Er hat Verzweifelte getröstet, unter die Räuber Gefallene gesehen
und aufgerichtet.
Seine Vision von Gottes Welt hat uns einen neuen Horizont eröffnet.
Er wurde gekreuzigt und hat den Schmerz der Welt durchlitten.
In seiner Auferstehung hast du für alle neues Leben erschlossen.
Der Tod wird nicht mehr sein noch Leid und Schmerz wird mehr sein.
Alles wird verwandelt.
Darauf hoffen, dafür danken wir dir, dafür loben wir dich.
In diesem Lobpreis schließen wir uns mit vielen zusammen:
Mit allen, die vor uns geglaubt und dich bekannt haben,
mit allen Geschwistern deines Volkes
in der Nähe und in der Ferne,
mit allen Toten und Lebenden,
mit dem Vergangenen und dem Zukünftigen,
mit allen Engeln und guten Mächten,
mit dem ganzen Kosmos singen wir:

Lied

»Du bist heilig«

Samba Teil 1

Du bist hei - lig, du bringst Heil, bist die
mit - ten un - ter uns im Geist, der Le -

Fül - le, wir ein Teil der Ge - schich - te, die du webst,
ben - dig-keit ver - heißt, kommst zu uns in Brot und Wein,

Gott, wir dan - ken dir. Du lebst
schenkst uns dei - ne Liebe ein.

Teil 2

Du bist hei - lig. Du bist hei - lig. Du bist
Hal - le - lu - ja, hal - le - lu - ja, hal - le -

hei - lig. Al - le Welt schaue auf dich.
lu - ja, hal - le -

lu - ja für Dich.

Teil 1 und Teil 2 können gleichzeitig gesungen werden.

Text und Musik: Per Harling (Schweden)
Textübertragung: Fritz Baltruweit
aus: Fritz Baltruweit – Meine Lieder /CD, MC Freiräume
Rechte beim Autor, Rechte der Übersetzung im tvd-Verlag, Düsseldorf

oder

Lied

»Sanna, Sannanina«

Text (Hosianna) und Musik: aus Südafrika, arr. Betty Pulkingham
Auch in: Baltruweit/Ruddat, Gemeinde gestaltet Gottesdienst (Bd. 1),
Gütersloh 1994, S. 175

Gemeinsames Tischgebet: Vaterunser
(zugleich als Friedenszeichen)

Alles, was uns an diesem Abend bewegt,
was uns voneinander trennt und miteinander verbindet,
bringen wir an diesem Tisch vor Gott – *(Stille)*
und können einander zum Zeichen des Friedens die Hände reichen
und mit den Worten beten, die wir von Jesus Christus gelernt haben:
Vater unser ...

Lied

»Seht, das Brot, das wir hier teilen« (EG 226,1)

Gemeinsames Einsetzungswort zum Brot

Das Brot verbindet uns, so sprechen wir miteinander:
In der Nacht, in der er übergeben wurde, nahm Jesus Christus Brot.
Er sprach den Segen, brach es und sagte:
Das ist mein Leib für euch;
das tut zur Erinnerung an mich.
Übersetzung für den Kirchentag 1999

Wir teilen das Brot

Laßt uns jetzt das Brot teilen ...
(Weiterreichen des Brotes in der Runde
mit einem Zuspruch an den Nachbarn oder die Nachbarin;
evtl. mit der Einleitung: Wenn wir das Brot weiterreichen, können wir
einander zusprechen: ...)
Das Brot des Lebens für dich.

Lied

»Seht, das Brot, das wir hier teilen« (EG 226,2)

Tischmusik

Auftragen und Auftischen der Mahlzeit

Wir essen und trinken miteinander
(Abend-Mahlzeit als Sättigungsmahl)

Lied

»Seht, der Kelch, den wir jetzt teilen« (EG 226,3)

Gemeinsames Einsetzungswort zum Wein

Der Wein verbindet uns, so sprechen wir miteinander:
  Ebenso (nahm Jesus Christus) auch den Becher,
  nachdem die Mahlzeit beendet war, mit den Worten:
  Dieser Becher ist der neue Bund durch mein Blut.
  Das tut, sooft ihr trinkt, zur Erinnerung an mich.
  Denn: Immer wenn ihr dieses Brot eßt und den Becher trinkt,
  verkündet ihr den Tod Christi, bis er selber kommt.
  Übersetzung für den Kirchentag 1999
  u.U. »Becher« durch »Kelch« ersetzen!

Wir teilen den Wein

Laßt uns jetzt den Wein teilen ...
(Weiterreichen des Kelchs in der Runde
oder beim Eingießen in die kleinen Becher mit einem Zuspruch:
evtl. mit der Einleitung:
Wenn wir den Kelch weiterreichen, können wir einander zusprechen: ...)
Der Kelch des Segens für dich.

Lied

»Seht, der Kelch, den wir jetzt teilen« (EG 226,4-6)

Gemeinsames Glaubensbekenntnis

Ich glaube,
daß Gott aus allem, auch aus dem Bösesten,
Gutes entstehen lassen kann und will.
Dafür braucht er Menschen,
die sich alle Dinge zum Besten dienen lassen.
Ich glaube,

daß Gott uns in jeder Notlage
soviel Widerstandskraft geben will,
wie wir brauchen.
Aber er gibt sie nicht im voraus,
damit wir uns nicht auf uns selbst,
sondern allein auf ihn verlassen.
In solchem Glauben müßte alle Angst
vor der Zukunft überwunden sein.
Ich glaube,
daß auch unsere Fehler und Irrtümer
nicht vergeblich sind,
und daß es Gott nicht schwerer ist,
mit ihnen fertig zu werden,
als mit unseren vermeintlichen Guttaten.
Ich glaube,
daß Gott kein zeitloses Schicksal ist,
sondern daß er auf aufrichtige Gebete
und verantwortliche Taten wartet und antwortet.
Amen.
Dietrich Bonhoeffer

Lied

»We are one in the Spirit, we are one in the Lord«

1. Wir sind eins in dem Her-ren, wir sind eins in dem
Geist. Wir sind eins in dem Her - ren, wir sind eins in dem
Geist. Und wir bit - ten um Ein-heit, wie sie Christus uns ver-heißt.

Kehrvers

4. Uns-re Lie - be sei Zei - chen für die Welt, für die Welt, uns-re Lie — be sei Zei-chen für die Welt.

2. /: Wir gehören zusammen, einen Weg woll'n wir geh'n. :/
Und wir sagen es weiter: Gottes Reich ist im Entsteh'n.
Unsre Liebe sei Zeichen für die Welt...

3. /: Wir steh'n ein füreinander und für Menschen in Not, :/
auch für Würde und Freiheit, die durch Menschen sind bedroht.
Unsre Liebe sei Zeichen für die Welt...

4. Lob und Preis sei dem Vater, der geschaffen, was ist.
Lob und Preis seinem Sohne, unserm Helfer, Jesus Christ.
Lob und Preis sei dem Geiste, der das Band der Einheit ist.
Unsre Liebe sei Zeichen für die Welt...

Text und Musik: Peter Sholtes 1966, dt. Konrad Raiser 1972;
aus: Lieder der Einheit, Gelnhausen 1975, Nr. 5.

C: Die Botschaft wahr-nehmen: Das Abendmahl be-denken

Tischgespräch über das Abendmahl

Einmal eine mehr (frühere Abendmahlspraxis) erinnernde Anleitung:
Was bedeutet mir persönlich das Abendmahl?
Kann ich Erfahrungen nennen, wo eine Abendmahlsfeier meine Existenz (vielleicht auch nur kurzfristig) berührt oder gar verwandelt hat?
Welche Abendmahl-Erfahrungen (als Jugendlicher, als junger Erwachsener) sind in mir besonders haften geblieben?
Wie höre ich es, wenn dem anderen neben mir etwas ganz anderes am Abendmahl wichtig ist ...

Zuwachs an neuem Sinn für mich?
Abwehr des Fremden?
Welche Bedeutung kann die (evtl. sogar) sonntägliche Abendmahlsfeier in unserer Gemeinde gewinnen?
Vorschlag von Axel Denecke in: Gottesdienstpraxis IV/2, Gütersloh 1988, S. 27

Zum anderen hier wohl eher – im Sinne eines Gottesdienstnachgesprächs – (die aktuelle Erfahrung mit dem Abendmahl bedenkende) *Anstöße zum Gespräch:*
○ Während des Abendmahls habe ich mich ... gefühlt.
○ Besonders angesprochen hat mich (Lied, Text, Zeichen o.ä.) ...
○ An einen zentralen Satz erinnere ich mich ...
○ Das Abendmahl als Thema hat mich angesprochen, weil ...
○ Mich hat gefreut ...
○ Mich hat gestört ...
○ Mir war unklar, warum ...
○ Mir hat gefehlt ...
○ Meine Phantasie für das Abendmahl der Zukunft ...
○ ...
Diese Fragen können im Gottesdienstblatt abgedruckt sein.
Jede und jeder hat noch einmal Zeit, das erlebte Abendmahl Revue passieren zu lassen, um dann ein Gespräch in der Runde zu führen.

Tischrede: Gott sei Dank für Brot und Wein
(oder: Versprochen ist versprochen)

Die kurze Tischrede sollte versuchen, wesentliche Elemente des Gesagten aufzunehmen und etwa mit 1 Kor 10,16-17 als vorauseilende Deutung der überlieferten Einsetzungsworte (1 Kor 11,23-26) zu verknüpfen, dabei wird insbesondere der Gedanke herauszustellen sein, welche über alle Zeiten hinweg (vgl. die Erinnerungen an Gottes Geschichte mit Israel) verbindende und verbündende Kraft im Abendmahl steckt, Zeichen einer neuen Gemeinschaft, Zeichen der Teilnahme an der Gerechtigkeit, der Heiligkeit und der Gemeinschaft untereinander und mit Christus. Das Abendmahl führt so unterschiedliche Menschen im Sinne Jesu zusammen und verpflichtet sie zur Einheit, zu einer Teilhabe aller. Das bedeutet zugleich: nicht-hierarchische Struktur der Tischgemeinschaft, die sich auch im alltäglichen Essen (Teilen) zeigt, mit Gebeten, die den Schöpfer loben und für alle gute Gabe danken, Erinnerung an die Auferstehung wach halten und zugleich die Erinnerung an Jesu Tod als Zeichen des Widerstandes und der Solidarität, Mahl als immer wieder neue Stärkung dafür, den Weg Jesu zu gehen. Einfach Gemeinschaft, die immer wieder diese einigende Grundlage an-denkt und auf-steht, be-denkt und an-geht gegen alle »Tische des Bösen« (eingeschlossen die Tische der klammheimlichen Apartheid in unseren Gemeinden).

D: Mit dem Segen weiter-gehen:
Das Abendmahl weiter-geben

Lied

»Wenn das Brot, das wir teilen«
(EG Hessen 632/Rheinland-Westfalen-Lippe 667 bzw. Gottesklang, Stuttgart 1999, Nr. 81)

Zeit der Stille und des Gebets

Für-Bitten

(Steine, Lichter, Rosen)
evtl. abschließen in Anknüpfung an die Didache:

Die Mahlgebete der Didache

Betreffs der Eucharistie: Sagt folgendermaßen Dank:
Zuerst betreffs des Bechers:
Wir danken dir, unser Vater, für den heiligen Weinstock Davids,
deines Knechtes,
den du uns offenbart hast durch Jesus, deinen Knecht.
Dir die Herrlichkeit in Ewigkeit.
Betreffs des Brotes:
Wir danken dir, unser Vater, für das Leben,
das du uns offenbart hast durch Jesus, deinen Knecht.
Dir die Herrlichkeit in Ewigkeit.
Wie dies auf Bergen zerstreut war und zusammengebracht ein
Brot geworden ist,
so soll deine Kirche zusammengebracht werden

von den Enden der Erde in dein Reich.
Denn dein ist die Herrlichkeit und die Kraft in Ewigkeit. ... (9,1-4)
Nach der Sättigung sagt folgendermaßen Dank:
Wir danken dir, heiliger Vater, für deinen heiligen Namen,
den du in unseren Herzen hast Wohnung nehmen lassen,
und für die Erkenntnis, Glaube und Unsterblichkeit,
die du offenbart hast durch Jesus, deinen Knecht.
Dir die Herrlichkeit in Ewigkeit.
Du, Herrscher, Allmächtiger, hast alles geschaffen
um deines Namens willen,
Speise und Trank den Menschen zum Genuß gegeben;
uns aber hast du geistliche Speise und Trank geschenkt
und ewiges Leben durch Jesus, deinen Knecht.
Für alles danken wir dir, weil du mächtig bist.
Dir die Herrlichkeit in Ewigkeit.
Gedenke, Herr, deiner Kirche,
daß du sie bewahrst vor allem Bösen und sie vollendest in deiner Liebe;
und führe sie zusammen von den vier Winden in dein Reich,
das du ihr bereitet hast!
Denn dein ist die Kraft und die Herrlichkeit in Ewigkeit.
Es komme Gnade, und es vergehe diese Welt!
Hosianna dem Gotte Davids!
Wenn jemand heilig ist, komme er,
wenn er es nicht ist, tue er Buße! Maranatha. Amen. (10,1-6)
Übersetzung: Klaus Wengst: Didache (Apostellehre), Barnabasbrief, Zweiter Klemensbrief, Schrift an Diognet (Schriften des Urchristentums II). Darmstadt 1984

Lied zum Segen

»Bewahre uns, Gott« (EG 171)

Sendung und Segen

Einladung, Rosen als Gruß vom Abendmahl weiterzugeben

Liturgische Bausteine

Einladung und Einstimmung

Gegen die Furcht in unserem Leben feiern wir heute die Kraft Gottes
Gegen die Gleichgültigkeit und allem Haß in unserem Leben
feiern wir heute die Liebe Gottes.
Gegen die Maßlosigkeit und Gewalt in unserem Leben
feiern wir heute die verändernde Gegenwart der Ruach Gottes.
aus dem Feierabendmahl der Frauenwerkstatt

Guter Gott
wir halten inne,
um uns zu besinnen und die Gemeinschaft unter uns und mit dir zu
feiern.
Wir bringen unsere ganz persönlichen Fragen mit, unseren Glauben,
unseren Zweifel ...
Wir bringen unsere Verschiedenheit mit, aber auch das, was uns eint
und verbindet.
Wir bringen mit, was wir nicht begreifen, was uns wütend macht, was
wir anklagen:
die Verletzung der Menschenwürde bei uns und in vielen Ländern.
Dir, Gott, sagen wir in der Stille, was uns freut und was uns bedrückt.
Wir vertrauen dir, Gott, daß du uns erhörst.
Und wir bitten dich: wende alles zum Guten. Amen.
aus dem Feierabendmahl der Frauenwerkstatt

Liturgin: Gott sei mit euch.

Alle: Gott bewahre auch dich.

Liturgin: Öffnet eure Herzen.

Alle: Wir haben unser Herz bei Gott.

Liturgin: Gott, wir danken dir.

Alle: Gott, wir danken dir.

Liturgin:
Gott, wie gut ist es,
daß wir an deinen Tisch kommen dürfen – so wie wir sind.
Verwandle uns an deinem Tisch in Friedensstifter.
Gehe du in uns ein.
Deine Kraft,
deine Liebe erfülle uns.
So komm, du Geist des Lebens –
komm zu uns in Brot und Wein.

Alle: Amen.
aus dem Feierabendmahl beim Liturgischen Tag Gewalt überwinden, »Pieces for Peace«

Ach Gott, hier bin ich

und doch bin ich nicht ganz hier.
Es ist so viel, was neu ist, was mich verwirrt.
Es fällt mir so schwer, meine Gedanken zu sammeln.

Vieles ist mir zu groß und zu gewaltig in unserer Welt.
Oft fehlt mir auch das deutliche, eindeutige, wegweisende Wort,
das von allen verstanden und angenommen werden kann.

So sehne ich mich nach Gemeinschaft, nach Überschaubarkeit,
nach Freiheit und Geborgensein,
nach festlichem Leben.
Laß mich dies alles heute spüren aus der Kraft deines Wortes,
dem Brot des Lebens.
Amen.
aus dem Feierabendmahl des Leipziger Kirchentages 1997

Im Namen Gottes feiern wir nun dieses Mahl

als Auftakt eines Festes,
zu dem wir alle eingeladen und willkommen sind
als Töchter und Söhne Gottes.
Aus verschiedenen Richtungen sind wir hierher gekommen,
und verschieden sind wir:
Junge und Alte,
Frauen und Männer,
Alleinlebende und Familien in verschiedenen Kombinationen,
Erfolgreiche und solche, die eher ängstlich in die Zukunft schauen,
Fromme und weniger Fromme.
Unsere Verschiedenheit ist das, was uns reich macht.
So verschieden wie wir sind,
sind wir doch alle eingeladen
zur Gemeinschaft miteinander, versammelt um den Tisch des Herrn.
aus dem Feierabendmahl des Leipziger Kirchentages 1997

Tisch und Gaben sind bereitet

wir wollen Gottes Gaben,
Brot und Kelch miteinander teilen,
die daraus erwachsende Kraft an die weitergeben,
die sie brauchen.

Der Apostel Paulus schreibt uns dazu:
»Der Segensbecher, den wir segnen,
ist er nicht die Gemeinschaft des Blutes Christi?
Das Brot, das wir brechen,
ist es nicht die Gemeinschaft des Leibes Christi?
Ein Brot, ein Leib sind wir,
die vielen,
denn wir alle essen
von ein und demselben Brot.«

Wir kommen, wie wir sind.
Mit allem, was uns bewegt,
mit den Freuden und Lasten dieses Tages.
Wir kommen, wie wir sind:
Angewiesen auf deine Gnade, Gott, deine Nähe,

daß wir deine Liebe spüren am eigenen Leibe.
Wir kommen, um als Veränderte wieder zu gehen, um zu erfahren,
wie du uns aufrichtest,
wie du uns befreist von dem, was zwischen uns steht.
In dieser Hoffnung sind alle Augen auf dich gerichtet,
und wir rufen zu dir: ...
aus dem Feierabendmahl des Kirchentages im Ruhrgebiet 1991

Sündenbekenntnis und Gnadenspruch

Alle:
Du, Gott, du suchst uns, und in deiner Nähe erkennen wir uns

Liturgin I:
Gott, du suchst uns, und in deiner Nähe erkennen wir uns.
Ich erkenne, wie geschärft meine Waffen sind für die alltäglichen Scharmützel ums Rechthaben, wie pfeilspitz meine Waffen sein können und wie zielsicher sie dann verletzen. Ich erschrecke, wie leicht Kriegsnachrichten zur Gewohnheit werden und wie wenig sie meinen Alltag tangieren, wenn die Schauplätze nur weit weg sind. Meine Lebensumstände machen es mir leicht, mich bequem einzurichten. Meine Ohren sind vernebelt von den bunten Versprechungen der schönen neuen Welt. Kann ich deine Stimme im Gewirr noch hören? Ich möchte wieder vertrauen lernen, daß du diese Welt noch nicht aufgegeben hast, daß deine Stimme zu uns durchdringen und uns auf den Weg bringen kann. Hilf uns, eigene Schritte zu gehen – und seien sie noch so klein – zu wirklichem Frieden.

Alle:
Gott, du suchst uns, und in deiner Nähe erkennen wir uns.

Liturgin II:
Ich spüre, daß ich so oft mich vom allernächsten bestimmen lasse und dabei deine Verheißungen vergesse. Ich liefere mich Situationen aus, als wenn alles nur von mir abhinge. Dabei gibst du mir einen viel größeren Zusammenhang und viel mehr Zukunft. Gib mir etwas von deinem weiten Blick, damit auch ich größer denke.

Alle:
Gott, du suchst uns, und in deiner Nähe erkennen wir uns.

Liturgin I:
Gott, lange habe ich geglaubt, daß du mein Leben einschränken willst. Ich hatte ein Bild von dir, das mir verbot, meiner Liebe zu Frauen mit Leib und Seele Ausdruck zu geben. Ein anderes Bild von dir war ein sehr männlich geprägtes Bild. Vergib, daß ich dich in menschliche Kategorien eingeordnet habe und daß ich so kleinlich von dir gedacht habe.

Alle:
Gott, du suchst uns, und in deiner Nähe erkennen wir uns.

Liturgin II:
Ich erkenne, daß ich lahmgeschlagene Menschen oft mit Zweifeln betrachte. Es fällt mir schwer, in den Erschöpften den Anfang deiner Neuschöpfung zu sehen – auch bei mir selbst. Weil du für mich nicht der »König der Heerscharen« bist, traue ich dir nichts zu. Hilf mir erkennen, wie deine Macht zwischen uns und in uns Gutes bewirkt.

Alle:
Gott, du suchst uns, und in deiner Nähe erkennen wir uns.

Gott schenke dir Kraft und Weisheit

Nichts muß so bleiben, wie es ist.
Werde zur Mitschöpferin Gottes.
Amen.
aus dem Feierabendmahl der Frauenwerkstatt

Laßt uns vor Gott unsere Schuld bekennen

Barmherziger Gott,
bis an die Wolken ragen unsere Häuser –
höher als die Türme von Babylon.
Mächtig sind die Mauern unserer Städte –
mächtiger als die Mauern von Jericho.
Unbegrenzt sind unsere Möglichkeiten –
ein Gespött sind uns die Schwachen.
Du aber sagst:
Wohl denen, die arm sind vor Gott und es wissen.

Wer kann sich mit uns messen?
Gewaltig ist unsere Macht auf den Märkten –
über Leben und Tod entscheiden wir mit einem Federstrich.
Ein Geschäft machen wir aus der Not des Nächsten –
in klingende Münze verwandeln wir seine Tränen.
Wir gehen über Leichen, wenn es uns nützt.
Zum Schweigen bringen wir den, der nach Gerechtigkeit ruft.
Du aber sagst:
Wohl denen, die hungern und dürsten nach der Gerechtigkeit.

Warum bleiben wir unter uns?
Im Kreis der Familie, der Kirche?
Warum schließen wir uns ein:
in die Grenzen unseres Volkes, unserer Hautfarbe?
Lügen und Mauern richten wir zwischen uns auf.
Fremde sind uns verdächtig.
Andersdenkende unbequem.
Mördergruben machen wir aus unserem Herzen.
Du aber sagst:
Wohl denen, die aufrichtig sind in ihrem Herzen.

So rufen wir dich an mit unruhigem Herzen:
Herr, erbarme dich.

Durch Jesus Christus spricht Gott uns die Vergebung all unserer Sünden zu

Durch ihn werden wir befreit aus allen gottlosen Bindungen
zu freiem, dankbarem Dienst an seinen Geschöpfen.
Darum können wir in der Gewißheit leben und das Leben feiern:
heute ist diesem Haus Heil widerfahren.

Gott, Quelle des Lebens

an unseren Vorfahren lernen wir,
wie leicht gigantische Projekte in Verwirrung führen können.
Wir spüren selbst, wie unsere Welt aus den Fugen zu geraten droht.

Unser Leben ist gefährdet.
Es hilft nichts, wenn wir die Augen verschließen,

uns hinter Kirchenmauern verstecken.
Auch wir tragen Verantwortung für das, was geschieht.
Durch unser Tun und durch unser Lassen, durch unsere Trägheit
und durch unser stillschweigendes Einverständnis können wir schuldig
werden.
Gott, wir bitten dich um Orientierung für unseren Weg
inmitten der Heils- und Unheilsprophezeiungen.

Wir bitten dich
um den Mut, auch schwierigen Wahrheiten ins Gesicht zu sehen,
um die Ausdauer, auch komplizierte Sachverhalte zu ergründen,
um die Hoffnung, die nötig ist, um dem Machbaren zu widerstehen.
aus dem Feierabendmahl des Leipziger Kirchentages 1997

Anrede und Danksagung (Präfation)

Gott, du Geber aller Gaben

Du berührst uns immer wieder neu in unserer Sehnsucht,
Unserer Sehnsucht nach deinem Heil.
Du weckst immer wieder neu unseren Hunger
Nach dem, was die Welt wirklich satt macht.
Jetzt lassen wir uns von dir einladen
Und mit deinen Gaben beschenken.
Im Brot gibst du uns, was uns stärkt und sättigt.
Im Saft der Trauben läßt du uns deine Liebe und Fülle schmecken.
Du vertraust uns an, Salz zu sein inmitten dieser Welt.
Du läßt uns bei dir Gäste sein, so wie wir sind.
An deinem Tisch spüren wir die Verheißung:
Dann sitzen Menschen unter ihren Weinstöcken und Feigenbäumen
Und niemand schreckt sie auf. Amen.
aus dem Feierabendmahl der Frauenwerkstatt

*Gott,
du schenkst uns Brot,*

die Frucht der Erde und der menschlichen Arbeit.
Du läßt es für uns zum Brot des Lebens werden.

Alle: Gott, wir danken dir.

Liturg/in:
Gott,
du schenkst uns die Frucht des Weinstocks,
das Zeichen des Festes.
Du läßt uns im Wein deine neue Welt schmecken.

Alle: Gott, wir danken dir.

Liturg/in:
Wie aus den Körnern das Brot
und aus den Trauben der Wein geworden ist,
so laß uns zusammenwachsen als eine gewaltfreie Familie,
die deinen Schalom in unserer Welt zum Blühen bringt.

Alle: Amen.

aus dem Feierabendmahl des Liturgischen Tages Gewalt überwinden, »Pieces for Peace«

Mitten in Hunger und Krieg
feiern wir, was verheißen ist: Fülle und Frieden.
Mitten in Drangsal und Tyrannei
feiern wir, was verheißen ist: Hilfe und Freiheit.
Mitten in Zweifel und Verzweiflung
feiern wir, was verheißen ist: Glauben und Hoffnung.
Mitten in Furcht und Verrat
feiern wir, was verheißen ist: Freude und Treue.
Mitten in Haß und Tod
feiern wir, was verheißen ist: Liebe und Leben.
Mitten in Sünde und Hinfälligkeit
feiern wir, was verheißen ist: Rettung und Neubeginn.
Mitten im Tod, der uns von allen Seiten umgibt,
feiern wir, was verheißen ist durch den lebendigen Christus –
uns zum Heil und Gott zur Ehre.

Gott, wir danken dir

Wir danken dir für unsere Gaben, für die Vielfalt,
die sich unter uns entdecken läßt,
für die Ideen, die Fähigkeiten,
die Einzigartigkeit jeder und jedes unter uns.
Wir danken dir dafür, daß du uns aufhilfst,
wo Schuld und Ferne zu dir uns niederdrücken.
Du kommst auf uns zu,
um uns zu begeistern für die Vielfalt des Lebens,
das du uns geschenkt hast, und für den Weg,
den wir miteinander und mit dir gehen.
Stärke und bewege uns.
Wir danken dir, Gott; hilf uns aus unserer Undankbarkeit,
wir hoffen auf dich, Gott;
hilf uns aus unserer Hoffnungslosigkeit!
Amen.
aus dem Feierabendmahl des Leipziger Kirchentages 1997

Unser Gott, wir bringen das Brot dar

das aus vielen Körnern bereitet, und den Wein, der aus vielen Trauben
gewonnen ist. Schenke deiner Kirche, was die Gaben geheimnisvoll
bezeichnen: die Einheit und den Frieden. Darum bitten wir durch Christus, unsern Herrn.

V: Der Herr sei mit euch.
A: Und mit deinem Geiste.
V: Erhebet eure Herzen.
A: Wir erheben sie zum Herren.
V: Lasset uns Dank sagen, dem Herren, unserem Gotte.
A: Das ist würdig und recht.

Wir danken dir, verborgener Gott; denn du läßt uns Kind sein, siehst in
die Tiefe und bist barmherzig. Du weckst in uns den Traum des Glaubens gegen alle Kleingläubigkeit, den Traum der Liebe gegen allen
Haß, den Traum der Hoffnung gegen alle Verzweiflung. Du zersetzt die
Gewalt der Mächtigen und läßt die Armen mit Maria das Lied von der
Befreiung anstimmen.
Wir danken dir um Jesu willen, der deinen Geist in diese Welt ge-

bracht hat, der die Herzen der Menschen verwandelt, der die Augen der Besitzenden öffnen will für die Not derer, die vor unserer Tür liegen, die hungern und dürsten nach Brot, nach Gerechtigkeit, nach Anerkennung, nach Freiheit, nach Frieden.

aus dem Feierabendmahl des Hamburger Kirchentages 1995

Gott, du Schöpfer des Lebens

wir loben dich, du schenkst uns das Brot, die Frucht der Erde und der menschlichen Arbeit, laß dieses Brot für uns zum Brot des Lebens werden. Gott, du Schöpfer des Lebens, wir loben dich, du schenkst uns die Frucht des Weinstocks, das Zeichen des Festes, laß diesen Kelch für uns zum Kelch des Heils werden. Wie aus den Körnern das Brot, aus den Trauben der Wein geworden ist, so mach aus uns eine Gemeinde, ein Zeichen des Friedens für diese Welt. Amen.

aus dem Feierabendmahl des Münchner Kirchentages 1993

Wir danken dir, Gott, für Jesus Christus, deinen Sohn

durch ihn erfahren wir deine Liebe und Kraft. Er spricht zu uns. Er lädt sich bei uns ein. Er sieht uns an mit unseren Bindungen und schuldhaften Irrwegen und befreit uns. Er öffnet uns die Augen für ein geschwisterliches Verhältnis zu unseren Mitmenschen. Er gibt uns den Mut, Grenzen zu überschreiten, mit unserem Geld anders umzugehen, miteinander zu teilen. Wir danken dir, Gott, und loben dich für Jesus Christus, der sich selbst uns gibt in Brot und Kelch.

aus dem Feierabendmahl des Kirchentages im Ruhrgebiet 1991

Jesus, du bist bei uns

Darüber freuen wir uns.
Wenn du bei uns bist, tut es uns gut.
Deshalb bitten wir dich:
Nimm uns so an wie wir sind,
mit unseren großen und kleinen Fehlern
und Schwächen.
Nimm alles weg, was zwischen uns steht:

Ärger, Streit, Gedankenlosigkeit
und Bosheit.
Mach uns bereit, dir zu begegnen.

Es ist in Wahrheit würdig und recht

und bringt uns allen Heil und Segen,
wenn wir dir, unserem Herrn und Vater,
dem allmächtigen, ewigen Gott,
zu jeder Stunde und an jedem Ort danken
durch Jesus Christus, unseren Herrn.

Wir danken dir, weil er umherging und den Menschen Gutes tat, ja,
weil er den Menschen diente wie der Geringste der Knechte.
Wir danken dir, weil wir in ihm einen Fürsprecher haben, der uns seine
Liebe nicht entzieht.

Wir danken dir, weil er den reichen Zachäus dadurch überwandt und
ihm zu einem neuen und erfüllten Leben verhalf.
Wir loben dich, weil uns in ihm dein Licht auf Erden leuchtet und wir in
ihm deine Herrlichkeit erkennen. Amen.
aus dem Feierabendmahl des Kirchentages im Ruhrgebiet 1991

Dank für den Brückenschlag

vom Himmel zur Erde,
vom »Ehre sei Gott in der Höhe«
zum »Friede auf Erden«.

Dank für den Menschen,
der den Himmel
mit unserer Erde verbindet,
der uns in den Himmel rettet.

Dank für den neuen Geist aus Gott,
der uns mitnimmt auf den Weg
der Gerechtigkeit, des Friedens
und der Bewahrung der Schöpfung.

Dank unserem Gott,
der unseren Glauben stärkt,

unsere Hoffnung beschützt,
der unsere Liebe behütet,
der verbindet, was auseinanderfällt.

Heilig bist du, du bist für uns da:
Mutter und Vater,
Bruder und Schwester,
ersehnte Tröstung, lebendiger Atem,
immer schon da,
wo wir nur Haß und Feinde,
das Reich des Bösen sehen,
erfahren und erleiden.

Laß dich erfahren im Kreis der Gemeinschaft, die niemanden ausschließt,
ganz gleich,
wie stark wir glauben oder zweifeln,
welcher Kirche wir angehören,
wer immer wir auch sind.

Laß dich erfahren
im Brot, das sich mitteilt,
im Kelch, der sich ausschenkt,
in Jesus von Nazareth, deinem Sohn,
unserem Bruder,
der uns den Himmel öffnet
durch deinen heiligen Geist.
Uwe Seidel und Diethard Zils

Gott, den wir Vater nennen

der uns mütterlich zugetan,
zu viele haben dich
in einen fernen Himmel verdrängt,
und wir sehen oft keinen Platz
für dich hier auf der Erde,
weil doch das ganze All mit einem
Urknall aus dem Nichts entstanden sein könnte.

Und doch wollen wir dir heute danken
für dein explosives Wort:

»Es werde Licht!«, und es ward Licht.
Danken wollen wir für alles, was dieses
Wort in Bewegung gesetzt hat.
Danken wollen wir dir
für die unendliche Weite des Kosmos,
wenn auch seine Expansion
uns Angst macht.
Danken wollen wir dir
für den Menschen und seine Freiheit,
auch wenn sie zu Mord und Totschlag,
zu immer unvorstellbarer werdenden
Gräueln geführt hat.

Danken wollen wir dir
für Brot und Wein,
die Frucht der Erde
und der menschlichen Arbeit.
Danken wollen wir für einen von uns,
der das Konzept des Todes umkehren
wollte zum Leben –
und es kostete ihn selbst das Leben:
Jesus von Nazareth.

Danken wollen wir dir, Gott,
für diesen Jesus,
der den Weg der Seligpreisungen ging,
an der Seite der Armen
und Hungernden,
der Weinenden und Verfolgten.
Der darum selbst arm und elend,
geängstigt und geächtet wurde.
Für diesen Jesus wollen wir dir danken,
Gott.

So nehmen auch wir heute
Brot und Wein
und bitten dich:
Laß uns in diesen Zeichen
den Himmel auf Erden erfahren:
Jesus, den Christus, mitten unter uns,

in deinem Heiligen Geist,
der das Leben liebt.
So gedenken wir seiner
als des geerdeten Himmels,
wir freuen uns seiner Treue
zu allen Gebeugten auf Erden,
und danken dir für die Zuversicht,
die du uns gegeben hast:
Daß du ihn trugst, wie du uns trägst,
im Leben, im Tod und durch den Tod
hindurch –
und wir getrost wissen,
so tief wir auch fallen,
deine Hand hält uns in allen Zeiten.
Wir danken dir, Gott, in Jesu Namen.
Amen.
Uwe Seidel und Diethard Zils

Gott,
wir danken dir für deinen Sohn Jesus

der die Armen selig gepriesen hat.
Mit seinem Leben gab er
uns ein Beispiel.
Er hat das Leben der Armen
in Armut geteilt
und sich nicht von ihnen abgewandt.
Er lebte unter ihnen
und wurde einer von ihnen.
Der Jesus der Armen:
ihr Jesus.

Gloria Senor en el cielo.
Ehre sei Gott in der Höhe.
Gloria Senor con nosotros.
Ehre sei Gott auch bei uns.

Gott,
wir danken dir für deinen Sohn Jesus,
der die Armen befreite.

Er brachte ihnen einen neuen Reichtum,
den Reichtum der frohen Botschaft,
daß Gott ein Gott der Armen ist.
Er hat Kranke und Behinderte geheilt,
ihnen und uns allen
den Himmel geerdet.
Sie alle sind die Lieblinge Gottes:
die Verachteten, die Randständigen,
die Abgedrängten und Abgeschobenen.
Er wurde einer von ihnen,
der Jesus der Abgedrängten:
ihr Jesus.

Gloria Senor ...

Gott, wir danken dir für deinen Sohn Jesus,
der uns von unseren Sünden erlöst.
Er hat uns den Weg gewiesen,
die Sünde – das Ausgesondertsein,
das Nicht-eins-sein mit Gott –
aufzuheben,
und befreit uns für alle Zeit.

Sein Geist verbindet uns mit allen,
die sich nach Freiheit sehnen,
die nach Freiheit schreien,
die um Befreiung kämpfen.

Sein Geist verbindet uns:
der Geist der Weisheit
und der Liebe.
Sein Heiliger Geist lädt uns ein,
unser Einssein mit Gott im Abendmahl
zu erneuern.

Gloria Senor ...
Uwe Seidel und Diethard Zils

Du unser Gott,
wir danken dir für die Begegnung

mit den Menschen in Lateinamerika,
die uns die Augen öffnen für deine
Gegenwart in unserer Welt.
Die in ihrer Armut
ihre Hoffnung nicht begraben,
die »la Esperanza« rufen und deine
Gegenwart feiern in ihrem Leben.

Gloria Senor en el cielo.
Ehre sei Gott in der Höhe.
Gloria Senor con nosotros.
Ehre sei Gott auch bei uns.

Immer wieder haben wir versucht,
dich zu erfahren
in Jesus, unserem Bruder,
aber zu sehr haben wir dich
in den Himmel gepredigt,
anstatt deine Botschaft von der Liebe
umzusetzen mit Hand und Fuß.
Die vielen kleinen Leute in Lateinamerika
hat Jesus gemeint,
als er sagte:
Ich war hungrig, ich war durstig,
ich war fremd und nackt und krank,
ich war gefangen und geschunden.

Wenn wir uns ihrer Not stellen,
dann sind wir in der Gesellschaft Jesu.
Wenn wir an ihrer Not vorbeigehen,
gehen wir an ihm vorbei –
sind gottlos – so schön unsere Glaubens-
bekenntnisse auch klingen mögen.
Durch diese Schwestern und Brüder Jesu
erschließt du uns den Sinn der Schrift
und teilst mit uns das Brot und den
Kelch.

Gloria Senor ...

Du, unser Gott,
wir danken dir für Jesus,
der die Kreuzstiche ertragen
und das Kreuz für uns alle getragen hat,
damit wir frei sind für eine Welt,
die nicht nur von Gerechtigkeit träumt,
die auch endlich gerecht ist bis in den
letzten Winkel unsrer Erde.
Darum bitten wir dich:
Stärke unseren Glauben,
damit wir handeln,
nähre unsere Hoffnung,
damit wir nicht klein beigeben,
beschütze unsere Liebe,
damit wir immer wieder beginnen,
deinen heilenden Geist zu verbreiten in
unserer Welt.

Gloria Senor ...
Uwe Seidel und Diethard Zils

Wir danken dir, Gott

für das Brot, das wir teilen
und sehen das Wunder:

Es vermehrt sich in uns.

Wir danken dir, Gott,
für deine Gegenwart,
deine lebendige Kraft, die wir erleben
und sehen das Wunder:
Wir schöpfen Kraft und Hoffnung und
Mut. Wir werden zum Salz der Erde.

Wir danken dir, Gott,
für den Wein, den Kelch, den wir teilen
und sehen das Wunder:

Die Freude breitet sich aus unter uns
und steckt die Menschen um uns an –
aus Trauer wird Freude,
aus Tränen wieder Lachen,
aus Erstarrten lebendige Menschen,
wir werden wieder zum Licht der Welt.

Wir danken dir, Gott,
für deinen Sohn,
Jesus von Nazareth,
der diesen Wandel in uns bewirkt
in Brot und Wein,
der sein Leben für uns austeilt,
daß wir gesund werden
an Leib und Seele.
Wir werden wieder
Salz der Erde und Licht der Welt.

In Jesu Namen bitten wir dich:
Erfülle uns und alle Welt
mit deinem heilenden Geist,
in der Welt der vielen Wunden.
Erfülle uns und alle Welt
mit deinem guten Geist,
in einer so geistlosen Welt,
mit deinem heiligen Geist
in unheilvollen Zeiten.
Du bist mit uns und für uns und in uns.
Mit dir sind wir verbunden
und niemand kann uns
aus deiner Hand reißen.
Wie tief wir auch fallen,
du fängst uns auf und bist schon da
immer und in allen Zeiten.
Wir danken dir in Jesu Namen.
Amen.
Uwe Seidel und Diethard Zils

Texte von Uwe Seidel und Diethard Zils, S. 204-211, aus: Salz der Erde, © tvd-Verlag,
Düsseldorf 1999.

Einsetzungworte

Das ist Christus

Er spricht: Ich bin das Brot.
Nimm und iß!
Ich komme zu dir.
Ich bin bei dir.
Ich bin in dir.
Du wirst leben.
In Ewigkeit.
Und weiter:
Das ist Christus.
Er spricht: Ich bin der Wein.
Ich will in dir wirken.
In dir reifen.
Bis du ganz in Gott bist.
Lebendig wie ich. In Ewigkeit.
Jörg Zink

An dem Abend,
bevor Jesus gefangen genommen und gekreuzigt wurde

saß er mit den Seinen zusammen.
Da nahm Jesus das Brot,
dankte Gott dafür, brach es in Stücke
und gab allen davon.
Dazu sagte er: Nehmt und eßt!
So wie wir das Brot teilen,
so wollen wir auch das Leben teilen.
Dann nahm Jesus den Becher,
dankte Gott dafür und reichte ihn herum.
Dazu sagte er: Nehmt und trinkt alle davon!
Wir sind wie ein Weinstock.
Gemeinsam bringen wir viel Frucht.
Klaus Bastian

212

Und als sie aßen, nahm Jesus das Brot

dankte und brach's und gab's ihnen und sprach:
»Nehmt, das ist mein Leib.« Und Jesus nahm den Kelch,
dankte und gab ihnen den; und sie tranken alle daraus.
Und Jesus sprach zu ihnen:
»Das ist mein Blut des Bundes, das für viele vergossen wird.
Wahrlich ich sage euch, daß ich nicht mehr trinken werde vom
Gewächs des Weinstocks bis an dem Tag, an dem ich aufs neue
davon trinke im Reich Gottes.«
aus dem Feierabendmahl der Frauenwerkstatt

In der Nacht vor seinem Tod
hat Jesus ein Zeichen des neuen Anfangs gesetzt

Er brach das Brot, dankte,
teilte es den Jüngern aus mit den Worten:
Nehmt und eßt.
Das ist mein Leib für euch.
Tut dies zu meinem Gedächtnis.

Er nahm auch den Kelch,
sprach ein Dankgebet und sagte:
Dieser Kelch ist der Neue Bund in meinem Blut,
das für euch vergossen wird zur Vergebung der Sünden.
Sooft ihr diesen Kelch trinkt, tut es zu meinem Gedächtnis.

Jede Liebe braucht sichtbare Zeichen

Brot und Wein sind die sichtbaren Zeichen der Liebe Gottes zu uns. Sie
ermutigen uns, zu leben, zu lieben und zu hoffen, selbst wo Zwietracht
und Dunkel um uns sind. So wie damals.

In der Nacht, in der er verraten wurde, nahm ...
aus dem Feierabendmahl des Leipziger Kirchentages 1997

In der Nacht, da er verraten wurde

als er wußte, daß seine Stunde gekommen war,
gab er seinen Freunden den Beweis seiner Liebe:
Er nahm bei Tisch das Brot in die Hand,
dankte dir
und sprach das Lobgebet.
Er selbst brach den Seinen das Brot
und sprach zu ihnen:
Eßt dieses Brot miteinander.
Denn das ist mein Leib:
Ich schenke euch mein Leben!

So nahm er den Kelch in seine Hand,
dankte dir aufs neue
und gab ihn seinen Freunden
mit den Worten:
Trinkt alle aus diesem Kelch.
Denn das ist der neue Bund in meinem Blut:
In ihm wird eure Schuld vergeben!
aus dem Feierabendmahl des Kirchentages im Ruhrgebiet 1991

Wie oft hat Jesus mit seinen Freunden am Tisch gesessen

Wenn sie miteinander aßen,
nahm er das Brot,
dankte für die Gottesgabe,
gab jedem davon und sagte:
»Nehmt das Brot, eßt es und denkt daran:
Ich will immer für euch dasein.«

Dann gab er ihnen den Traubensaft.
Sie reichten den Becher weiter
und er sagte:
»Trinkt alle daraus und denkt daran:
Trauer und Verzweiflung sind besiegt.
Gott hat mit den Menschen Frieden gemacht.
Freude ist stärker als das Leid.«
Quelle leider unbekannt

214

Friedensgruß

In Frieden wollen wir das Leben teilen

in Frieden Gottes Nähe genießen,
in Frieden unsere Hoffnung stärken.
Sagt einander ein Wort des Friedens,
gebt euch dazu die Hand,
oder drückt es mit einer Geste aus,
die euch angemessen scheint.
Friede sei mit euch.
Klaus Bastian

Gott will Frieden für uns Menschen

Wir sprechen uns gegenseitig diesen Frieden Gottes zu ...
aus dem Feierabendmahl der Frauenwerkstatt

Das Wunder in Brot und Wein macht uns neu

es steckt an zu neuem Leben. Wir sehen uns selbst mit neuen Augen,
und Gott öffnet uns die Augen neu für die Welt um uns herum. Für die,
die mit uns sind. Manche kennen wir, manche haben wir noch nie
vorher gesehen. Der freundliche Gott, der sein Angesicht über uns leuchten läßt und sein Antlitz zu erkennen gibt, schenkt uns Augen füreinander. So kann Frieden werden unter uns und durch uns: der offene Blick
ohne Visier, die offene Hand zum Geben und Nehmen.
Gebt nun einander ein Zeichen des Friedens, es kann ein Blick sein, ein
Wort, eine Geste.
aus dem Feierabendmahl des Münchner Kirchentages 1993

Geht denen entgegen, die ihr liebhabt

Geht denen entgegen, die euch fremd sind.
Geht denen entgegen, die ihr lieber überseht.

Und gebt euch ein Zeichen des Friedens:
ein Lächeln, ein gutes Wort,

eine Gebärde,
eine Umarmung,
einen Kuß.
aus dem Feierabendmahl des Kirchentages im Ruhrgebiet 1991

Dankgebet

Ich habe das Leben gesehen

- in den Blüten und dem zarten Grün der letzten Tage
- in den leuchtenden Augen von Menschen, die mir entgegenkamen
- in den Gesten, die mir guttaten
- im Brot und im Kelch

Gott, ich danke dir!

Ich habe das Leben gehört
- in dem wiedererwachten Zwitschern der Vögel
- in den Worten, die mich aufnahmen und mir weiterhalfen
- in den Klängen, die mich berührten
- in den Geräuschen von Kauen und Schlucken

Gott, ich danke dir!

Ich habe das Leben geschmeckt
- in Süßem und Bitterem
- in Weichem und Hartem
- im Brot, im Wein oder Saft

Gott, ich danke dir!

Ich habe das Leben gefühlt
- den Wind auf meiner Haut und die ersten warmen Sonnenstrahlen
- die Hand, die mich streichelte, die mich führte, wenn ich Angst hatte
- in der Gemeinschaft des Mahles

Gott, ich danke dir!

Ich habe Spuren des Lebens entdeckt
- auf meinen Wegen durch die Natur genauso wie in den Straßen des Alltags:
- in jedem Schritt zu mehr Gerechtigkeit und Frieden

○ in jedem Freudensprung und auch in langsamen Bewegungen
○ auf den Spuren Jesu
Gott, ich danke dir! Amen.

Klaus Bastian

Zum Leben befreit durch Brot und Rebensaft

gehen wir gestärkt unsere Wege.
Weil Gott bei uns ist,
werden wir wohnen,
wo kein Mensch den anderen bedrängt.
Weil Jesus unter uns ist,
werden wir wohnen,
wo der Tod Vergangenheit ist.
Weil die heilige Ruach in uns ist,
werden wir beieinander wohnen im Geiste Jesu.

aus dem Feierabendmahl der Frauenwerkstatt

Gott,
wir haben etwas von dir gespürt

Dein Handeln an uns ist zum Segen geworden.
Dein Friede ist uns nahegekommen.
Wir danken dir für Brot und Wein,
für die Gemeinschaft an deinem Tisch. Amen.

aus dem Feierabendmahl des Liturgischen Tages Gewalt überwinden, »Pieces for Peace«

Wir danken dir, barmherziger Gott

Du kommst zu uns in Brot und Wein
und verbindest uns zu neuer Gemeinschaft.
Du bringst den Armen das Reich Gottes
und sprichst die Sünder gerecht.
Du befreist uns vom Einerlei
der Sprache und der Macht
und erweckst uns so zu neuem Leben.

Durch Jesus Christus, deinen Sohn,
der mit dir und dem Heiligen Geist
lebt und Leben schafft von Ewigkeit zu Ewigkeit.
Amen.

Gott,
wir danken dir für Brot und Wein

für die Gemeinschaft und für deine Nähe.
Laß uns über unserer Sattheit nicht den Hunger anderer vergessen,
den Hunger nach Speise und Kleidung,
den Hunger nach Gerechtigkeit und Frieden,
den Hunger nach Liebe und Freiheit von Angst.

Brot aus vielen Körnern

Wein aus vielen Trauben,
eine Gemeinschaft aus so verschiedenen Frauen und Männern –
das schaffst du, lebensfreundlicher Gott.
Dafür danken wir dir und bitten dich:
Gib uns mit nach Hause die Erinnerung
an den Duft des Brotes,
an den Geschmack des Weines,
an die Stärkung durch die Gemeinschaft unter uns.
Amen.
aus dem Feierabendmahl des Leipziger Kirchentages 1997

Herr, verleihe uns

daß die Ohren, die dein Wort gehört haben,
verschlossen seien für die Stimmen des Streits und des Unfriedens,
daß die Augen, die deine große Liebe gesehen haben,
auch die Menschen sehen, die niedergeschlagen und mutlos sind,
daß die Zungen, die dein Lob gesungen haben,
hinfort Unrecht beim Namen nennen und die Wahrheit bezeugen,
daß die Hände, die sich dir entgegengestreckt und deine heilige Gabe
empfangen haben,

bereit sind zum Teilen und zu tatkräftiger Hilfe,
daß die Füße, die in deinem Hause gestanden haben,
hinfort schwierige und einsame Wege nicht scheuen,
daß die Leiber, die an deinem heiligen Leibe Anteil gehabt haben,
hinfort Gottes Kraft, Zärtlichkeit und Liebe leben.
Dir sei Dank für deine unaussprechliche Gabe.
aus dem Feierabendmahl des Hamburger Kirchentages 1995

Zu deinem Mahl sind wir gekommen, Herr Jesus

weil wir mit den Augen unseres Herzens unseren Heiland sehen wollten. So sind wir dir begegnet und haben einander die Hand gereicht
an deinem Tisch. Das soll nun unser Dank sein, daß wir mit neuen
Augen auf die Menschen blicken – unsere Brüder und Schwestern – mit
den Augen, die du uns geöffnet hast, der du lebst von Ewigkeit zu
Ewigkeit. Amen.
aus dem Feierabendmahl des Münchner Kirchentages 1993

Fürbitten

Liturgin I:
Wir bitten dich

Mach uns mißtrauisch und wach, wo die brutale Erfahrung von Gewalt
durch Sprache verschleiert wird, wo vernichtende Erfahrungen von
Menschen zu nicht vermeidbaren Risiken verharmlost werden. Laß uns
vernehmlich Einspruch erheben, wo Nationen und Völker Kriege zu
politischer Notwendigkeit erklären.
Verwandle uns, damit wir gänzlich einfallslos werden, wenn es darum
geht, anderen weh zu tun. Aber grenzenlose Phantasie und Erfindungs-
reichtum schenke uns, damit gutes und befreites Leben für alle Wirklichkeit wird. Wir bitten dich:

Alle: Erhöre uns.

Liturgin II:
Daß du uns anstiftest zum Glück. Daß wir die Sehnsucht immer wieder
spüren, daß nichts so bleiben muß, wie es ist; daß Kinder nicht den
Hungertod sterben müssen, während andere sich mit Diäten das Leben

versauern. Daß Menschen so viel haben, damit ihr Leben gelingt. Gib unser verdorrten Phantasie deine Bilder, damit wir Lust spüren, deine Mitschöpferinnen zu sein. Wir bitten dich:

Alle: Erhöre uns.

Liturgin III:
Gott, du kennst die vielen Frauen, die sich durch ein Bild von dir, das ihnen eingeprägt wurde, einschränken lassen, und so ihr Leben nicht in der Fülle, die du willst und wie du es uns zugedacht hast, führen. Wir bitten dich: Nimm du selber Raum in uns, damit wir erkennen, daß du größer und großzügiger bist, als wir es zu denken vermögen und damit wir erkennen, daß du für jede von uns ein Leben in seiner ganzen Fülle bereithältst.
Steh den Frauen bei, denen Tradition und Sitte ein Leben in Fülle verwehren. Wir bitten dich:

Alle: Erhöre uns.

Liturgin I:
Barmherziger Gott, sprich du auch heute durch Menschen zu uns. Mache uns neu an Leib und Seele und zeige uns, wie wir leben können, daß dein Reich sichtbar wird. Wir bitten dich:

Alle: Erhöre uns.
aus dem Feierabendmahl der Frauenwerkstatt

Gott, unser Vater

wir suchen dich in der Ferne,
doch du bist uns ganz nahegekommen
durch deine Engel,
durch deinen Geist,
durch Jesus Christus.
So gibst du den Schwachen Kraft,
so tröstest du die Traurigen
und ermutigst die Verzagten.
So schaffst du Verständigung und Vertrauen.

Wir danken dir und bitten für alle Menschen,
die sich auseinandergelebt haben.
Schenke ihnen und uns mehr Vertrauen zueinander,

und laß uns unsere Verschiedenheit ertragen:
in unseren Familien,
zwischen den Ehepartnern,
zwischen Eltern und Kindern,
zwischen den Generationen.

Wir bitten für die Menschen,
die jetzt in Angst unter uns leben,
die verzweifelt und verbittert sind über die Gewalt,
die ihnen angetan wird.
Verwandle die Gedanken der Rache in neue Visionen der Verständigung.
Verwehre du alle Gewöhnung an Haß und Krieg.

Wir bitten für unsere so verschiedenen Kirchen und Religionen:
Gib, daß wir uns mit den Mauern, die uns trennen, nicht abfinden.
Laß uns die Vielfalt des Glaubens als Geschenk und Reichtum nutzen.

Gott, unser Vater,
du willst uns zu freien Menschen machen.
Befreie uns von der Sorge nur um uns selbst,
um unser Wohlergehen.
Schenke uns Vertrauen, daß du deine Hand über uns hältst.
Hilf, daß wir uns selbst nicht krampfhaft wichtig nehmen.
Laß uns mutig und eindeutig wirken im Geist Jesu Christi
für Gerechtigkeit in dieser Welt und für einen Frieden,
der verzichtet auf Krieg und dadurch deine Schöpfung bewahrt.
aus dem Feierabendmahl des Leipziger Kirchentages 1997

Sendung und Segen

Keinen Tag soll es geben, da du sagen mußt

Niemand ist da, der mir die Hände reicht.
Keinen Tag soll es geben, da du sagen mußt:
Niemand ist da, der mit mir Wege geht.
Und der Friede Gottes, der höher ist als unsere Vernunft,
der halte unsren Verstand wach
und unsre Hoffnung groß
und stärke unsre Liebe.

Keinen Tag soll es geben, da du sagen mußt:
Niemand ist da, der mich mit Kraft erfüllt.
Keinen Tag soll es geben, da du sagen mußt:
Niemand ist da, der mir die Hoffnung stärkt.
Und der Friede Gottes, der höher ist als unsre Vernunft,
der halte unsren Verstand wach
und unsre Hoffnung groß
und stärke unsre Liebe.

Keinen Tag soll es geben, da du sagen mußt:
Niemand ist da, der mich mit Geist beseelt.
Keinen Tag soll es geben, da du sagen mußt:
Niemand ist da, der mir das Leben schenkt.
Und der Friede Gottes, der höher ist als unsre Vernunft,
der halte unsren Verstand wach
und unsre Hoffnung groß
und stärke unsre Liebe.
Uwe Seidel
Aus: Salz der Erde, © tvd-Verlag, Düsseldorf 1999.

Jesu Mut beflügle unser Reden

Gottes Geist stärke unsere Gemeinschaft.
Das Reich Gottes wachse mitten unter uns.
aus dem Feierabendmahl der Frauenwerkstatt

Wenn ihr geht

dann nehmt die Eindrücke dieses Tages und dieses Abends mit,
und auch die Gewißheit,
daß Gott euch auf euren Wegen begleitet,
wohin ihr auch unterwegs seid.

Gott hat mit uns allen etwas vor,
daran erinnert der offene Kubus
oben auf unserem Kreuz.

Niemand von uns ist zu jung oder zu alt,
zu schwach oder zu stark dafür.
Wir alle können ein Zeichen für Gottes Welt werden,
ein Zeichen dafür, daß Waffen umgeschmiedet werden können
zu Werkzeugen deines Friedens.
*aus dem Feierabendmahl des Liturgischen Tages Gewalt überwinden, »Pieces
for Peace«*

Gott,
wenn wir jetzt auseinandergehen

dann laß deinen Segen, um den wir bitten,
zur befreienden Kraft für unser Leben werden.

Der Gott,
der Abraham in ein unbekanntes Land gesandt
und Israel aus der Gefangenschaft befreit hat,
segne uns.

Christus,
der die Traurigen tröstet und die Mutlosen aufrichtet,
mache uns frei.

Der Heilige Geist,
der uns so verschiedenen Menschen
in der Hoffnung auf das Reich Gottes verbindet,
weise uns den Weg der Gerechtigkeit.
Amen.

Gott segne dich und behüte dich

deinen Leib und deine Seele.
Gott lasse das Angesicht leuchten über dir und sei dir gnädig,
in Liebe und Güte kannst du leben.
Gott erhebe das Angesicht über dich und gebe dir Frieden.
Gott wird dich nicht aus seiner Hand gleiten lassen
Tag und Nacht, von einer Ewigkeit zur anderen.
Amen.
aus dem Feierabendmahl des Leipziger Kirchentages 1997

Gesegnet sollst du sein zu Haus und auf dem Feld deiner Arbeit

gesegnet soll sein, was du hervorbringst:
die Frucht deines Körpers, deiner Seele, deines Geistes,
die Frucht deines Tuns, die Frucht deiner Verantwortung;
gesegnet soll sein, was dir mitgegeben ist:
dein Korb und dein Backtrog;
gesegnet soll sein, was vor dir liegt:
dein Kommen und dein Wiederverlassen.
Gott wird dem Segen sagen, er solle mit dir sein
bei allem, was du tust und wo auch immer dein Ort ist.
Amen.
aus dem Feierabendmahl des Hamburger Kirchentages 1995

Wir haben miteinander das Mahl der Hoffnung gefeiert

nun gehen wir weiter, gestärkt von Jesu Nähe. Sie verbindet uns untereinander zu Schwestern und Brüdern, die mit ihm unterwegs sind auf
den Straßen der Welt.
Wir wünschen uns
○ einen aufmerksamen Blick für Menschen, die an unserem Weg liegen
○ einen zuversichtlichen Gang auf unbekannten Wegen
○ weniger Angst vor Gefahren auf unserem Weg
○ ein helles Licht, wenn unsere Wege in Dunkelheit führen.

Der Segen Gottes begleite euch

Gott segne dir den Weg, auf dem du jetzt gehst.
Gott segne dir das Ziel, für das du jetzt lebst.
Sein Segen sei mit dir, der Segen strahlenden Lichts – Licht um dich her
und innen in deinem Herzen.
Aus deinen Augen strahle das gesegnete Licht wie zwei Kerzen in den
Fenstern eines Hauses, die den Wanderer locken, Schutz zu suchen
dort drinnen vor der stürmischen Nacht.
Wen immer du triffst, wenn du über die Straße gehst, ein freundlicher
Blick von dir möge ihn treffen.
Gott schütze dich, gehe hin in seinem Frieden.

So segne euch der gütige Gott, der Vater, der Sohn und der Heilige Geist.
Amen.
aus dem Feierabendmahl des Münchner Kirchentages 1993

Symbole und Rituale

Ein Vergebungsritual

Wo es die baulichen Gegebenheiten und die Offenheit der Gemeinde erlauben und dieser inhaltliche Schwerpunkt (Schuldvergebung) gesetzt werden soll, können die verschrifteten »Bekenntnisse« auf den Zetteln eingesammelt und als sichtbares Zeichen dafür, daß Schuld von uns genommen werden kann, (in einer geeigneten Schale!) verbrannt werden. So wie diese Zettel mit unseren schuldhaften Verstrickungen im Feuer verbrennen und vernichtet werden, so wird unsere Schuld von Gott vergeben und existiert nicht mehr vor ihm, wenn uns unsere Verfehlungen und Verstrickungen leid tun, wir sie Gott gestehen und einen neuen Anfang mit uns und den Menschen um uns herum wagen wollen.
aus dem Feierabendmahl des Leipziger Kirchentages 1997

Einstimmung Präfationsgebet

Eine Brotliturgie

Seht euch um!
Seht die vielen Menschen hier,
Frauen und Männer,
Menschen ganz nah und Menschen ganz fremd.

So, wie wir uns hier in dieser Kirche versammelt haben,
so sind in dem Brot, das wir nun brechen und miteinander teilen werden,
Körner vereint, die einst verstreut waren auf vielen Feldern.

»Wie die Körner einst verstreut waren auf den Feldern,
und die Beeren einst verstreut waren auf den Weinbergen,
und jetzt hier vereint sind in Brot und Wein,

so werden wir eines Tages aus all unserer Zerrissenheit
in Gottes Gegenwart versammelt sein«,
sagt eine alte Verheißung.
Dann wird das Brot für alle reichen,
und niemand wird sich mehr erniedrigen und darum betteln müssen.

So vielfältig wie wir sind,
so viele Arten von Brot tragen wir nun zusammen.
Wenn wir sie brechen und miteinander teilen,
laßt uns derer gedenken,
deren Hände sie gebacken haben:
laßt uns ihre Sorgen und Hoffnungen,
ihren Hunger nach Gerechtigkeit in unsere Mitte nehmen.

Darbringung der Gaben

*Mitarbeiter des Vorbereitungskreises stellen nun die in Körben bereit-
stehenden Brotsorten vor und bringen sie zum Altar:*

Einer: Ich bringe Roggenbrot.
Es ist das Brot von Menschen, die hart arbeiten müssen.
Es erinnert uns an die Menschen,
die hungern nach einem Leben in Freiheit und Würde.
Wir bitten dich, Gott: Segne sie und segne uns dieses Brot.

Ein anderer: Ich bringe Vollkornbrot.
Es erinnert uns an alle, denen die Fülle
und Ganzheit des Lebens verwehrt wird,
die sich erniedrigt fühlen, weil sie arbeitslos sind
und ihre Hände, Ideen und Gedanken nicht einsetzen können,
ihr Brot zu verdienen.
Wir bitten dich, Gott: Sieh auf ihre Niedrigkeit, ihre Not.

Ein dritter: Ich bringe Zwieback.
Es ist das Brot für die Kranken,
die Hektik und Einsamkeit krank gemacht haben.
Es erinnert uns an alle,
die für Heilung arbeiten und die Heilung brauchen.
Wir bitten dich, Gott: Segne sie.

Eine vierte: Ich bringe Fladenbrot.

Es ist das Brot, das heimisch geworden ist unter uns
durch Menschen aus allen Kontinenten, die bei uns wohnen.
Es bereichert unsere Tafel und erinnert uns daran,
wie reich uns die Begegnung mit Frauen und Männern
aus anderen Kulturen macht.
Wir bitten dich, Gott: Segne die Kraft dieses Brotes,
daß wir lernen, die Reichtümer dieser Erde
unter allen ihren Bewohnern gerecht zu teilen.

Ein fünfter: Ich bringe ungesäuertes Brot.
Mit diesem Brot feiern unsere jüdischen
Schwestern und Brüder das Passahmahl.
Es ruft uns die Flüchtlinge und Asylsuchenden ins Gedächtnis,
die – wie einst das jüdische Volk – ihre Häuser verlassen mußten
und nun eine neue Heimat suchen.
Wir bitten dich, Gott: Vergib uns unsere Schuld.

Eine sechste: Ich bringe Milchbrötchen.
Sie stehen für die Kinder, für ihren Hunger
nach Verständnis und Wärme,
nach tröstenden Armen und einer offenen Tür.
Wir bitten dich, Gott: Segne alle, die mit Kindern zu tun haben,
und bewahre den Kindern die Lust am Leben und ihren Tatendrang.

Lied

»Brich mit den Hungrigen dein Brot«

Deutung

*Währenddessen werden die Brote gebrochen und auf die Körbe für
die Tischrunden verteilt. Jede Sorte Brot sollte in jedem Korb wenigstens in einem Stück vorhanden sein.*

Die vielen Brote sind wie unsere Erfahrungen:
gebrochen nur können wir sie weitergeben und miteinander teilen.
Mit all unseren Erfahrungen von Gebrochenheit,
mit den Bruchstücken unseres Daseins
kommen wir zu dir, Gott,
hungernd nach Heilung und Stärkung

durch das Mahl, das du uns anbietest.
Wir gedenken dabei des Mahles,
das Jesus mit seinen Jüngerinnen und Jüngern feierte
in der letzten Nacht, bevor er verraten wurde ...
aus dem Feierabendmahl des Hamburger Kirchentages 1995

Fantasiereise: Brot

Ich lade Sie ein, vor Ihrem inneren Auge den Weg des Korns bis hin zum Brot und den Weg der Trauben bis hin zum Wein beim Abendmahl mitzuerleben.
Wenn Sie diese Reise nicht mitmachen wollen, dann hören Sie einfach zu und fühlen sich doch mitbeteiligt.
Setzen Sie sich in den Kutschersitz: vorn auf dem Hocker, aufrecht, und atmen Sie tief, wenden Sie Ihre Aufmerksamkeit Ihrem Atem zu.
– Pause –

Stellen Sie sich einen Acker vor mit seinen dunklen, feuchten Erdschollen. Jetzt fährt eine Sämaschine langsam und stetig über das Feld. Saatgut wird in den Acker gelegt.
Sonne und Regen wechseln nun, die Saatkörner liegen im Dunkeln der fruchtbaren Erde verborgen. Unter der Wärme der ersten Frühlingssonne schicken die Saatkörner jetzt ihre Sprößlinge nach oben. Sie sehen, wie das Feld grünt und dann hochwächst zu einem großen Getreidefeld. Auf den Halmen bilden sich Ähren, in denen die Körner heranreifen. Mit der Hitze des Sommers wandelt sich nun das Grün in Gelb. Die Zeit der Ernte ist da.
Das Korn auf den Halmen wird jetzt mit einer großen Maschine geschnitten und sofort auch gedroschen, dann fährt der Traktor mit seinem Hänger in die Scheune, wo die Körner trocken gelagert werden.
Doch bald schon holen Lastwagen das Getreide ab und bringen es zur Mühle, wo das Korn zu Mehl gemahlen wird.
Nun stellen Sie sich eine Person vor, eine Frau oder einen Mann, im Einkaufszentrum. Diese Person kauft Mehl und Gewürze, zuhause dann in der Küche beginnt sie damit, Brot zu backen. Vom vorherigen Brotteig steht Sauerteig bereit. Die Person mengt mit den Händen alles unter und knetet es lange und gründlich durch: Mehl, Sauerteig, Wasser, Salz und andere Gewürze. Sie formt den Teig mit ihren Händen und gibt ihn in die Hitze des Backofens.

Bald kann sie den frischen Brotlaib herausholen. Sie klopft auf die Unterseite und prüft, ob das Brot ganz durchgebacken ist. Ist der Laib abgekühlt, schneidet sie ihn auf. Sie macht zuvor das Zeichen des Kreuzes über den Laib. Sie schneidet ihn in Stücke, legt ihn auf einen Teller. Jetzt sehen Sie, wie sie in die Kirche geht und ihn auf den Altartisch stellt.

Nun sehen Sie vor Ihrem inneren Auge, wie ein Abendmahl gefeiert wird und das Brot geteilt wird, wie es weitergereicht wird und alle davon essen. Die Menschen haben teil am menschenfreundlichen Gott, am Brot des Lebens in Jesus Christus. Gestärkt gehen sie alle zurück in den Alltag.

Fantasiereise: Wein

Stellen Sie sich vor: Sie steigen auf einen Weinberg. Die Weinstöcke stehen in langen Reihen den Berg hinauf, Trauben hängen an ihnen, reifen in der warmen Herbstsonne. Es sind dunkle Trauben, die Sorte für einen guten Rotwein.

Sie sehen, wie mit den Kiepen auf dem Rücken Frauen und Männer durch die Reihen gehen und die Reben abschneiden, sie werfen sie hinter sich in ihre Kiepen und leeren diese immer, wenn sie voll sind, in einen großen Bottich, eine Arbeit, die den ganzen Tag dauert. Eine Person fährt diesen dann zur Weinkellerei der Winzergenossenschaft. Dort werden die Trauben auf ihren Gehalt an Öchslegraden geprüft, gewogen und in der Kelter gestampft und gepreßt.

Nun ruht der Traubensaft einige Wochen in großen Fässern. In dieser Zeit gärt er, der Zucker verwandelt sich in Alkohol und in diesem Prozeß wird der Saft zum Wein.

Nun wird der Wein in große Fässer abgefüllt und später in Flaschen, die das Etikett der Weinhandlung tragen.

Die Kirchgemeinde kauft eine ganze Menge Flaschen von diesem Wein, er lagert im Keller des Pfarrhauses.

Zum Abendmahl holt der Küster oder die Küsterin eine Flasche Rotwein und füllt ihn in einen kostbaren Krug und stellt ihn auf den Altartisch. Menschen sind versammelt um Brot und Wein. Sie trinken den Wein aus dem Kelch. So haben sie Anteil an der Gemeinschaft in der Liebe Gottes, die Jesus Christus verkündet und gelebt hat.

Sie können jetzt langsam wieder die Augen öffnen, schauen Sie sich um, schütteln Sie Ihre Arme und Beine, kommen Sie so wieder zurück hier in den Raum.

Fantasiereise: Kelch

Der Kelch ist ein altes religiöses Symbol, das zum Ausdruck bringen will, daß wir unser Geschick von Gott empfangen.
Ich lade Sie ein, den Kelch einmal vor Ihrem inneren Auge zu betrachten. Sie können die Augen schließen und dreimal ruhig und tief ein- und ausatmen. Nun stellen Sie sich vor ihrem inneren Auge einen Kelch vor mit Fuß, Stiel und Schale. Wie sieht er aus? Schauen Sie ihn sich genau an! Jetzt blicken Sie in den Kelch hinein: Sie sehen eine runde Schale, die darauf wartet, gefüllt zu werden. Eine Ihnen liebe Person stellt auf einen Tisch einen zweiten Kelch daneben, er ist ebenso schön wie der Ihre, und Sie freuen sich an beiden Kelchen. Nun füllt diese Person eine bittere, dunkle Flüssigkeit in einen Kelch. Sie werden traurig und erinnern sich der Worte Jesu: »Laß diesen Kelch an mir vorübergehen!«, und Sie erinnern sich, wie schwer es Ihnen selbst geworden ist, in Ihrem Leben Leid und Schmerz anzunehmen.
Aus einem kristallglänzenden Krug gießt nun Ihre Begleitung eine wohlriechende und klare Flüssigkeit in den zweiten Kelch. Sie spricht dazu die Worte:
»Es ist der Segenskelch des Lebens und der Weisheit, er reinige, stärke und heile dich. Es ist auch der Kelch des neuen Bundes, den Gott täglich neu mit uns schließt.«
Verneigen Sie sich vor den Kelchen, dem Kelch des Leidens und dem Kelch des Heils. Werden Sie sich dessen bewußt, daß der Kelch des Leidens sich wandelt in den Kelch des Heils. Dann sprechen Sie Worte des Dankes und verabschieden sich von der Person und den Kelchen in dem Bewußtsein, daß beide Kelche zu Ihrem Leben gehören.
Hanna Strack

Literatur zum Thema Abendmahl

Vorbemerkung
Die chronologisch zusammengestellte Literaturauswahl berücksichtigt im Anschluss an die zusammenfassenden TRE-Artikel von 1977 besonders die seit dem Forum Abendmahl auf dem 18. Deutschen Evangelischen Kirchentag in Nürnberg 1979 wirksam gewordene Literatur. Im übrigen sei auch verwiesen auf das neue Evangelische Gottesdienstbuch (1999) und auf das neue Evangelische Gesangbuch (EG, 1996), letzteres enthält neben liturgischen Entwürfen der Mahlfeier (z.B. EG Rheinland-Westfalen-Lippe S. 1228f. 1236f) auch Bekenntnistexte (z.B. S. 1305ff) aus der Zeit der Reformation, die die kirchliche Diskussion und Situation auch zum Abendmahl bis heute noch prägen: Das Augsburger Bekenntnis, der Kleine Katechismus oder der Heidelberger Katechismus. Die Leuenberger Konkordie von 1973 (auszugsweise z.B. S. 1381ff) beendet die lutherisch-reformierten Auseinandersetzungen auch zum Abendmahl, vgl. zum evangelisch-katholischen Gespräch: Das Herrenmahl. Gemeinsame römisch-katholische / evangelisch-lutherische Kommission. Paderborn / Frankfurt/M. 1978.

1977 Art. *Abendmahl / Abendmahlsfeier.* In: Theologische Realenzyklopädie (TRE) Bd. I, Berlin 1977, S. 43-229 / 278-328 *Diese beiden Lexika-Artikel fassen den Stand der theologischen Diskussion bis etwa 1975 zusammen.*

1978 *Weert Flemmig / Klaus Middel / Johannes Opp (Hg.):* ku-praxis 9: Abendmahl. Gütersloh 1978; dazu: ku-materialien 9: Abendmahl; Lieder zum Abendmahl (LP); Liederheft und Arrangements

1979 *Lionel Blue / June Rose:* Ein Vorgeschmack des Himmels. Abenteuer religiöser Kochkunst. München 1979
Georg Kugler (Hg.): Forum Abendmahl. Im Auftrag und unter Mitarbeit des Projektausschusses Abendmahl, Gottesdienst, Fest und Feier des 18. Deutschen Evangelischen Kirchentages in Nürnberg. Gütersloh 1979 (GTB 346)

1980 *Herbert Höner:* Praxishilfe: Neue Formen der Gemeinschaft. essen – feiern – meditieren. Gütersloh 1980 (GTB Jugendarbeit 703)
Manfred Josuttis / Gerhard Marcel Martin (Hg.): Das heilige Essen. Kulturwissenschaftliche Beiträge zum Verständnis des Abendmahls. Stuttgart 1980
Eberhard Kenntner: Abendmahl mit Kindern. Versuch einer Grundlegung unter Berücksichtigung der geschichtlichen Wurzeln der gegenwärtigen Diskussion in Deutschland. Gütersloh (1980) 3. Aufl.1989 *(Lit.)*

1981 *Karl-Heinrich Bieritz:* Abendmahlsverständnis und Abendmahlspraxis in der Gegenwart. In: Kerygma und Dogma 27, 1981, H. 4
Rolf Christiansen / Peter Cornehl (Hg.): Alle an einen Tisch. Forum Abendmahl 2. Im Auftrag und unter Mitarbeit des Projektausschusses »Forum Abendmahl« des 19. Deutschen Evangelischen Kirchentages in Hamburg. Gütersloh 1981 (GTB 382)
Georg Kugler: Feierabendmahl. Zwischenbilanz, Gestaltungsvorschläge, Modelle. Gütersloh 1981
Geiko Müller-Fahrenholz (Hg.): ... und wehret ihnen nicht! Ein ökumenisches Plädoyer für die Zulassung von Kindern zum Abendmahl. In Zusammenarbeit mit der Kommission für Glauben und Kirchenverfassung und dem Erziehungsbüro des Ökumenischen Rates der Kirche, Genf. Frankfurt/M. 1981
Thema: Abendmahl. Texte, Bilder, Übungen. Löwensteiner Materialdienst 1981;

dazu: Leitfaden für Gruppenleiter, 1982 (Bezug: Ev. Tagungsstätte, 25864 Löwenstein-Altenau)

1982 *Norbert Greinacher:* Im Angesicht meiner Feinde – Mahl des Friedens. Zur politischen Dimension des Herrenmahls. Gütersloh 1982 (GTB 1051)
Das Mahl des Herrn. 25 Jahre nach Arnoldshain. Ein Votum des theologischen Ausschusses der Arnoldshainer Konferenz. Neukirchen-Vluyn 1982
Taufe, Eucharistie und Amt. Konvergenzerklärungen der Kommission für Glauben und Kirchenverfassung des Ökumenischen Rates der Kirchen. Frankfurt/M. 1982

1983 *Comenius-Institut (Hg.):* Abendmahl mit Kindern. Entwicklung in den Evangelischen Kirchen in der Bundesrepublik Deutschland und in der Deutschen Demokratischen Republik. Dokumentation 1977-1982. Münster 1983
Die Eucharistische Liturgie von Lima. Mit einer Einführung von Max Thurian. Frankfurt/M. 1983
Frieder Schulz: Die Lima-Liturgie. Kassel 1983
Themaheft: *Abendmahl und Gemeindeerneuerung.* In: Pastoraltheologie 72, 1983. H. 3 *(Lit.)*

1984 *Klaus Eulenberger:* Konfirmanden und Abendmahl. In: Comenius-Institut (Hg.): Handbuch für die Konfirmandenarbeit. Gütersloh (1984) 2. Aufl. 1985, S. 212-219

1985 *Peter Cornehl:* Art. Gottesdienst VIII. Ev. Gottesdienst von der Reformation bis zur Gegenwart. In: TRE 14, 1985, S. 54-85

1986 *Markus Eham:* Gemeinschaft im Sakrament? Die Frage nach der Möglichkeit sakramentaler Gemeinschaft zwischen katholischen und nichtkatholischen Christen. Zur ekklesiologischen Dimension der ökumenischen Frage, 2 Bde. Frankfurt/M. 1986
Gerda und Rüdiger Maschwitz: Komm, wir essen zusammen. Mit Kindern das Essen erleben. Offenbach 1986

1987 *Beratungsstelle für Gestaltung (Hg.):* Feier(t) Abendmahl. Eröffnungen.. Materialheft 49/50. Frankfurt/M. 1987 *(Bezug: Eschersheimer Landstr. 565, 60431 Frankfurt/M.)*

1988 *Liturgischer Ausschuß (Hg.):* Zur Feier des Heiligen Abendmahls. Abendmahl 1: Zur Ordnung und ihrem Sinn / 2: Zur Praxis und ihrer Gestalt. Eine Handreichung. Materialien für den Dienst in der Ev. Kirche von Westfalen (Reihe A Heft 28/29) Bielefeld 1988
Gerhard K. Schäfer: Eucharistie im ökumenischen Kontext. Zur Diskussion um das Herrenmahl in Glauben und Kirchenverfassung von Lausanne 1927 bis Lima 1982. Göttingen 1988
Ludwig Schmidt (Hg.): Abendmahlsgebete ökumenisch. Göttingen 1988
Friedrich Wintzer: Abendmahlspraxis und Abendmahlsverständnis unter Berücksichtigung der geschichtlichen Entwicklungen. In: Pastoraltheologie 77, 1988, S. 176-189

1989 *Gerhard Blail:* Das Abendmahl. Eine Einführung und Orientierung. Stuttgart 1989
Uwe Dittmer: Im Blickpunkt: Abendmahl. Theologische Informationen für Nichttheologen. Berlin 3. Aufl. 1989
Hans-Bernhard Meyer: Eucharistie. Geschichte, Theologie, Pastoral (Gottesdienst der Kirche 4). Regensburg 1989

1990 *Elisabeth Achtnich / Rainer Starck:* Mehr als Brot und Wein. Was uns das Abendmahl bedeutet. Offenbach 1990

Friedrich Karl Barth / Gerhard Grenz / Peter Horst: Gottesdienst menschlich. Eine Agende. Gesamtausgabe. Wuppertal 1990 (erstmals Bd. 1, 1973; Bd. 2, 1980); darin: Abendmahl, S. 51ff
Sybille Fritsch-Oppermann / Henning Schröer (Hg.): Lebendige Liturgie. Gütersloh Bd. 1, 1990; Bd. 2, 1992
Klaus Hahn / Rainer Starck (Hg): ku-praxis 27: Zum Abendmahl geladen. Gütersloh 1990

1991 *Beratungsstelle für Gestaltung (Hg.):* Mit Kindern Abendmahl feiern. Materialheft 61. Frankfurt/M. 1991 *(Bezug: Eschersheimer Landstr. 565, 60431 Frankfurt/M.)*
Ursula Früchtel: Mit der Bibel Symbole entdecken. Göttingen 1991 (Weinberg/Weinstock, S. 477ff; Brot, S. 485ff)
Jo Hermans: Eucharistie feiern mit Kindern. Eine liturgiewissenschaftliche Studie über die Teilnahme des Kindes an der Eucharistiefeier in Vergangenheit und Gegenwart. Brügge / Kevelaer 1991
Manfred Josuttis: Zur Hermeneutik des Abendmahls. In: Dietrich Zilleßen u.a. (Hg.): Praktisch-Theologische Hermeneutik. Rheinbach-Merzbach 1991, S. 411-422
Liturgischer Ausschuß (Hg.): Mit Kindern Abendmahl feiern. Materialien für den Dienst in der Ev. Kirche von Westfalen (Reihe A Heft 35). Bielefeld 1991
Diethard Zils: Du bist das Brot. Du bist der Wein. Gebete zum Abendmahl und zur Kommunion. Düsseldorf 1991

1992 *Helmut Oesting:* Der Geist über den Tellern. Inszenierte Mahlzeiten. (Reihe: Alltag und Phantasie) Kiel 1992
Jochen Hörisch: Brot und Wein. Die Poesie des Abendmahls. Frankfurt/M. 1992

1993 *Günter Bader:* Die Abendmahlsfeier. Liturgik – Ökonomik – Symbolik. Tübingen 1993
Norbert Beer (Hg.): Christliche Kirchen feiern das Abendmahl. Eine vergleichende Darstellung. Bielefeld 1993
Klaus Berger: Manna, Mehl und Sauerteig, Korn und Brot im Alltag der frühen Christen. Stuttgart 1993
Peter Biehl u.a.: Symbole geben zu lernen II: Zum Beispiel: Brot, Wasser und Kreuz. Beiträge zur Symbol- und Sakramentendidaktik (Wege des Lernens 9) Neukirchen-Vluyn 1993
Hedwig Geilen: Kommt – esst und trinkt! Erstkommunionvorbereitung – mit allen Sinnen. München 1993
Eckhard Lessing: Abendmahl (Bensheimer Ökumenische Studienhefte 1). Göttingen 1993
Albrecht Peters: Die Taufe. Das Abendmahl. Kommentar zu Luthers Katechismus, Band 4. Hg. von Gottfried Seebaß. Göttingen 1993
Johannes Rehm: Das Abendmahl. Römisch-katholische und Evangelisch-lutherische Kirche im Dialog. Mit einer Einführung von Hans Küng. Gütersloh 1993
Alexander Völker (Hg.): Eucharistie. Beiträge zur Theologie der Erneuerten Agende. Im Auftrag der Lutherisch Liturgischen Konferenz. Berlin 1993

1994 *Fritz Baltruweit / Günter Ruddat:* Gemeinde gestaltet Gottesdienst (Band 1:) Arbeitsbuch zur Erneuerten Agende. Gütersloh 1994; darin: Abendmahl, S. 160ff. (vgl. auch Bd. 2, 2000)
Jutta Radel / Margit Hug: Höllisch gut. Himmlische Gerichte aus dem Alten und Neuen Testament. CH-Frauenfeld 1995

233

1995 *Georg Kugler:* Kommunion und Kommunikation. 15 Jahre nach den »Lorenzer Ratschlägen«. In: Für den Gottesdienst; Hannover 45, 1995, S. 4ff.
Herbert Lindner: Feierabendmahl. In: Hans-Christoph Schmidt-Lauber / Karl-Heinrich Bieritz (Hg.): Handbuch der Liturgik. Göttingen (1995) 2. korr. Aufl. 1995, S. 874-884
Siegfried Reissing: Abendmahl mit Kindern. Arbeitshilfe und Gottesdienstentwürfe. Hg. vom Kinderwerk der Evangelisch-methodistischen Kirche. Stuttgart 1995
Hans-Christoph Schmidt-Lauber: Die Eucharistie, In: Hans-Christoph Schmidt-Lauber / Karl-Heinrich Bieritz (Hg.): Handbuch der Liturgik. Göttingen (1995) 2. korr. Aufl. 1995, S. 209-247 *(Lit.)*
Sekretariat der Deutschen Bischofskonferenz (Hg.): Die Meßfeier. Eine Dokumentensammlung, Auswahl für die Praxis. Bonn 1995 *(Bezug: Kaiserstr. 163, 53113 Bonn)*

1996 *Frauenarbeit der Ev. Landeskirche in Württemberg (Hg.):* Wir Frauen und das Herrenmahl. Stuttgart (1996) 2. Aufl. 1997 *(Bezug: Gymnasiumstr. 36, 70174 Stuttgart)*
Naomi Goodman / Robert Marcus / Susan Woolhandler: Rezepte zwischen Himmel und Erde. Gaumenfreuden aus biblischer Zeit. Asslar 1996
Matthias Klinghardt: Gemeinschaftsmahl und Mahlgemeinschaft. Soziologie und Liturgie frühchristlicher Mahlfeiern. Tübingen/Basel 1996

1997 *Ute Grümbel:* Abendmahl: »Für euch gegeben«? Erfahrungen und Ansichten von Frauen und Männern – Anfragen an Theologie und Kirche. Stuttgart 1997 (Diss.) *(u.a. kritische Würdigung der »Abendmahlsbewegung« der Kirchentage 1979-1983 aus feministisch-theologischer Perspektive)*
Jörg Zink: Zum Abendmahl sind alle eingeladen. Warum ziehen die Kirchen Grenzen? Stuttgart 1997

1998 Art. *Abendmahl.* In: Religion in Geschichte und Gegenwart (RGG) I, 4. völlig neubearb. Aufl. 1998, S. 10ff.
Beratungsstelle für Gestaltung (Hg.): Brot des Lebens – Kelch des Heils. Materialheft 85. Frankfurt/M. 1998 *(Bezug: Eschersheimer Landstr. 565, 60431 Frankfurt/M.)*
Johannes Blohm: Abendmahl feiern mit Kindern. Anregungen, Modelle, Bausteine. München 1998 *(Lit.)*
Erhard Domay (Hg.): Abendmahl. Gottesdienste, Predigten, Anregungen, Beispiele, Liturgische Texte. (Gottesdienstpraxis Serie B) Gütersloh 1998 *(vgl. frühere Sammelbände zum Thema in dieser Reihe von Christian Zippert, 1977 & 1987 und Erhard Domay, 1993)*
Erhard Domay / Hanne Köhler (Hg.): Der Gottesdienst. Liturgische Texte in gerechter Sprache. Bd. 2: Das Abendmahl / Die Kasualien. Gütersloh 1998
Klaus Goßmann: Taufe und Abendmahl. In: Comenius-Institut (Hg.): Handbuch für die Arbeit mit Konfirmandinnen und Konfirmanden. Gütersloh 1998, S. 273-293
Ute Grümbel: Im Blickpunkt: Abendmahl. »Ich kann mir vorstellen, dass die Einstellung zwischen Mann und Frau im wesentlichen unterschiedlich ist...«. In: Evangelische Theologie 58, 1998, S. 49-73
Friedrich Lurz: Die Feier des Abendmahls nach der Kurpfälzischen Kirchenordnung von 1563. Ein Beitrag zur ökumenischen Liturgiewissenschaft. Stuttgart 1998 *(rk.)*

Georg Ottmar u.a.(Hg.): Mit Kindern Taufe und Abendmahl feiern. Gütersloh 1998 *(Lit.)*
Dietrich Werner u.a. (Hg.): Sinfonia Oecumenica. Feiern mit den Kirchen der Welt. Gütersloh/Basel 1998 *(Eucharistie und Agape feiern, S. 11-215 – viersprachige Liturgien)*

1999 *Sigrid Brandt:* Opfer als Gedächtnis. Zu einem evangelischen Verständnis von Opfer. Münster 1999
Georg Kugler: Gemeinsam das Brot brechen, Frühchristliche Mahlfeiern. Grundlagen und Modelle. Claudius, München 1999
Gottfried Mohr / Andreas Weidle (Hg.): Komm, wir feiern… Eine Hinführung zum Abendmahl – vor allem mit Kindern. Stuttgart 1999
Günter Ruddat / Henning Schröer: Lebendige Liturgie – ein Programmwort und seine Geschichte. In: Wolfgang Ratzmann (Hg.): Der Kirchentag und seine Liturgien. Auf der Suche nach dem Gottesdienst von morgen. Leipzig 1999, S. 83-115 *(Lit.)*
Andreas Wagner (Hg.): Sühne – Opfer – Abendmahl. Vier Zugänge zum Verständnis des Abendmahls. Neukirchen-Vluyn 1999
Michael Welker: Was geht vor beim Abendmahl? Stuttgart 1999 (Anhang: »Dokumente wachsender Übereinstimmung« der Kirchen in Fragen des Abendmahls… von 1931 bis 1990)

2000 *Christiane Begerau, Martin von Essen und Rainer Schomburg (Hg.):* Abendmahl – Fest der Hoffnung. Grundlagen – Liturgien – Texte. Im Auftrag des Deutschen Evangelischen Kirchentages. Gütersloh 2000
Kerstin Othmer-Haake (Hg.): Der Tisch ist schon gedeckt. Abendmahl mit Kindern entdecken und erleben. (Senfkorn Spezial 3) Schwerte-Villigst 2000 *(Bezug: Westfälischer Verband für Kindergottesdienst, Iserlohner Str. 25, 58239 Schwerte)*
Themenschwerpunkt: *Abendmahl.* In: Zeitschrift für Gottesdienst & Predigt, Gütersloh 18, 2000, H. 2

Weitere zitierte Literatur (alphabetisch)

Leo Hirsch: Jüdische Glaubenswelt. Basel 1978
Otfried Hofius: Herrenmahl und Herrenmahlsparadosis. Erwägungen zu 1 Kor 11, 23b-25. In: Zeitschrift für Theologie und Kirche 85, 1988, S. 371-408
Peter Lampe: Das korinthische Herrenmahl im Schnittpunkt hellenistisch-römischer Mahlpraxis und paulinischer Theologia Crucis (1 Kor 11, 17-34). In: Zeitschrift für die neutestamentliche Wissenschaft 82, 1991, S. 183-213
Ivoni Richter Reimer: Frauen in der Apostelgeschichte des Lukas. Eine feministisch-theologische Exegese. Gütersloh 1992
Luise Schottroff: Lydias ungeduldige Schwestern. Feministische Sozialgeschichte des frühen Christentums. Gütersloh 1994
Hermann Strack / Paul Billerbeck: Kommentar zum Neuen Testament aus Talmud und Midrasch. München 1961, Bd. IV/2: 24. Exkurs: Ein altjüdisches Gastmahl.
Eveline Valtink / Renate Jost (Hg.): Ihr aber, für wen haltet ihr mich? Auf dem Weg zu einer feministisch-befreiungstheologischen Revision von Christologie. Gütersloh 1996
Klaus Wengst: Didache (Apostellehre), Barnabasbrief, Zweiter Klemensbrief, Schrift an Diognet (Schriften des Urchristentums II). Darmstadt 1984

Die Herausgeberin und Herausgeber

Christiane Begerau, geb. 1953, Referentin für Religionalarbeit und Programmbegleitung beim DEKT, 1988 bis 1996 Referentin im Frauenreferat der Ev. Kirche von Westfalen, seit 1996 beim DEKT u.a. zuständig für die Bereiche Kunst und Frauen.

Rainer Schomburg, geb. 1967, Pastor, seit 1998 Mitarbeit im Pastorat des zentralen Büros in Fulda, u.a. Vorbereitung Liturgischer Tag Abendmahl in Stuttgart, seit Aug. 1999 Referent in der Arbeitsstelle in Frankfurt/M.zur Vorbereitung des 29. DEKT 2001 mit den Arbeitsschwerpunkten Gottesdienste, Projektbegleitung und Koordination mit der evang. Kirche in Kurhessen-Waldeck.

Martin von Essen, geb. 1957, Kirchentagspastor, seit 1993 Pastor beim DEKT mit den Schwerpunkten Popularmusik, Liturgie, Großveranstaltungen, Mission Fernsehgottesdienste.

Die Autorinnen und Autoren

Helge Adolphsen, geb. 1940, Hauptpastor, seit 1987 Hauptpastor an St. Michaelis zu Hamburg mit den Arbeitsschwerpunkten Erwachsenenbildung, Öffentlichkeitsarbeit, Publikationen.

Dr. Karlheinz Bartel, geb. 1951, ist Pfarrer an Stadtkirche Bad Cannstatt.

Klaus Bastian, geb. 1954, ist Pfarrer in Bischofsheim mit den Arbeitsschwerpunkten moderne Gottesdienstformen, Kindergottesdienst, Öffentlichkeitsarbeit.

Dr. Klaus Berger, geb. 1940, ist Professor für Neutest. Exegese und antike Religionsgeschichte; Hermeneutik an der Ruprecht-Karls-Universität, Heidelberg.

Dr. Teresa Berger, geb. 1956, ist Professorin für Ökumenische Theologie in Durham, North Carolina/USA.

Annett Bräunlich, geb. 1972, ist Vikarin in Leipzig, Studium der Theologie in Leipzig, Wien, Heidelberg.

Katharina von Bremen, geb. 1951, Pfarrerin, seit 1993 Studienleiterin an der Ev. Akademie Iserlohn mit den Schwerpunkten Theologie, Dialog der Religionen, Kirchen in Europa.

Dr. h.c. Peter Bukowski, geb. 1950, Direktor, Moderator des Reformierten Bundes, ist Lehrer für Homiletik, Liturgik und Seelsorge am reformierten Predigerseminar.

Joachim Dietermann, geb. 1948, ist Gemeindepfarrer in Frankfurt-Bockenheim.

Dorothea Dilschneider, geb. 1941, ist Übersetzerin mit dem Arbeitsschwerpunkt Ökumenisches Lernen.

Dr. Jürgen Ebach, geb. 1945, ist Professor für Exegese u. Theologie des Alten Testaments und biblische Hermeneutik an der Ruhr-Universität Bochum.

Dr. Angelika Engelmann, geb. 1950, Pfarrerin und Professorin für Theologie ab der Hochschule für Soziale Arbeit in Dresden.

Dr. Erhard Eppler, geb. 1926, Bundesminister a.D., seit 1993 Pastor beim DEKT mit den Schwerpunkten Popularmusik, Liturgie, Großveranstaltungen, Mission Fernsehgottesdienste.

Dr. Ute Grümbel, geb. 1945, Pastorin mit dem Arbeitsschwerpunkt kirchliche Erwachsenenbildung; Studienleitung.

Dr. Hans-Martin Gutmann, geb. 1953, ist Universitätsprofessor für Religionspädagogik und Kirchengeschichte in Paderborn.

Maria Heinke-Probst, geb. 1966, ist Forschungsstudentin Ev. Theologie und Kirchengeschichte, Arbeit an der Dissertation zum Thema »Die Deutsche Ev. Kirche in Böhmen, Mähren und Schlesien 1918-1946. Ihre Rolle im Prozeß der deutsch-tschechischen Entfremdung«.

Ute Knie, geb. 1950, ist Gemeindepfarrerin Evang. Kirche Hessen-Nassau und Dozentin für theologische Fortbildung, Bibliodrama und feministische Liturgie.

Hanne Köhler, geb. 1958, ist Pfarrerin, seit 1991 Referentin in der Beratungsstelle für die Gestaltung von Gottesdiensten und anderen Gemeindeveranstaltungen Frankfurt/M.

Dr. Gisela Matthiae, geb. 1959, ist Pfarrerin, Clownin und Studienleiterin am Frauenstudien- und Bildungszentrum der EKD Gelnhausen mit den Arbeitsschwerpunkten Gotteslehre, empirische Forschung gelebter Religiosität, feministische Theorie, (Clowns-) Theater und Theologie/Liturgie.

Ulrike Metternich, geb. 1957, ist Pfarrerin z.A., Promotion bei Luise Schottroff mit dem Titel »Sie sagte ihm die ganze Wahrheit. Die Erzählung von der Blutflüssigen feministisch gedeutet.«

Dr. Elisabeth Moltmann-Wendel, geb. 1926, ist Publizistin in Theologie/Feministischer Theologie.

Ofelia Ortega-Montoya, geb. 1936, ist Pastorin und Professorin für Theologie in Matanzas/Kuba mit den Arbeitsschwerpunkten Feministische Theologie, Ökumenisches Lernen.

Monika Renninger, geb. 1961, ist Gemeindepfarrerin in Stuttgart und Studienassistentin an der Ev. Akademie Bad Boll.

Dr. Günter Ruddat, geb. 1947, ist Professor für Praktische Theologie an der Ev. Fachhochschule in Bochum, seit 1997 Vorsitzender des Ständigen Ausschusses Abendmahl, Gottesdienste, Fest und Feier.

Friedrich Schorlemmer, geb. 1944, ist seit 1992 Provinzialpfarrer in der Lutherstadt Wittenberg und Theologischer Studienleiter an der Ev. Akademie Wittenberg

Dr. Luise Schottroff, geb. 1934, ist Professorin für Neues Testament mit den Arbeitsschwerpunkten Sozialgeschichte des frühen Christentums, Feministische Befreiungstheologie im Kontext Deutschland.

Dr. Henning Schröer, geb. 1931, von 1971 bis 1996 Professor für Praktische Theologie in Bonn, Vorsitzender des Ständigen Ausschusses Abendmahl, Gottesdienste, Fest und Feier von 1981 bis 1997.

Georg Schützler, geb. 1951, seit 1988 Pfarrer der evang. Landeskirche in Württemberg, Initiator der Nachteulengottesdienste in Ludwigsburg.

Uwe Seidel, geb. 1937, ist Gemeindepfarrer in Köln, seit 1965 Mitarbeit beim Deutschen Evangelischen Kirchentag in Großkommunikativen Veranstaltungen, ökumenische Zusammenarbeit mit Diethard Zils o.p.

Klaus Staeck, geb. 1938, Professor, Tätigkeit als Rechtsanwalt, Verleger und Grafiker.

Dr. Fulbert Steffensky, geb. 1933, war bis 1998 Professor für Religionspädagogik im Fachbereich Erziehungswissenschaft der Universität Hamburg.

Hanna Strack, geb. 1936, Pastorin i.R., Verlegerin, Herausgabe des Frauen Kirchen Kalenders

Dr. Wolfgang Ullmann, geb. 1929, Dozent des kirchlichen Lehramtes an der kirchlichen Hochschule Naumburg, 1990-1994 Mitglied des Bundestages, 1994-1999 Mitglied des Europäischen Parlamentes.

Brigitte Vielhaus, geb. 1959, ist Katholische Theologin und Therapeutin, Bildungsreferentin beim Bundesverband der kfd, freiberuflich tätig in der Erwachsenenbildung und Beratungspraxis.

Bärbel Wartenberg-Potter, geb. 1943, ist Pfarrerin mit den Arbeitsschwerpunkten Ökumenisches Lernen, Feministische Theologie, Bibelauslegung, Gottesdiensterneuerung Gerechtigkeit-Frieden-Bewahrung der Schöpfung.

Dr. Klaus Wengst, geb. 1942, ist Professor für Neues Testament in Bochum mit den Arbeitsschwerpunkten Sozialgeschichtliche Exegese; jüdisch-christliches Gespräch.

Ursula Ziehfuß, geb. 1951, ist Pfarrerin bei der Frauenarbeit der Ev. Landeskirche in Württemberg, mit dem Arbeitsschwerpunkt Frauenarbeit.

Diethard Zils, geb. 1936, Dominikanerpater, Nach der Ausbildung in Walberberg in Düsseldorf: Jugendhauseelsorge und Referent für Liturgie, Bottrop als Seelsorger in der Gemeinde, 10 Jahre Beauftragter für Osteuropa, jetzt Mainz Gemeinde, dann Brüssel für europäische Präsenz. Kopilot von Uwe Seidel auf DEKT.

Dr. Siegfried Zimmer, geb. 1947, Professor Pädagogische Hochschule, Institut für Philosophie und Theologie Ludwigsburg, Dozent an der Fachhochschule f. Diakonie in Karlshöhe-Ludwigsburg.

Dr. Jörg Zink, geb. 1922, Theologe und Publizist.

Mitwirkende in den Projektausschüssen Feierabendmahl

Leipzig 1997

Sebastian Feydt, Leipzig
Christian Führer, Leipzig
Gisela Merkel, Leipzig
Matthias Möbius, Leipzig

Joachim Schöne, Dresden
Dr. Bernd Schröder, Halle
Dr. Friederike Stockmann-Köckert, Berlin
Christian Wolff, Leipzig

Stuttgart 1999

Dr. Karlheinz Bartel, Stuttgart
Gabriele Degenhardt, Stuttgart
Cornelia Eberle, Plochingen
Hans-Peter Ehrlich, Stuttgart
Hartmut Ellinger, Kirchheim/Teck
Klaus-Uwe Helbig, Stuttgart

Stefanie Nuß, Schweigern
Dr. Wolfgang Röhl, Stuttgart
Prof. Dr. Henning Schröer, Königswinter
Horst Schulze, Weil der Stadt
Edith Weitbrecht, Stuttgart
Ursula Ziehfuß, Stuttgart

Vorbereitungsgruppe Feierabendmahl Frauenwerkstatt Stuttgart

Sabine Habighorst, Geislingen
Elke Lang, Herrenberg
Barbara Neudeck, Stuttgart

Brigitte Pascher, Gerstetten
Birgit Rommel, Stuttgart
Ursula Ziehfuß, Stuttgart

Vorbereitungsgruppe Liturgischer Tag Abendmahl

Prof. Dr. Peter Cornehl, Hamburg
Christof Falkenroth, Schwerte
Renate Ganzhorn-Burkardt, Tübingen
Dr. Jürgen Henkys, Petershagen
Burkhard Jungcurt, Nidderau
Gerd Kerl, Dortmund
Ute Knie, Gelnhausen

Hanne Köhler, Frankfurt/M.
Hermann Petersen, Mainz
Annerose Schlaudraff, Süßen
Prof. Dr. Henning Schröer, Königswinter
Hanna Strack, Schwerin
Barbara Vollmer-Backhaus, Münsingen
Rainer Schomburg, Wächtersbach